中国欠发达地区"省直管县"改革研究

ZHONGGUO QIANFADA DIQU SHENGZHIGUANXIAN GAIGE YANJIU

本书得到云南财经大学博士学术基金全额资助出版

马韵/著

中国财经出版传媒集团
经济科学出版社
Economic Science Press

图书在版编目（CIP）数据

中国欠发达地区"省直管县"改革研究/马韵著.
—北京：经济科学出版社，2020.9
ISBN 978-7-5218-1852-9

Ⅰ.①中… Ⅱ.①马… Ⅲ.①不发达地区-体制改革-研究-中国 Ⅳ.①D625

中国版本图书馆 CIP 数据核字（2020）第 174580 号

责任编辑：于海汛　陈　晨
责任校对：靳玉环
责任印制：李　鹏　范　艳

中国欠发达地区"省直管县"改革研究
马　韵　著
经济科学出版社出版、发行　新华书店经销
社址：北京市海淀区阜成路甲 28 号　邮编：100142
总编部电话：010-88191217　发行部电话：010-88191522
网址：www.esp.com.cn
电子邮箱：esp@esp.com.cn
天猫网店：经济科学出版社旗舰店
网址：http://jjkxcbs.tmall.com
北京季蜂印刷有限公司印装
710×1000　16 开　12.75 印张　240000 字
2020 年 9 月第 1 版　2020 年 9 月第 1 次印刷
ISBN 978-7-5218-1852-9　定价：52.00 元
(图书出现印装问题，本社负责调换。电话：010-88191510)
(版权所有　侵权必究　打击盗版　举报热线：010-88191661
QQ：2242791300　营销中心电话：010-88191537
电子邮箱：dbts@esp.com.cn)

前　言

没有欠发达地区的发展，就没有全面小康的实现。越是欠发达地区，越需要实施包括技术和制度在内的创新驱动发展战略。以制度创新释放经济动能是欠发达地区实现跨越式发展的重要途径。当前，财政体制的现代化和深化行政体制改革是提高国家治理能力和治理水平的必然要求。《中共中央关于深化党和国家机构改革的决定》明确提出，深化国家机构改革，赋予省级及以下机构更多自主权，构建简约高效的基层管理体制，规范垂直管理体系和地方分级管理体制。这一系列改革在欠发达地区推行的过程中，必须能够适应地域经济社会发展的个体特殊性。因此，总结相关地区既有改革实践的经验和启示，对体制机制创新驱动跨越式发展能够起到借镜观形，从而推陈出新的重要作用。

"省直管县"是指为缓解基层财政困难、解决政府预算级次过多等问题，在现行行政体制与法律框架内，省级财政直接对县（市）级财政的一种财政管理方式。本书在对欠发达地区"省直管县"[①]试点改革过程的研究中，府际纵向权力配置结构及其调整对政府财政可持续能力改善和经济发展绩效的影响进行了跨学科的理论分析和基于DID方法的实证检验，以此来评估"省直管县"改革在欠发达地区进行试点的改革成效，为欠发达地区行政体制的不断完善和政府治理体系、治理能力的现代化提供源自当地的经验证据。在对历史事实进行梳理的基础上，总结了"郡县制"在朝代更迭中不断演变的基本规律，提炼出新中国成立以后政府层级结构演进的内在逻辑，从而厘清

[①] 《省直管县》，中国政府网，http://www.gov.cn/2008ysbg/content_929148.htm。本书在行文表述中除单独涉及自治区时为尊重其专用表述"自治区直管县"外，其余都使用"省直管县"这一专用名称。

了"省直管县"改革的逻辑起点和改革目的：即扭转县域财政困难的局面、改善县级财政的可持续能力，激发县域经济的增长活力。通过分权理论、府际关系理论、政府权力配置结构相关理论和区域经济发展理论等的溯源和整合运用，构建了分析和评价欠发达地区"省直管县"改革效应的分析框架，发现了欠发达地区政府层级治理过程中应该遵循的基本规律和"省直管县"改革效应的传导机制。实证研究选取青海、甘肃、云南、贵州、广西和陕西6个省份作为欠发达地区"省直管县"改革的研究样本，系统地归纳和对比了各省区"省直管县"改革选择的模式和具体改革举措，以实地走访调研、电话采访和数据统计分析比对为基础，结合理论分析框架提出的改革效应传导机制，对样本省区"省直管县"改革的财政效应和经济效应进行了分析、比较，并提出基本假设，然后运用DID方法，对4个样本省份的175个县（包括试点县和非试点县）10年改革历程中的财政和经济增长数据进行分省的实证检验。以定性及定量研究的综合分析结果归纳欠发达地区"省直管县"试点改革的经验教训和启示，以期对我国欠发达地区行政体制和财政体制的深入改革提供区域内的准实验证据和理论参考。全书共分为7个部分。

第1部分为导论。当前，欠发达地区"省直管县"改革涉及省以下财政权力结构配置、部分经济决策权结构配置和行政权结构配置的调整。因此，在这一章，将改革涉及的行政权、财政权、政府支出责任和财力之间的逻辑关系进行了梳理。并对课题研究的目的、意义、主要内容、研究方法和研究成果可能的创新与不足进行了简要的介绍。第2部分对"省直管县"改革这一问题已有的研究成果展开文献研读、归纳和思考，按照欠发达地区"省直管县"改革问题的研究思路，梳理归纳了大量国内外相关理论研究和经验研究的重要成果。国外研究成果的综述方面主要涉及理论依据的阐述、比较和整合，介绍了外文文献对中国财政、行政管理体制、市场化改革的一系列研究成果。国内研究成果的综述，主要关注相关学科领域学者对"省直管县"改革问题的探索。第3部分对中国县制产生以来到民国地方政府层级管理体制的演化进行了以朝代为线索的整理和归纳，目的在于发现以郡县制框架为基础的政府层级设置与政府管理效率之间的逻辑关联。对新中国成立以后的地方政府层级演进，我们按照计划经济体制和市场经济体制背景下的不同制度选择对其内在的规律性进行了总结。第4部分通过政府层级结构理论溯源和针对我国改革开放以来财政领域和政府行政管理领域的市场化改革的理论探索，发现"省直管县"改革对政府权力配置结构、政府行为模式产生影响的内在机理和传导机制，为欠发达地区"省直管县"改革研究构建以改革的财政效应和经济效应为支撑的理论分析框架。第5部分对6个样本县、4种"省（区）直管县"改革模式涉及的部分试点县的财政和经济数据进行了一系列指标的统计分析，并在试点县和非试点县样本数据比较的基础上对改革成效的总体趋势提出基本假设。第6部分运用DID方法，通过4个样本省份175个县2006~2017年的经济和财政数据，对欠发达地区"省直管县"改革的成效进行了实证检验。第7部分在理论分析与实证分析的基础上，对欠发达地区后续财政和行政管理体制改革提出了政策建议。

目 录

第1章 导论 / 1
    1.1 问题的提出 ……………………………………………………… 1
    1.2 概念界定 ………………………………………………………… 4
    1.3 主要内容 ………………………………………………………… 14
    1.4 研究的意义和目的 ……………………………………………… 17
    1.5 可能的创新和不足 ……………………………………………… 20

第2章 相关研究成果综述 / 22
    2.1 国外相关研究成果综述 ………………………………………… 22
    2.2 国内相关研究成果综述 ………………………………………… 26
    2.3 文献述评 ………………………………………………………… 32

第3章 我国政府层级结构演进及其内在的逻辑 / 33
    3.1 历史上地方政府层级的演进 …………………………………… 33
    3.2 新中国地方政府层级体制的演进 ……………………………… 37
    3.3 城市行政区的发展 ……………………………………………… 45

第4章 欠发达地区"省直管县"改革效应的分析框架 / 48
    4.1 "省直管县"改革效应分析的理论运用 ……………………… 48
    4.2 省级以下财政分权效应的分析框架 …………………………… 62
    4.3 欠发达地区"省直管县"改革效应机制 ……………………… 65

第5章 欠发达地区"省直管县"改革实践的调查 / 68
    5.1 青海省"省直管县"改革的实践与调查 ……………………… 68
    5.2 甘肃省"省直管县"改革的实践与调查 ……………………… 77

5.3 云南省"省直管县"改革的实践与调查 ········· 85
5.4 贵州省"省直管县"改革的实践与调查 ········· 100
5.5 广西壮族自治区"自治区直管县"改革的实践与调查 ····· 120
5.6 陕西省"省直管县"改革的实践与调查 ········· 127
5.7 小结 ····································· 144

第6章 欠发达地区"省直管县"改革效应的实证检验 / 146

6.1 双重差分方法的适用性 ··················· 146
6.2 指标的选择和模型设定 ··················· 147
6.3 数据来源和描述统计 ···················· 149
6.4 "省直管县"改革效果的双重差分回归 ·········· 155
6.5 欠发达地区"省直管县"改革的经验总结 ········· 177

第7章 政策建议 / 182

7.1 欠发达地区既有的"省直管县"改革的针对性分类调整 ··· 182
7.2 省级以下分税制的调整和完善 ··············· 184
7.3 财政体制改革破题，行政体制改革接力 ·········· 189

主要参考文献 ······························ 191

第 1 章

导　论

1.1　问题的提出

在中国的历史上,"县"一级行政区域划分(以下简称"行政区划")自春秋战国以来已有超过2700年的历史。秦朝建立的郡县制政府行政层级成为后世中华民族历史更迭中最为持久的地方治理结构,因此有"百代皆行秦政法"一说。截至2018年国家统计局的数据,中国县一级行政区划数为2851个,覆盖了陆地国土面积的90%以上,县域人口占全国人口总量约70%,县级政府负担着直接面向辖区居民提供公共产品和公共服务、保证国家各项政策落地实施、回应百姓关切等职责,是社会治理结构中直接对接百姓个体、名副其实的基层政府。与此同时,在我国,"市"和"县"不仅仅是行政区划,也是城乡的分界。"县"是中国基层地区的中心,没有县域经济的发展,没有农村经济的繁荣,不可能实现整个国家的复兴和富强。因此,党的十六大以来,繁荣农村经济、加快城镇化建设、促进区域经济协调发展,就成为国家经济建设和经济体制改革的重要任务。坚持大中小城市和小城镇的协调发展是中国特色的城镇化道路。十七大精神进一步指出要统筹城乡发展、推进社会主义新农村建设,通过"以工促农、以城带乡"的长效机制,构建城乡经济一体化的新格局。与之配套的财政体制改革要求是:完善省级以下财政体制,增强基层政府提供公共服务的能力。十八大报告中提出,要实现"城乡一体化",须加快完善促进城乡发展一体化的体制机制,要从城乡规划、基础设施、公共服务等方面推进一体化,促进城乡之间要素的平等交换和公共资源的均等化配置,最终形成以工促农、以城带乡、工农互惠、城乡一体的新型工农、城乡关系。优化行政层级和行政区划设置,有条件的地方可以探索省级直接管理县(市)改革,深化乡镇行政体制改革。十九大报告中,乡村振兴和区域协调发展是全面建成小康社会决胜期的重要战略。为了统筹城乡发展,加快建立现代财政制度,健全中央和地方财力与事权相匹配的体制,进一步落实公共服务均等化,构建合理高效的地方税体系,是十八大以来直到今天,财政体制改革的核心内容。经过十余年的努力,县域经济,特别是东部地区的县域经济取得了令人瞩目的成就。2019年全国百强县中,浙江、江苏和东北三省占62席,前十强中,江苏和浙江两省占8席,排名第一的昆山2019年国内生产总值(GDP)甚至超过了个别西部省份。整个国家区域经济发展的非均衡同样反映在县域经济领域。在广阔的中西部地区,县域经济的发展仍相对滞后。以云南为例,全省唯一进入全国百强县的安宁市(县级市),其GDP为全省排名末位的贡山县GDP的30倍,安宁市在百强县中排名51位。根据2018年欠发达地区经济统计数据来看,县域经济占全省经济的比重多在45%~50%,一般公共预算支出占全省的比重50%~60%。县域经济发展活力不足和财政困难的处境一直都没有得到明显的改善。①

造成上述问题的原因是多方面的。目前,学界较为统一的看法是,1994年分税制改革以后,在我国行政权力自上而下传递的"压力型体制"下,财权上收和事权下沉并存,体现在市县两级的行政层级和财政层级关系中,表现为"财政漏斗""权力漏斗""效率漏斗",即市级对县级集中了经济决策权,财政资金的分配权,导致县域经济成为中心城市的附属,基层政府治理的财力基础得不到充分保障,制约了县域地区经济社会的长足发展。为了消除这一体制性弊端对县域经济和城乡一体化发展的影响,学界和实践部门都在致力于探索有效的革新方式。

在探索县域经济发展的过程中,浙江的一系列改革措施和近年来县域经济发展的实绩颇为引人注目。浙江曾经先后数次扩大县一级政府的经济管理权限,由"强县扩权"到"扩权强县",以财政管理权限的下放为突破口,最后到绝大多数的行政管理权限全部实现省级对县级的直接管理,实现了"市县平级",而由此带来的浙江县域经济的快速发展使得"省直管县"改革成为被多方关注的、通过省级以下政府管理体制的变革和府际间权力结构的调整来提高地方经济发展的效率、改善县域财政困难的有效途径。

基于浙江的改革发展经验,以贾康为代表的学者提出在全国的其他省份,以试点的方式推广浙江经验,通过"省直管县"改革解决县乡财政困难和城乡发展不同步等问题。改革的倡议者认为,财政体制是行政体制的核心,以财政管理体制的"省直管县"改革为切入点,能够杜绝市级对县级财力的过分集中,解决县域普遍存在的财政困境,通过省级以下府际间财权结构的调整最终撬动整个政府行政体制向"省直管县"的转变,释放体制性束缚,从根本上解决县域财政困难、经济增长缺乏活力和经济社会发展过程中的城乡两极化问题。2008年这一

---

① 根据中经网统计数据库相关数据整理所得。

改革建议获得了财政部的认可。截至 2020 年，中央提出推行此项改革已经历了 12 年。改革在部分地区取得预期成效的同时，也显现出了新的问题，改革成效的差异性在地区间普遍存在。在发达的东部地区，"市管县"到"省管县"的体制改革切断了市级对县级财政截留和权力过分集中的通道，强化了县级政府财政运行和经济决策的自主权，解除了县域经济发展过程的体制性束缚，为城乡公共供给的均等化和城乡一体化发展创造了良好的制度环境。但在部分中部地区和西部欠发达地区，"省直管县"改革作为他山之石，在改善县级财政能力和推动县域经济增长方面的有效性并不显著。就某些样本地区来说，改革与县域经济增长和财政解困之间还呈现出了负相关关系，导致这部分改革试点地区，无论是市级还县级政府部门的工作人员对此项改革的评价多倾向于负面，还有部分地区甚至采取了中断改革试点，回到"市管县"体制模式。另外，之前一直被视为"省直管县"体制改革受益者和改革样板地区的浙江，近年来，区域经济发展的战略也转变为以发展中心城市为核心这样一个方向。原因是"省直管县"体制显现出了引致经济发展碎片化的趋向。"市县平级"在促进县域经济发展的同时，割裂了统一市场的形成，地区经济的后续发展缺乏有影响力的中心城市和经济增长级的带动，经济增长速度和质量明显被其他区域赶超。

作为欠发达地区，县域经济发展的自主能力普遍较弱，财政对上级的依赖程度很深。盲目照搬发达地区的经验和做法，可能削弱欠发达地区县域的公共供给能力，同时还可能导致试点县县域经济的发展对区域中心城市的崛起形成离心力。而当前，欠发达地区经济发展的机遇在于积极承接发达地区的产业转移，因此能够形成统一的市场和完整的产业链布局及业态，对欠发达地区经济的转型和跨越式发展至关重要。

还应该看到的是，中国作为一个发展中国家，社会发展的非均等导致任何在全国范围内推行的改革，不管从实现路径、改革内嵌的制度环境和改革的成效都将呈现多样性。因此，覆盖全国的改革举措，都有必要根据不同地域内的自然禀赋、制度环境和经济社会发展程度等的差异进行针对性的调查和研究，目的是在改革举措和进度的设计上，能够因地制宜，而非盲目照搬或移植某一地的做法和经验。

"省直管县"改革，不论是财政领域的，还是经济管理权限范围内的，其初衷意在通过政府层级的扁平化，在自上而下的垂直管理体系中实现分权式的权力结构调整，保证基层经济社会发展有充分的自主权和财力支撑，避免权力过于集中压抑了县域经济的发展活力；另外，垂直管理体系内部，行政层级的减少能够有效地节约交易费用，缩短政策、资金和资源传导的链条，提高行政效率，避免各方资源向中心城区过度集中，让市场更好地发挥其配置资源的基础性作用，为实现城乡统筹和区域社会发展的均等化提供制度性保障。有效地研究政府层级间权力的配置结构和体制机制在不同地区间实施的具体效果，总结经验，吸取教训，为未来实现中国政府治理能力和治理体系现代化的制度框架设计提供省级以下的相关经验证据是有其现实必要性的。

综上所述，全面地评估欠发达地区"省直管县"试点的改革效果，深入研究这些改革措施与预期目标和改革成效之间内在的逻辑联系和影响机理，探索适应欠发达地区经济社会发展需要的省级以下财政和行政管理体制及纵向政府权力配置结构，因地制宜地落实中央深化体制改革的要求，切实增强县级财政能力、释放县域经济发展活力，实现统筹城乡和推动县域经济发展的目标，是当前理论研究不可回避的课题。

1.2　概念界定

1.2.1　行政权、财政权、支出责任和财力之间的逻辑关系

行政权，乃一级政府的行事之权，事实上更是对应一级政府的主事之责。事权是行政权的核心内容，它规定了一级政府承担的社会经济事务的范围，是政府履行公共受托责任的重要内容。政府承担事责需要有相应的财政支出作为物质保障，这就是通常所说的财权和事权的匹配，这里的财权不仅指财政支出的权力，也涵盖了征税权，这也是税收合法性的由来。因此，事权，或者说行政权的纵向配置结构决定了财权的配置结构，事权和财权应该是对等的。但财权不等同于财力。财力是指政府在一段时期内，拥有的可以供其支出的以货币形式来表示的财政资源，其来源是多方面的，包括：完全属于本级政府的税收收入、来源于其他层级政府的纵向或者横向转移支付，举债收入，指定用途的专项基金收入，行政收费和其他收入。对于中央集权国家来说，由于负担着通过纵向转移支付均衡区域内财力的职能，上级政府的财权往往会大于它实际的可支配财力。下级政府在财权有限的情况下，可以通过接受上级政府转移支付的方式获得额外的财力。对财权与财力进行这样的安排主要是为了防止各级政府间财政领域内的"棘轮效应"。

现代国家的多级政府在权力结构的配置过程中遵循权责对等原则，因此，事权与支出责任如影随形，各级政府的支出责任是由其事权（事责）决定的，即事权和支出责任必须相适应。意味着多层级政府中，下级政府可以通过事责清单来要求与之相匹配的收入分享权或者上级政府的转移支付资金，以保证支出责任与

财力的匹配，这是理顺政府间财政关系的重要意义，它直接关系到各级政府履行公共受托责任的能力和质量。

综上所述，对于分级政府组织来说，各级政府的财权和事权之间可能存在不能完全匹配的情况，相应地，可以通过转移支付制度实现事权或者说支出责任与财力之间的匹配，以保证各级政府在履职的过程中得到必需的物质保障，否则将可能导致公共供给不足，抑或是基层政府的各类债务问题凸显等现象。

1.2.2 "省直管县"改革

"省直管县"改革，按照我国目前的改革举措和预期，至少包括三个层次的含义：其一，财政管理体制语境下的"省直管县"改革，简称财政"省直管县"改革；其二，经济管理权限的"省直管县"改革，即所谓的"扩权强县"改革；其三，全面的"省直管县"改革，这一改革是对整个行政建制的调整，是行政管理体制语境下的政府组织层级的扁平化，即由中央—省—市—县—乡（镇）五级行政架构压缩为中央—省—市（县）—乡（镇）四级政府的行政架构。

1. 财政"省直管县"改革

财政"省直管县"改革是针对中国省级以下财政体制的一项带有实验性质的改革，从理论上来讲，此项改革举措对省级以下财政权力的纵向配置结构来说不可谓不深刻，它改变了当前"市管县"地方治理结构的财政基础，改革举措具有财政领域向县一级分权的性质。

根据财政分权理论，财政制度框架下的集权和分权两种选择对应的是不同的政府财政运行机制，也就是通常意义上的财政集权主义或财政联邦主义。由于财政是国家治理的基石，因此，财政运行机制同时也对应不同的国家治理结构。对于现代国家来说，绝对的集权或者绝对的分权是不存在的。通常情况下，我们认为联邦制是一种分权式的治理结构，单一制与之相反是集权式的治理结构。本着一级政府、一级财政的原则，政府层级及其权限范围将直接体现在财政层级的划分和财权结构及财力结构的配置中。在财政管理体系中，税收权高度集中于中央政府。但钱颖一（Qian & Weingast，1997；Jin，Qian & Weingast，2005）等学者根据地方政府的行政权配置和财政包干制认为，单一制的中国也具备联邦主义的某些特征，但这与税收权高度集中和中央政府的绝对权威无法逻辑自洽。周黎安（2014，2017）以"行政发包制"来描述中国政府间的行政和财政关系，即政治上的集权和经济上的分权并存。执类似观点还有许成刚（Xu，2011）、周雪光（2011）和兰德瑞（Landry，2008）。这种行政发包制体现在国家的财政管理体系中可以用"财权集中，划分支出责任"来描述。财权集中最显著的体现便是税权集中于中央政府，包括征税权和税收分享办法都服从于中央的决策。支出责任的划分体现在公共服务中的很大比例由各地方政府来负责，越是基层，因为面对的是公共供给的最终消费者，支出责任越是具体。中央政府通过"晋升锦标赛"对各层级政府支出责任的履行进行控制，因此，政府部门的人事权也是高度集中的。

始于1982年的"市管县"体制为中国建立了"中央—省—市—县—乡（镇）"五级政府层级结构组成的政府行政体系，行政压力自上而下传递，与此对应的政府间财政关系，或者说财政管理体制，也体现了财政权力在纵向维度上自上而下传导的"压力型体制"和"行政发包制"。财政立法权、执法权和征税权都集中于中央政府，包括省一级在内的地方财政，只享有较小的调整权限，因此省级以下财政管理体制具有明显的集权特征。一级政府对应一级支出责任，财力根据支出责任层层分解下拨。1994年分税制以后，财力在各层级政府间的配置主要通过税收分享和转移支付来实现。在财政领域的"压力型体制"和"行政发包制"的共同作用下，县乡两级基层政府普遍存在事权下沉，财权财力上收的问题。因此，长久以来，基层财政困难一直存在。权力向上集中不仅体现在财政管理体制中，经济决策权也同样如此。市级对县级的截留造成基层政府权力压缩且责任重大，其结果是县域财政困难和经济增长缺乏活力。"市压县""市卡县"不仅给基本公共服务的城乡均等化造成了负面的影响，更为关键的县域经济发展的滞后和城乡差距的逐渐拉大将影响整个国家经济社会发展的进程。面对上述诸多问题，在当前国家政治体制既定的前提下，行政层级扁平化改革的呼声越来越高，财政作为政府治理的基础，成了扁平化改革的突破口，财政管理体制中的市县平级能够赋予县级财政更大的自主权，通过减少财政层级的方式提高公共资源的配置效率，进而改善民生，释放基层社会经济发展的制度性约束，最终的目的是推动行政层级的扁平化改革。由于中国疆域广阔，地区间发展有巨大的差距，对于这样一项涉及财政和行政权力结构的改革，国家采取了"试点"先行的改革举措，各省份选取部分地区实验性地开展财政层级的扁平化改革，根据试点地区的改革成效和存在的问题针对性地优化改革举措，使之能够在区域内推广。

此项改革的主要内容是将"省—市—县—乡（镇）"四级财政管理体制压缩为"省—市—区""省—县—乡（镇）"三级财政管理体制。县级财政不再隶属于市财政，而是直接与省级财政建立联系，在明确"省、市、县"三级财政支出责任的基础上，清晰划定与支出责任相匹配的支出范围，并以此为依据在"省—市"和"省—县"两级财政中合理划分收入。实现转移支付、预决算，资金往来和年终结算等方面所有财政上下级业务省级与县级的直接对接，在财政管理体系中形成"县"与"市"平级的地位。改革的目的在于减少财政资金的拨付环节，避免层层截留，彻底切断市级对县级财政资源进行"攫取"的渠道，以财政层级的扁平化减少上下级之间的交易成本，提高财政资源的配置效率，保证县一级政府支出责任与财力的匹配，实现县乡级财政的解困。这实际上意味着对县一级的财政分权，权力由市级下放到县级。源于财政"庶政之母"的性质，财政"省直管县"试点改革被认为最终将撬动行政"省直管县"改革，最终实现整个政府行政管理层级的扁平化，既行政管理体制的"省直管县"。

2. "扩权强县"改革

2011年发布的《中华人民共和国国民经济和社会发展第十二个五年规划纲要》（以下简称《"十二五"规划纲要》）中对"扩权强县"改革的功能定位是："增强县域经济发展活力、扩大县域发展自主权"。在县域财力的保障方面，《"十二五"规划纲要》中也提出了"建立健全县级基本财力保障制度"，具体措施包括增加对县的一般性转移支付，提高省级以下财力分配过程中县级财政所占的比例。对经济发展较快的小城镇，应当依法赋予更大的经济决策权，以优势产业的发展为核心，发挥县城和中心镇的聚集效应，形成城乡分工合理的产业布局。

"扩权强县"改革与财政"省直管县"改革的本质差异在于，后者是财政管理体制上的分权改革，是财政层级的扁平化，但行政层级框架和政府层级间除财政之外的其他权利的行政隶属关系不变；而前者则是行政管理权限的下放，且主要是经济决策权和经济管理权限从市级下放到县级，让县域经济的发展具有更大的自主权，但不涉及任何政府行政层级的调整。两者的共性在于其改革举措都具有进一步分权的性质。"扩权强县"改革的理论支撑在于，政府的行政效率是资源配置效率的外生环境，"看不见的手"指挥着资源配置，但是行政效率决定了这只手能在多大程度上发挥作用。因此，"扩权强县"改革将追求效率作为导向。

"扩权强县"改革发端于浙江，这是有其特殊的历史背景和天然优势的。20世纪80年代各省份都预期通过"市管县"实现"市带县"，以促进县域经济发展。而浙江因为省域面积相对较小，县级行政单位数量远低于全国平均水平，除宁波（计划单列市）以外，其余各县级行政单位都是由省直接管理的。也可以说，浙江的绝大部分区域实行的是与全国不同的"省管县"行政体制，不管是财政权还是人事权，"市"和"县"都是平级的。自1992年开始，浙江省政府发文在全省范围内开展了5轮"扩权强县"改革，改革的范围逐轮扩大，直至全省各县（市）。扩权的内容从基本建设审批权、外商投资审批权到金融审批、土地管理权限，最后实现了除国家法律法规明文规定由市级履行的经济决策权，能下放到县（市）的全部下放，使县（市）具备与设区市完全或部分相同的经济管理权限，以扩大县级政府经济决策的自主权，相当于增强了县（市）自主发展的能力。在浙江的改革实践中，"扩权强县"对县域GDP和财政收入增长的正向促进作用得到了学界和实务部门的认可。因此，该项改革的相关措施被很多省份引入借鉴，不过在各类经济权限下放到县级的过程中，各省份根据自身的具体情况对下放权限的具体内容做了相应的调整。但是也依然不涉及行政建制的调整和改革。

3. 全面的"省直管县"改革

财政和经济管理权限的"省直管县"改革是全面"省直管县"改革的预备环节。"全面"意味着财政、人事、经济和其他行政垂直管理的过程中，都实现"省"与"县"的直接对接，"市"和"县"在行政建制框架内是平等且相互独立的行政单位，对中国目前的行政管理框架和权力纵向配置结构来说是一项颠覆性的改革。按照《中华人民共和国宪法》第三十条，中华人民共和国的行政区域划分如下：

（一）全国分为省、自治区、直辖市；

（二）省、自治区分为自治州、县、自治县、市；

（三）县、自治区分为乡、民族乡、镇；

可见，宪法对市县关系的描述是较为笼统的，两者之间并无确切的层级隶属关系规定。

对这一改革成果的预设，目前学界持不同的态度和观点。可达成的共识是，行政层级的压缩是能够提高行政效率、同时推进统筹城乡发展的国家战略。但是，中国地域辽阔、历史文化的背景及其发展演进具有明显的地域差别，经济社会的发展更是体现出显著的非均衡性。因此，这一改革的实施、进度和改革目标的设定都要充分考虑上述因素，这关系到社会的稳定和国家的长治久安。目前，海南是明确实行全面"省直管县"体制的唯一一个省级政区。本报告欠发达地区的省级样本中，陕西和贵州在"省直管县"改革的过程中，试点过全面"省直管县"体制，陕西选择了经济发展水平较好的韩城市，贵州选择了经济发展较好的仁怀市和经济发展水平排名全省末位的威宁县试点全面"省直管县"体制。仁怀市和韩城市都在试点启动后较短的时间内重回"市管县"体制，韩城市由陕西委托渭南市代管，仁怀市则是按照贵州省人民政府的安排正式回归为市辖县级市。可以说，全面"省直管县"改革在欠发达地区没有成功的案例。

1.2.3 欠发达地区

1. 欠发达地区的确定

在定义欠发达地区时，相关概念还是比较模糊的，普遍的共识是，欠发达地区就是经济相对落后的地区，这些地区的特点是：经济总量较小，人均 GDP 水平低，财政收入较少等。另外地区内部的收入差距也是衡量其经济社会发展水平的一个重要标志，差异越大，经济发展的可持续性越小。导致社会经济发展滞后的原因是多样的，可以从自然资源禀赋因素、经济因素、制度因素、历史文化传承、社会因素和科学技术的发展水平等方面去总结。

农村发展理论认为，欠发达地区或国家，经济落后的原因是不重视农业发展而盲目工业化，没有农业基础支撑的工业化，效益是无法提高的，必须谋求各产业的整体发展。舒尔茨认为，发展中国家传统农业由于生产率低，对经济增长的贡献也较低，因此，农业地区常伴随贫困，其主要的原因是农村各类资源的匮乏。美国哥伦比亚大学的教授罗格纳·纳克斯也持有类似观点，他提出的"贫困恶性循环理论"认为，资源的匮乏是导致地区贫困的根本原因。因此，经济发展的程度，一个重要的衡量指标是人均资本存量或人均资本积累，这个资本既包括物质资本，也包括知识资本，资本存量低意味着生产率低，自然的给予就起着很重要的作用，而自然资源的分布是非均衡的，因此经济的发展进程中，常常伴随着显著的贫富差距，其最直观的体现就是与生产率密切相关的 GDP 的差异。工业化理论认为，提高资本存量是促进地区经济发展、摆脱落后面貌的途径。缪尔达尔认为，国家之间，或地区之间，之所以会有发达和欠发达之分，主要是制度差异造成的，结构性或者制度性的改革是摆脱欠发达状态的途径。

中国地域广袤，地理跨度数千公里，气候带跨越高寒山区和热带，山地、高原、丘陵的面积超过国土面积的 2/3，多分布在西部，陆地边境线绵延超过 2 万公里。34 个省级政区中，煤、水资源和石油多分布于西部地区。东部地区国土面积占比不足 45%，集聚了超过 90% 的人口。截至 2017 年珠三角地区的人均 GDP 达到 12.48 万元，略低于国际认可的高收入国家标准，排名第一的广东 GDP 总量超过 9 万亿元，占全国 GDP 总量的 10.5%。西部地区占国土面积的 57%，人口占比约 6%。截至 2018 年，西部 GDP 规模占全国的比例由 2000 年的 17.2% 提高到 2018 年的 21.1%。[①]

根据国家区域经济发展战略，如《国务院关于实施西部大开发若干政策措施的通知》《国务院关于大力实施促进中部地区崛起战略的若干意见》，依据经济社会的发展程度可以把中国的省级行政区做如下划分（不含港澳台地区），具体情况如表 1.1 所示。

---

① 根据中经网统计数据库相关数据整理所得。

表 1.1　　　　　　　　　　　中国区域划分情况

地区	省份
东部	北京、天津、河北、上海、江苏、浙江、福建、山东、广东、海南
中部	山西、安徽、江西、河南、湖北、湖南
西部	内蒙古、广西、重庆、四川、贵州、云南、西藏、陕西、甘肃、青海、宁夏、新疆
东北	辽宁、吉林、黑龙江

从经济社会的发展进程来看，东部地区所覆盖的京津冀地区、长三角地区的核心区域和珠三角地区涵盖了世界级的城市圈和湾区，是今天中国经济最为繁荣的地区和拉动中国经济增长的发动机。西部12个省份一直被认为是欠发达地区。如果对这些不同区域内经济社会发展的相关指标稍加考察，不难理解上述划分方式的合理性。

2018年，西部12省份的GDP总值为东部10个省份的36%，中部6个省份的88%。而从人均GDP这一指标来看，2018年人均GDP排名垫底的4个省份分别是西部地区的甘肃、云南、贵州和广西，东部地区人均GDP为中部地区的1.8倍，西部地区的2倍，东北的1.7倍；四个区域GDP总量占全国的比重分别是53%、19.3%、21%和6%。城镇化率分别为67.0%、54.3%、51.6%和62.0%。[①] 从全国范围内的县域经济发展进程来看，东部的浙江、江苏等地，县域经济的较快发展很好地平衡了城乡差距；中部地区的经济增速在4个区域中是最快的。东北地区有发达的交通网络，县域经济一直以来都有以冶金、军工、机械制造为代表的工业和大农业为支撑。西部地区县级政区的多数地区，地处高原、山地、丘陵，自然条件相对恶劣，土地贫瘠，交通基础设施比较落后，经济社会的发展明显滞后，工业基础非常薄弱，经济的增长对自然资源的依赖程度较大，人力资源外流问题突出，这些不利条件不仅制约了西部地区县域经济社会的发展，也是西部地区统筹城乡发展的重要动因。

如果回顾"省直管县"改革在全国开始试点的2006年，除少数民族自治地区以外，全国范围内人均GDP排名后十位的省份是：贵州、甘肃、云南、安徽、四川、江西、青海、湖南、陕西、海南，西部地区占了6席。根据2017年国家统计局发布城乡居民可支配收入数据来看，全国城乡收入差距最大的省份分别是贵州、云南、青海、陕西、四川和甘肃，其中甘肃的城乡居民收入差距超过了2倍，贵州为1.8倍。因此，西部地区在全国范围来讲，是经济意义上典型的欠发达地区。本书中，欠发达地区的样本将从西部地区选取。

---

① 根据中经网统计数据库相关数据整理所得。

除经济规模这一指标之外，财政能力也是地区发展程度的一个良好的衡量指标。

根据 2018 年 1 月《国务院办公厅关于印发基本公共服务领域中央与地方共同财政事权和支出责任划分改革方案的通知》，将全国的省级政区划分为 5 个档次，地方自有财政资源充裕度由低到高递增。第一档为一般意义上的西部 12 个省份，地方自有公共资源充裕度最低，中央分担公共支出责任中的 80%。第二档中央分担公共支出责任中的 60%，包括山西、安徽等 6 个中部地区外，还包括东部的河北、海南等地。第三档中央分担 50%，涉及的省份为辽宁、福建和山东；第四和第五档为北上广等东部发达地区，中央分担公共支出责任的比例除北京和上海是 10%，其他均为 20%。这里除了东北地区的辽宁之外，第三、第四、第五档所包含的地区均属于东部地区。五档划分方式通过地区公共资源的对上倚赖程度，较准确地反映了区域经济发展的整体水平。经济发展水平越低的地区，对上级财政转移支付的依赖度越高。经济发展水平高，财政收入充裕的地区，所需的上级转移支付规模就小。中央转移支付资金的规模与地方经济发展程度、人口规模、财政实力和努力程度有关。因此中央转移支付的人均水平能够更好地反映省级行政区的财政自给能力，这一能力与地区经济发展水平正相关。中央对省级行政区的人均转移支付水平越高，表明该省份的经济发展水平越滞后。

根据 2017 年中央财政决算数据，我们可以对各省份获得的中央财政转移支付做一个比较，数据统计如表 1.2 所示。

表 1.2　　　　　　　　2017 年中央对各省份转移支付情况统计

排序	省份	中央对各省份转移支付（万元）	人口（万人）	中央对各省份人均转移支付（元）
1	西藏	1482.37	337	43987.24
2	青海	1121.56	598	18755.18
3	宁夏	815.60	682	11958.94
4	新疆	2638.62	2445	10791.90
5	内蒙古	2529.39	2529	10001.54
6	甘肃	2181.56	2626	8307.54
7	黑龙江	2997.44	3789	7910.90
8	贵州	2757.81	3580	7703.38
9	吉林	2065.64	2717	7602.65
10	海南	698.46	926	7542.76

续表

排序	省份	中央对各省份转移支付（万元）	人口（万人）	中央对各省份人均转移支付（元）
11	云南	3031.59	4801	6314.50
12	陕西	2253.41	3835	5875.91
13	重庆	1713.43	3075	5572.13
14	广西	2625.82	4885	5375.27
15	四川	4346.12	8302	5235.03
16	辽宁	2252.06	4369	5154.63
17	江西	2314.71	4622	5008.03
18	湖北	2931.52	5902	4966.99
19	湖南	3261.51	6860	4754.39
20	安徽	2885.21	6255	4612.65
21	山西	1665.12	3702	4497.89
22	河南	3969.82	9559	4152.97
23	河北	2901.97	7520	3859.00
24	北京	826.29	2171	3806.03
25	天津	549.76	1557	3530.89
26	福建	1239.72	3911	3169.83
27	山东	2544.55	10006	2543.02
28	上海	582.98	2418	2411.00
29	江苏	1562.77	8029	1946.41
30	浙江	977.48	5657	1727.91
31	广东	1493.81	11169	1337.46

资料来源：根据《2019年中央对地方一般公共预算转移支付分地区情况汇总表》及《中国统计年鉴——人口（2017）》相关数据整理所得。

表1.2中，按照中央对各省份人均转移支付规模，将31个省份从大到小排序。可以看出，2017年，如果按照中央财政对各省份的转移支付的总额来看的话，四川以规模最高的4346.12亿元居第一位。如果比较人均水平的话，西藏、青海、宁夏、新疆和内蒙古中央财政转移支付的人均水平过万元。余下的省份，在剔除经济和财力状况明显优于其他省份、人均转移支付不足2000元的

广东、浙江、江苏3个地区，其他19个省级行政区中，中央对各省份人均转移支付规模的均值为5341元。人均转移支付高于5341元的地区，证明其财政能力低于全国的平均水平，具体包括：甘肃、吉林、海南、云南、陕西、重庆和广西。因此，从财政能力角度考察的话，上述甘肃等9个省份加上西藏、青海、宁夏、新疆和内蒙古都属于财政能力低于全国平均水平的地区，是从财政能力角度考察的欠发达地区。

2. 欠发达地区研究样本的选取

如前所示，从经济发展水平来看，西部地区各省份具备显著的欠发达地区特征，在此基础上，再纳入财政能力的考量，欠发达地区的范围能够确定为：内蒙古、广西、重庆、贵州、云南、西藏、陕西、甘肃、青海、宁夏和新疆。

"省直管县"改革自2007年开始在全国逐步推开时，西藏、新疆和内蒙古三个少数民族自治区并没有引入试点改革，因此不在本书研究的范围之列。余下的欠发达地区省份中，宁夏自建区以来，就一直实行财政由区对县直接管理，重庆是直辖市，与其他省份相比，样本数据存在异质性。因此，重庆和宁夏两地排除在试点改革研究的样本之外。

余下的6个省份，青海、甘肃、贵州、云南、陕西和广西，根据2017年世界银行数据显示的中国人均GDP 8827美元同比例进行折算，人均GDP分别为：陕西8538.53美元，青海6568美元，广西5681.09美元，贵州5659.33美元，云南5102.43美元，甘肃4248.89美元。均低于中国的平均水平。据此，可以确定的欠发达地区的样本为上述6个省份。6个省份的人均GDP实际增长指数情况如图1.1所示，可以据此对各省份自"省直管县"改革以来的经济发展状况有个总体水平的大致了解。

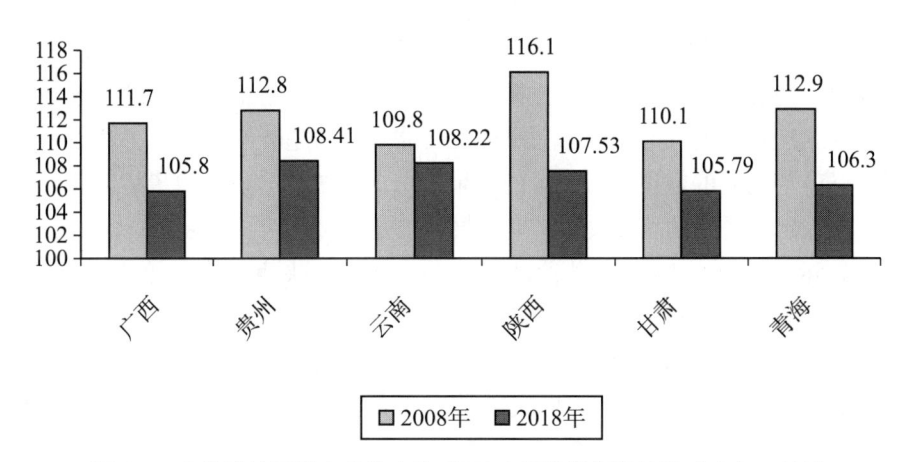

图1.1 欠发达地区样本省份人均GDP实际增长指数统计（上年=100）

资料来源：根据中经网统计数据库各样本省份统计数据整理所得。

1.3 主要内容

1.3.1 研究方法

本书运用历史文本分析的方法对中国自春秋以来郡县制的生产、演进和发展进行了梳理和分析，试图了解郡县制作为统治阶级维护中央集权和地方政府执行社会管理职能最为稳定的政府层级管理体制，其必然性的内在逻辑，从而理解今天县域经济社会稳定、健康、可持续发展的重大意义，以及如何通过政府行政体制的改革来实现这一目标。在此基础上，通过对分权理论、政府间关系理论、政府纵向权力配置结构理论以及区域经济增长极理论的溯源和逻辑整合，构建了基于财政效应和经济增长效应的欠发达地区"省直管县"改革分析框架。在完成了理论研究框架的构建后，以实地走访调研、电话采访和相关数据统计分析的结果为依据，就欠发达地区"省直管县"改革的成效提出基本的命题和相关假设，并运用双重差分法（DID）回归模型对这些研究结论和相关的命题进行实证检验。定量分析的方法和步骤总结如下：

（1）首先运用访谈法、历史文本分析法以及观察比对的方法深入考察了欠发达地区样本省份的改革执行情况和改革效果，其间实地走访了云南的试点县市，其余省份的调研方式主要有：政府部门工作人员和相关领域研究学者的电话采访，政策文件的整理比对，现有研究成果、新闻报道等文献的阅读和基础数据的分析。

（2）通过中经数据统计库中的分省份年度数据、城市年度数据、县域年度数据、各省市经济与社会发展统计公报等渠道，结合调研信息对各欠发达地区样本省份的试点县数据进行财政能力和经济发展绩效总体趋势的分析，通过比对"省直管县"改革前后的数据，对改革的效果提出基于统计分析的初步结论和基本假设，并提炼出变量间的相关关系，完成模型设定。

（3）运用 DID 回归模型对甘肃、云南、贵州和陕西的改革效应进行检验，对统计分析的结论和基本假设进行验证。

（4）根据 DID 检验的结果，得出定量分析的结论。在理论和实践经验之间建立起良好的逻辑一致性，形成科学有价值的研究成果以支撑本书的政策建议。

1.3.2 技术路线

技术路线如图1.2所示。

调查分析
1. 部分试点县市的实地走访
2. 试点地区政府部门工作人员和对应地区相关领域学者的电话采访
3. 现象观察和数据的分析与比对

理论分析框架构建
1. 主要概念和逻辑关系的界定
2. 文献梳理和研究主题的确定
3. 理论溯源和分析框架搭建

数据统计和变量关系分析
1. 运用6个样本省份部分试点县及其隶属的地级市2006~2017年财政和经济增长的相关数据,通过分析指标的计算和比较进行数理统计分析
2. 模型构建

实证检验
1. 运用4个样本省份175个县2006~2017年相关数据进行DID检验
2. 实证检验结果总结

成果运用
1. 欠发达地区"省直管县"改革的经验总结和原因分析
2. 推动欠发达地区县域经济发展和财政解困的行政体制改革建议

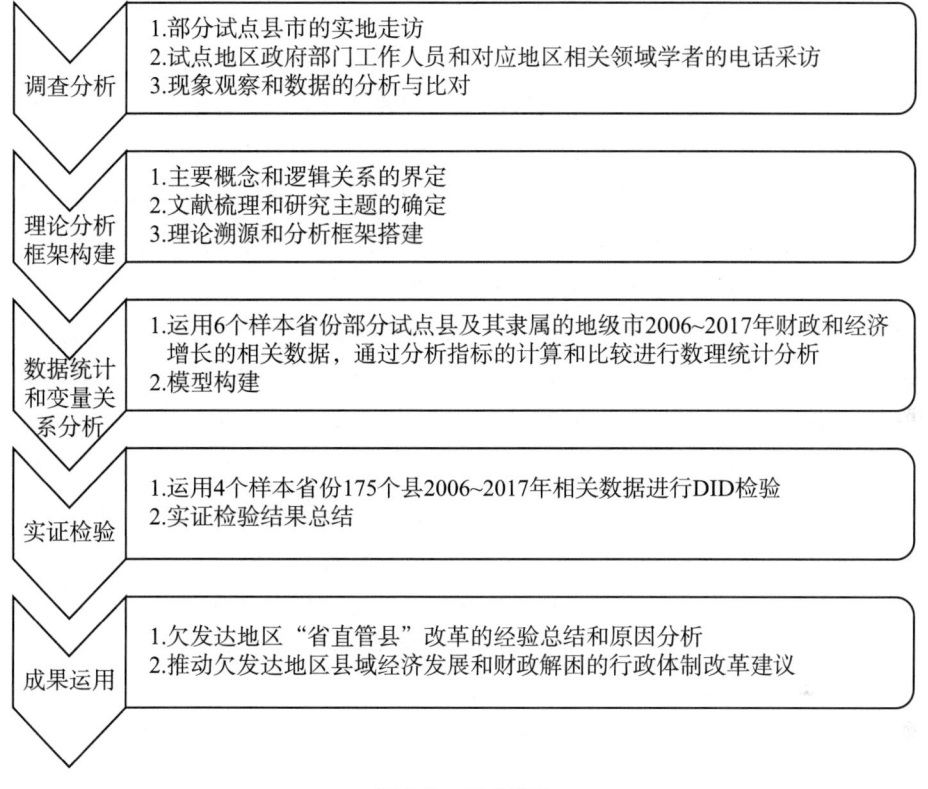

图1.2 技术路线

1.3.3 主要观点和结论

"新常态"下,县域经济的发展承载了国家区域持续健康发展的战略目标,党的十九大报告提出要赋予县更大的自主权,意在通过对县域分权化的行政体制改革助力县域经济实现提质增效的跨越式发展。欠发达地区自身经济的发展能力较弱,财政高度依赖上级的转移支付,经济社会的发展水平呈现出较大的差距,县域分权改革的结果存在很大的不确定性。2007年以来陆续在全国范围内推行的"省直管县"改革,因其特有的分权改革特征,能够为当下促进欠发达地区县域经济发展的制度构建提供源自本土的实验证据。因此,我们选择了青海等6个省份作为欠发达地区的样本,对"省直管县"改革的财政效应和经济效应进行研

究和评价。研究的主要内容和结论如下：

第一，分权理论、府际关系理论、政府层级间权力配置结构的相关理论和经济增长极理论是分析"省直管县"改革效应产生和传导机制的理论基础，理论分析帮助发现"省直管县"改革如何改变省级以下政府财政和经济管理权的配置结构并进而影响不同层级政府之间的互动关系，最终将改革的效应评价锁定于人均GDP增长速度和财政自给率两个变量，以此为逻辑线索构建"省直管县"改革效应研究的理论分析框架。

第二，通过实地走访、电话访谈、文献梳理和研读以及样本县（包括试点和非试点县，本书中还涉及县级市、区等行政单位，行文表述中不再加以区分，统用样本县表示）、市经济和财政数据的统计分析和DID检验对欠发达地区"省直管县"改革的财政效应和经济效应进行评估和内在机理和效应传导机制的分析。我们发现，从整体趋势来看，欠发达地区"省直管县"改革的财政效应和经济效应都并不显著，占相当比例的试点地区，改革的效应是负向的，即"省直管县"改革非但没有实现试点县财政能力的改善、促进县域经济的增长，反而呈现出了负向的影响。改革前财政能力较弱、经济发展水平较低的地区，改革出现负效应的可能性越大；经济发展水平较高、财政自给率较强的试点县，改革更容易体现出正面的效应。相比较而言，"省直管县"改革更容易实现经济增长的正向效应，其中，"扩权强县"改革促进经济增长的效果更为显著，但是，这种正向效应在控制了时间趋势之后，显得非常微弱，且大部分地区都不会持续很长时间。除甘肃外，改革的财政效应在大多数地区都呈现出负向的效应，我们认为这与"营改增"以后持续的减税降费措施有关，同时也受到不完全的省级以下分税制的影响。数据统计分析和DID检验都支持上述结论。因此在现行的"省直管县"改革模式下，对于经济发展水平较高的县域地区，改革的经济效应显著于财政效应；对于经济发展更为滞后的县域地区，"省直管县"改革的财政效应和经济效应都不显著，对部分地区来说，财政效应还可能是负面的，现行财政管理体制本身的缺陷是导致县域财政可持续性较弱的根本原因。基层政府财政解困将主要依赖省级以下分税制的进一步完善，只有建立起权责清晰明确，财力与支出责任匹配的现代财政管理体制，基层财政困境才能有望解决，县域地区经济发展的优势才能有效地转化为财政优势。

第三，在"省直管县"改革如何影响地级市的财政收支和经济发展的数据统计分析中，我们发现，市县级力量的对比关系起着重要的作用。地级市如果经济发展绩效良好并优于下辖的试点县，则改革对它的负面影响非常有限，还有可能通过"甩包袱"效应减轻本级财政的支出负担。但如果下辖的试点县经济发展状况和财政能力都较好的话，地级市的财政状况和经济绩效不可避免地会受到负面的影响。因此，本书通过实证分析证明了"省直管县"改革对中心城市的发展会产生离心力。理论分析告诉我们，这主要是市县级之间对经济和财政资源的无序竞争导致的。在样本观测中，我们还发现市县级经济发展水平都较高的情况下，"省直管县"改革可能导致双方的经济增长都受到负面的影响。本书认为要避免"省直管县"改革对区域经济集聚效应的不利影响，需要引入不同政区之间的协同机制来实现。

第四，当前"省直管县"改革的制度性创新为县域经济发展和财政解困提供了更为多样化的经验证据和模式选择。对欠发达地区来说，盲目的推广"省直管县"改革并不可取，选择区域内有影响力的县级政区，通过赋予更多的财政和经济决策权实现特定区域的优先发展，再以这些地区的辐射带动作用拉动地区经济发展是欠发达地区"省直管县"改革创新过程中可供借鉴的经验，这个过程中，区域间的协同、配合是实现集聚性增长的制度保障，因此，权力分合之间有效的区域整合才是实现地区域经济高效发展的保障，这也是我们通过"省直管县"改革的研究得出的重要结论。

1.4 研究的意义和目的

1.4.1 研究的意义

1. 现实意义

"新常态"下，县域经济的发展是国家乡村振兴战略、区域协调发展战略的核心内容。对于欠发达地区来说，县域新型城镇化建设、县域经济发展的转型升级既是实现发展的机遇，更是发展面临的挑战。因此，党的十九大报告提出要赋予县一级政区更大的自主权，意在通过体制改革，助力县域经济实现提质增效的跨越式发展，以期能够解决好"三农"问题，缩小城乡差距，实现城乡区域一体化发展。当前，县域经济社会的发展尚面临诸多问题，以下两个问题具有普遍性。

第一，基层政府事权、财权、支出责任和财力之间不匹配导致基层政府财政困难；

第二，县域经济的发展受到行政管理体制性弊端的制约导致增长活力不足。根据地区间发展程度的不同，县域政府财政能力和经济发展绩效表现出不同的特征。对欠发达地区来说，上述两个问题的严重程度表现得更为突出。究其原因，在欠发达地区，县域经济的重要性程度要高于发达地区，而县乡经济相对脆弱，基层政区更是贫困的高发区域。财政解困和经济发展的难度较大，主要的原因可以总结为：

（1）县域经济更依赖初级产业。资源的有限性是县域经济发展的固有约束，因此，欠发达地区的县域经济主要以农业为主，部分地区以特色资源产业为主，非农产业以小微企业和个体经营为主，产业基础薄弱。

（2）地方财政的可持续性方面，县乡一级财政更倾向于吃饭财政，对经济发展的扶持力度有限。这与我国目前财政管理体制中的权责不对等高度相关。另外，经济的脆弱性是财力匮乏的根本原因。

（3）城镇作为地区经济的中心，对县域资源的汲取效应通常也比发达地区更加明显，导致资本积累水平本就不高的县级政区从资本到人力资源的流失现象愈加严重。

因此，如何破解"市"与"县"在区域经济发展过程中的冲突和张力，通过体制机制的革新和优化推动国家治理体系和治理能力的现代化，为整合城乡资源、统筹区域经济一体化，改变欠发达地区内部发展不平衡、不充分、城乡二元化的现状，对我们全面建成小康社会，实现两个一百年奋斗目标有重要的现实意义。

2. 理论意义

当前体制机制改革不断深化的过程中，"省直管县"改革试点的根本目的是破除"市"与"县"府际间关系的体制机制弊端，以合理的府际间权力配置框架推动社会经济的健康和可持续发展。通过对不同试点县（市）的改革措施和成效进行深入的跟踪和细致的分析我们发现，此项改革在欠发达地区的各个试点县（市）中，呈现出了改革效果的巨大差距，部分试点县（市）的经济和社会发展确实受益于"省直管县"的相关改革举措，还有一些试点县（市）的数据显示，改革的效果并不明显，且存在巨大的改革成本。更有地区在试点一段时间后，因为问题层出不穷而终止了改革进程，重新回到"市管县"。与此同时，各地助推县域经济发展的制度创新层出不穷，省级以下政府层级间权力配置的调整和区域间资源的整合是这类制度创新的主要着力点。因此，我们的初步判断是，对于基层政区而言，府际间经济决策权、财力相关权力结构的配置方式是突破县域经济发展瓶颈的重要因素。当前的各类改革，不管是"省直管县"改革，还是跨越政区的经济区域整合创新，或多或少都带有放权或者分权的性质。相关问题的研究对省级以下府际关系理论和分权理论的拓展与适应性运用提供了欠发达地区的经验。

值得关注的是,"省直管县"改革发端于浙江,并且取得了令人瞩目的成绩。但近年来,也有学者和实务部门工作人员提出,浙江目前经济发展中存在的,诸如"县域经济节点功能弱,集聚能力弱,资源缺乏整合导致产业升级难度大,高新产业发展难"以及"缺乏集聚辐射能力的中心城市增长极"等问题,其重要原因就在于市县分治。在欠发达地区,"省直管县"改革过程中,部分试点县(市)因丧失了部分市级财政的支持导致支出责任和财力愈加不匹配,区域间的竞争对中心城市的发展形成了离心力等一系列问题与浙江当期面临的问题可谓异曲同工。因此,我们有必要通过科学的研究路径揭示"省直管县"体制机制的运行机理,对其进行理论分析、归纳,总结基层政区不同权力结构配置模式的运行规律,总结经验、吸取教训,为欠发达地区县域经济社会的发展、乡村振兴和统筹城乡一体化所需要进行的体制机制变革进行充分的论证、提供可靠的理论依据。同时也能在政府治理理论、财政分权理论、省级以下府际间关系理论研究方面提供针对特定区域的经验支撑。

1.4.2 研究的目的

"省直管县"改革的预期目的是解困县乡财政,释放县域经济发展的活力,促进县域经济社会的发展,推动城乡的一体化进程。在发达地区,"省直管县"有着很好的助力县域经济发展的现实案例,如浙江。但是,我们不能忽略浙江省县域经济发展的其他外部环境而独立出"省直管县"这个唯一的制度安排就将其在欠发达地区推广,并认为也会得到相同的结果。事实表明,"省直管县"改革的效应在欠发达地区间呈现出了较为显著的差异,外部约束更为多元,区域经济社会发展的多样性要求必须在试点的基础上,对"省直管县"改革可能出现的结果有充分的预判。因此,本书研究的目的体现在以下四个方面:

(1)改革对县域经济社会的影响机理和传导机制的分析。运用府际间关系理论、财政分权理论、行政层级的扁平化理论、区域经济理论和政府治理理论等,结合欠发达地区经济社会发展的特点,构建揭示通过纵向财政权力配置结构、省级以下行政管理体制调整与县域经济社会良性发展之间关系的理论分析框架,说明"省直管县"改革是如何影响县域财力和经济运行的,并发现当"省直管县"改革举措面临不同的外部环境时——主要是试点地区经济发展水平和"市"与"县"之间经济发展程度的对比关系,改革的影响机理和效应传导的机制如何实现。

(2)欠发达地区"省直管县"改革效应的定量评价。在实地调研、电话采访和大量文献研究的基础上,对改革的效果进行事实追踪。运用统计分析和

DID固定效应模型对改革效果加以量化分析和实证检验。对改革的效果进行科学的研判。

（3）在定量研究和理论分析框架的基础上，发现在呈现不同改革效应的地区各自有哪些特征，改革成效不佳的试点县，具体原因有哪些，从而总结县级政区行政体制改革和权力下放的过程中应该尊重哪些基本事实和规律，从而使政策设计符合县域经济社会发展的要求。另外，在对欠发达地区"省直管县"改革进行调查的过程中也发现，各地政府从未停止探索如何更好地释放县域经济的发展潜能，本书希望通过对这些制度创新的研究，为县级政区的分权改革提供更多元的政策选择。

（4）针对欠发达地区，省级以下府际间关系和政府管理体制、财政管理体制应该如何破除体制机制的弊端等问题，在总结各方面经验和教训的基础上，提出省级以下府际间行政和财政关系调整和优化的对策建议，以期能够对推动欠发达地区县域经济和社会的健康可持续发展提供理论支撑和经验借鉴。

1.5　可能的创新和不足

1.5.1　研究视角的创新

从"省直管县"改革已有的研究成果来看，研究对象多为某一个省份或全国，而就目前的改革成效来看，欠发达地区在改革过程中所表现出来的问题最为突出，远超过了改革之初的预期。本书将考察的对象锁定在欠发达地区，在研究视角上具有一定的创新意义。同时，欠发达地区要实现跨越式发展，县域经济增长方式的转变和增长的提质增效起着至关重要的作用，通过行政体制改革为县域经济的增长提供有效的和适应性的制度保障，突破既有行政管理体制的束缚是欠发达地区的现实需要。

1.5.2　研究内容的创新

本书的考察对象是欠发达地区。与发达地区相比，这一地区给"省直管县"改革的实施设置了更多的外部约束，如经济社会发展的相对滞后，自身发展潜力薄弱，县域地区从财政能力到经济发展推进都高度依赖上级政府；同时，欠发达地区内部也呈现出了发展程度和发展能力的多样性和复杂性，不同的地区，改革必然呈现较大的差异，这也意味着在研究的过程中，差异性的研究计划和措施建议是必要的。目前"省直管县"改革在欠发达地区的推行并不顺利，这样的结果与欠发达地区的资源禀赋、经济发展潜力等既有外部约束有很大的关系，因此，如何就后续通过行政体制改革和机制创新来推动欠发达地区县域经济发展，并有效地规避改革风险，是本书的主要目的和贡献。

1.5.3 不足

欠发达地区经济和社会整体发展水平的差异之巨大是我们在全面开展细致深入的调研之前没有预计到的，每一个省级，每一个县级都有其特有的制度运行环境，市县级之间无论是财政管理体制，抑或是经济关系的往来都存在复杂的差异性，用统一的指标体系和统一的研究方法很难准确地刻画各个研究样本的真实情况，因此，限于时间和调研深度的限制，研究成果的精确度和准确性还有待改进。这主要体现在研究方法和研究内容等方面。

研究方法的选择上，特别是实证检验方法的选择上，多期DID固定效应模型的检验需要改革试点的选取应该是随机的，但"省直管县"改革样本地区的确定存在非随机的因素，尽管我们在研究所使用到的试点县样本的选择上做出了弥补，但这仍然会影响实证检验结果的可靠度。

研究的内容上，欠发达地区经济社会的发展存在巨大的差异性，本书认为"一省一策，一县一策"才能符合改革政策和举措与个体差异的匹配，但是由于时间和信息的掌握程度，在这个方面存在需要改进和完善的空间。

第 2 章

相关研究成果综述

2.1 国外相关研究成果综述

2.1.1 政府间关系

政府间关系与国家治理联系紧密。政府间关系，或府际关系（intergovernmental relations）得到最多认可的概念界定是："所有政府单位和公职人员之间常态性的互动关系及所有互动关系的后果和影响，但不包括所涉及的互动者的态度与行为"（Wright，1988）。府际关系包括静态关系和动态关系两个层面。静态府际关系主要是指涉及各级政府间权责利划分的相关法规，各级行政部门的组织结构和隶属关系以及公职人员的职级划分等，属于宪政体制设计的范畴。动态府际关系则是各级政府，包括横向和纵向政府层级之间的互动行为和关系。府际关系是一个跨学科的研究领域，从现有的研究成果来看，涉及经济学、政治学，行政学等多个研究领域，研究的重点各有侧重。基于经济学的研究，主要关注各级政府财政、行政或人事等权力配置对经济增长的影响，代表人物包括钱颖一和温格斯特等（Weingast et al.）。法学领域，学者们研究的重点在于各级政府间关系的法治化和规范化。集权和分权模式的选择是政治学研究的焦点。另外，如何在各级政府间建立符合经济社会发展要求的府际关系及政府治理框架是行政学关注的问题。可见得，政府间关系这个问题在社会经济的方方面面显示出其重要性，因此，吸引着来自各个领域的学者对这一问题开展不懈的探索。中国府际关系的研究中维维恩·苏（1988）把中国的基层政府组织比喻为一个蜂窝式（cellular）的结构，每个小而全的乡村能够实现相对的自给自足，垂直的上下级隶属关系远远多于各个自给自足单位之间的横向联系。中国社会呈现出看似高度中央集权的体制下，地方主义倾向也非常显著的一种状态。钱颖一和许成钢（1993）认为，计划体制下中国经济呈现出 M 形结构，存在着结构和功能类似的多层次和多地区的管理体系，即所谓的"块块经济"。改革开放之后，中国政府间关系在传统的蜂窝式结构和 M 形结构的基础上进一步加强了地方分权的力度和广度。以钱颖一和温格斯特（1996，1997）为代表的经济学家认为，改革开放以来，中央向地方政府的行政性分权和以财政包干制为特征的财政分权是中国高速经济增长的制度基础。经济管理权限和财权的下放促进各地积极培育和保护市场，推动新兴企业的兴起，促进了地方经济的繁荣；另外，这一制度下实际财政权力的过度下放限制了中央自己的财力增长，造成了后来中央财政在 GDP 和国家财政总规模中份额的急剧下降。

2.1.2 财政联邦主义

财政联邦主义是研究政府间关系的一类重要文献，它具有至少两层含义：第一，政府间的财政分权；第二，政府间财政权责范围的界定。

第一代财政联邦主义的代表人物包括蒂伯特、马斯格雷夫和奥茨。蒂伯特（Tibet，1956）的"用脚投票"理论透过公共产品的供给效率问题证明了地方政府自主决策的优势。马斯格雷夫（Musgrave，1959）认为财政联邦主义的核心问题是财政事务的空间安排以及在各种管辖权内对这些事务的管理。萨缪尔森和诺德豪斯认为，财政联邦主义就是指不同层级政府各自财政职责的划分。可见，财政权责在各级政府间划分的制度机制就是财政联邦主义关注的问题。单一制国家同样可以选择运行财政联邦制体制。奥茨（Oates，1972；1985）认为地方政府更了解地方的资源禀赋和公民对公共产品的需要，因此，与中央政府相比，能够以更低的成本提供符合当地人民需要的公共产品，因此他主张采用财政联邦制（fiscal decentralization）。马斯格雷夫和奥茨都认为应该赋予地方政府主体税种收入，以便它们能有足够的支出促进地方福利。

布坎南等（Brennan et al.，1980）学者也认可财政联邦制，且发展了奥茨的观点。以钱颖一和温格斯特（1997）、布坎南（1980）、乔治·马丁内斯—瓦斯奎兹和罗伯特·麦克纳布（Jorge Martinez & Robert McNab）等为代表的第二代财政联邦主义理论研究了政府间不同的权力配置结构对经济增长的激励问题。认为财政联邦制有利于改进对不同政府层级的激励，从而实现资源配置效率的提升，提高公共生产率和公共治理能力，促进经济增长，但也受其他制度因素的影响。例如，是否给予地方足够的财政盈余，同时赋予地方政府自由支配本级财政的权力，这能保证即使政治上高度集权，各级政府间的经济行为也能呈现出"联邦主义"的特质。这种"财政联邦主义"需要满足 5 个条件：政府层级（hierarchy）

间的权力和责任划分清晰；下级政府有足够的发展自主权（subnational autonomy）但不具有制定法律的垄断权；统一的市场（common market），即国家层面统一的要素和商品自由流动的市场；预算硬约束（hard budget constraints）；权力的制度化（institutionalized authority），即地方与中央权力责任划分的稳定与持久，能够相互制约。这就是所谓的"市场保护型联邦制"，也是研究中国转型期经济的主流理论（Qian & Weingast, 1995；Jin, Qian & Weingast, 2005）。在多层级的国家里，财政资源如何在政府间进行配置是一个非常重要的问题（Jin & Zou, 2005）。在财政联邦制结构中，如果要素可以流动，地方政府之间的财政竞争硬化了预算约束，从而能够有效地控制地方政府的无效率行为（Qian & Roland, 1998）。但如果不进行企业所有权、银行、税收和价格等多方面的综合改革，财政体制不可能走向持久的联邦制（Oksenberg, Michel & James Tong, 1991）。罗伯特·P. 因曼和丹尼尔·鲁宾菲尔德（Robert P. Inman & Daniel L. Rubinfeld, 1997）对财政联邦主义提出了质疑，但他们同时也承认，以积极的中央权威为前提，有效的财政联邦制可以促进地方效率和政治参与，使得个人的基本权利得到尊重，因此，还是有可能促进经济增长的。

2.1.3 分权理论

20世纪80年代以来，世界范围内的市场化导向带来了横向和纵向分权改革的浪潮。所谓的横向分权，可以用"私有化"来简单的概括，按照有些学者的观点（Ramanadham, 1989），私有化的概念至少包括三个层次的含义，分别是所有权（ownership）的非公有、组织形式（organization）的非公有和运营方式（operation）的非公有。特别是运行方式的非公有，以公共部门和私营部门的合作来提高公共供给的效率这一途径受到颇多的关注。穆德（Mulder, 2004）也对"私有化"进行了界定。他认为，私有化的实现有三个维度：首先是所有权从公有到私有的变化；其次是市场是垄断主导还是竞争主导；最后是政府规制的放松。因此，我们可以将横向分权总结为决策权由政府部门向政府以外的组织进行分散的过程。无论是横向分权还是纵向分权，其根本的目的都在于提高资源的配置效率。就横向分权来说，实现了能够由市场配置的资源都交由市场来配置。纵向分权则将市场无法有效配置的资源，如公共产品等，通过互相间存在竞争的行政主体来掌握，而非中央政府统一控制，通过引入竞争的方式提高资源配置的效率。

分权与集权，选择的标准是政府职能怎样得到更好的履行。纵向分权指的是高层级政府的权力、义务和所掌握的其他资源（人、财、物）被下放或分解到低层级政府部门。赫伯特·西蒙认为，不同层级政府的功能存在明显区别，政府层级越高，决策的重要性越突出；政府层级越低，执行的重要性越强。西方学界在财政联邦主义理论研究中，侧重于行政（执行）环节如何实现资源的合理配置，收入的公平分配。考察的重点放在微观操作层面的政府间互动关系上。在检验财政分权和经济增长之间关系的过程中，出现了两种截然不同的观点。

有些学者通过对多个发达国家和发展中国家的面板数据进行分析，证明了财政分权与经济增长是显著正相关的（Limi，2005；Akai & Sakata，2002）。但在各地区收入不平衡的情况下，分权造成贫困地区更加依赖中央政府的转移支付（Prud'hamme，1995）。金等（Jin et al.，2005）通过中国的经验数据证明，财政分权促进了中国省级政区经济的增长，进而扩大了省级政府的税收收入。前者是以省级政府留存的边际预算收入来衡量财政分权程度的。经济合作与发展组织（OECD）国家的面板数据分析表明，以地方政府支出占政府总支出衡量的财政分权最终会抑制资本存量的增长和经济增长（Thie Ben，Urich，2001）。有学者指出，在没有赋予地方政府在税收、举债或安排收支结构等方面的决策权时，自上而下的财政分权使得效率不升反降（Arze & Martines-Vazquez，2003；Bire，Ebel & Wallich，1995；Bird，1993；Fiszbein，1998；Shah，1998）。有学者分析跨国面板数据发现，发展中国家财政分权与经济增长之间呈负相关（Davoodi & Zou，1999）。有学者认为财政分权改革能够加速经济增长，但是市场分割和基础性公共服务支出的减少也是事实（Montinoal，Qian & Weignast，1995；1996）。还有研究结果表明，支出分权会带来较低的经济增长，而税收分权会导致高的经济增长（Gemmell，Norman et al.，2013）。总之，分权与经济增长之间的相关性并没有结论一致的研究成果（Zhang，T. et al.，1998；Rodr et al.，2011；Ezcurr et al.，2013），原因在于它受到诸多外部因素影响。

中国分税制改革也是不少学者研究财政分权的一个重要的对象。Wong（1991）以中国中央与省级政府之间的财政分配为基础，认为财政包干这一分权改革并没有带来地方可支配财力的增加，在有限的财力框架下，还承担了很多中央的财政支出责任。收支压力还导致地方政府的投资冲动，地区间市场割据和重复建设。有学者认为财政包干制导致了中央财政汲取能力下降，导致了地方预算软约束（Jing & Zou，2003）。王（Wang，1997）认为，中国的分税制改革是一种以规则为基础的财政体制，博弈规则的全面、明确和透明大大限制了各级政府的行为空间。有学者认为，分税制改革由于没有做到地方政府财力与支出责任的匹配，损害了欠发达地区政府的公共供给能力，导致了严重的地方治理问题（Lin et al.，2005）。

财政分权的横向影响方面，以有些学者（Tsai Kellee S.，2004）为代表的研究结果表明，中国的财政分权同时导致了预算软约束和预算外资金的膨胀，无论是中央政府还是地方政府、非正式财政兴起、地方保护主义等弊端割裂了市场的统一性。甚至引起了竞次的（race-to-the-bottom）政府间竞争。财政联邦主义、财政分权，政治集权等概念被认为可以用来解释当代中国的政府间关系。而当代中国政治集权制度也被认为是区别于俄罗斯、并促使中国成功转型的一个重要制度之一。

2.1.4 最优分权理论

斯蒂格勒（Stigler，1957）从信息不对称和社会契约角度论证了地方政府存在的必要，在他看来，选民是地方政府官员政治前途的"票决者"，因此，地方政府必须提供辖区内居民所祈愿的公共产品。因此，地方政府官员和选民之间形成了利益共生关系。中央政府的必要性也是显见出它对全国性公共产品的有效供给、协调多元社会利益集团之间的矛盾纠纷、平息基层政权之间的矛盾冲突、联动跨流域性治理事务等方面存在着不可替代的绝对优势。布坎南（1965）提出了"俱乐部"理论。他假设将居民社区视作"俱乐部"，最优分权就是要实现"俱乐部"管理幅度、成员规模和基本公共服务的供给水平的最优经济理性。根据等边际原则，一个俱乐部的最佳规模应该停留在新成员进入产生的边际成本刚好等于由新成员进入而分担的运行成本及其所带来的边际收益这个点上，此时，便是"俱乐部"资源利用的最佳状态。这一理论显然无法通过对现象的观察来得出具体的评判，而是纯粹经济理论的推演和证明。奥茨（1972）通过线性规划方法测量了社会福利最大化水平的资源配置状况与政府职能，他提出，如果某一公共产品的消费覆盖全国所有人口，这一公共产品的边际成本对中央政府和地方政府来说是均等的，那么就应该由地方政府来提供。马斯格雷夫（Musgrave，1959）认为，资源配置的职能应该交由地方政府来履行，而中央政府则应该对经济的稳定增长和公平分配负责。特雷施（Tresh，2002）从信息经济学视角出发，结合资源配置的效率、成本分担及社会福利的可持续性，对比了中央与地方政府在提供公共产品中的优劣，并指出，中央政府由于信息的不对称，在公共产品的供给过程中无法实现"帕累托最优"，这可能造成社会资源的闲置或者浪费。

2.2 国内相关研究成果综述

2.2.1 关于县制

郡县制是秦朝以来政府管理体制核心框架的统称，它开启了中央集权、分级管理的国家管理社会模式,所谓"天下之事无小大皆决于上"。美国汉学家认为,郡县制"开官僚政治之先河"(H. G. Greel)。"县"的存在要早于郡县制,自春秋楚国设县以来,"县"一级政区就一直是中国社会最为稳定的基层治理单元,发展至今连名字都与最初产生时一样,没有变化。县作为政府行政管理体系中承上启下的关键环节,是维护国家稳定,贯彻国家政令的根本和基础,因此有了"郡县治,天下无不治"这一传统的治国理政之理。

齐思和(2000)认为"郡县之制既兴,一国之内,遂直接间接皆统于王。中央集权之制,遂以完成。"钱穆(1996)以为"从春秋前之宗法封建,转移到战国时代之新军国,相应而起的有政治、社会各方面激烈之变动。第一是郡县制的推行。政府直辖下的郡县,代替了贵族世袭的采地。"县就是治理天下的最基层政府。辖县的一级政府,其名称有郡(秦朝)、州(唐朝)、省(元朝)等。李治安(2010),严耕望(2007)等认为,包括郡县制在内的中国古代政府行政制度的演变始终以加强中央集权为主线。刘晓路(2011)的研究成果认为"郡县制是中国古代处理政府间关系的制度框架,因此,它和西方的联邦制有相同的起源,即封建制。所不同的是,郡县制的作用在于为中央政府组织收入并按中央政府的意图支出。郡县制与财政联邦制的区别在于前者强调再分配,后者强调交换。"因此,西方的联邦制也被称为市场维护型的联邦制,各个政区之间是以交换关系相连的。而中国古代政府间关系的基本特征是"行政逐级发包",尽管中央政府是决策中心,到了明朝连宰相都取消了,整个国家以皇权为中心,但各级地方政府在行政的过程中都具有空间较大的自由裁量权(周黎安,2008)。例如,清朝的州县政府实施的是州县官员的个人负责制,瞿同祖(2003)将其定义为"一人政府",由于国家疆域辽阔,人口众多,面对各个层级数量众多的"一人政府",中央绝对权威必须要能够自上而下的传导才能实现国家和政权的稳定及长治久安。

受制于交通和通信,从秦朝到唐朝,辖县一级政府的管理跨度有限,通常是几个到十几个县,秦朝的郡平均管辖一般不超过15个县,唐朝贞观十三年(639年),辖县的州超过350个,平均管理县的数量不超过5个,因此辖县一级政府的数量较大,但所管辖的区域较小,这使得各个州动员和统筹资源的能力有限,因此,在中央和辖县一级政府之间又增加了一个政府层级,东汉为州,一个州管理的郡在7~8个之间;而唐代辖县的州由"道"来管理,道一级政府的出现,主要是由于唐代官僚体系膨胀,中央政府迫于财政压力,不得不赋予"道"财权、行政权和军事权,管理几个到十几个州不等,割据势力就此形成,最终导致"安史之乱"。吸取汉唐地方割据势力削弱中央集权的教训,宋朝开国伊始,恢复了地方州县两级政府的设置。

作为地方政府的最高行政层级，省级政区最早设立于元朝。民国时期首开市管县先河。之后，地方政府间关系的变迁体现在省、市、县级政府间权力配置、职能及权利义务的不断调整和变革演进中。

中国今天的县，直接面向超过70%的民众，是最基础的一级国家政权。张五常（2008）认为，中国从中央—省—市—县—乡镇—村—户，每一级都是由承包合约来串联的，县级以上的政府层级拥有的是土地及其他经济政策的制定权，但土地的使用权在县，因此，经济权力在县，地区间的竞争最激烈的也是县。缪匡华（2013）总结县域经济的作用时提到，县域经济直接关系到"三农"问题的解决，十一届三中全会以来，是制度创新带来了县域经济社会的极大发展。

2.2.2 新中国成立以后地方政府间关系及其演进的内在逻辑

中国政府间的关系可以概括为：中央统一领导和发挥地方积极性两个方面的平衡。在中国"府际关系"这一表述，最早是由谢庆奎（2000）根据"intergovernmental relations"明确下来的。林尚立（1988）指出，政府权限的恰当定位、功能的持续优化和机构的有效运作是社会能够稳步发展的前提。政府间的关系是横向和纵向关系的总和，纵向关系指的是中央与地方政府间，以及地方各级政府间的关系，而横向关系则是不同地区政府间的关系。府际关系可归纳为四种：单一制、联邦制、邦联制和混合制。

中国府际关系的研究中，涉及政治学、经济学、法学、历史学等不同学科领域，成果之丰硕，难以尽书。中央与地方关系是最早受到关注和重视的内容，学者们围绕中央与地方关系的结构模式（杨宏山，2005；薄贵利，2001；熊文钏，2005；童之伟，1997；杨小云，2004），中央与地方权力结构的配置（张志红、辛向阳，1996），以及如何发挥中央与地方两个积极性，理顺中央与地方关系几个方面做了大量深入和系统的研究。政治单一制和经济、财政的联邦主义被认为是当代中国政府间关系的结构特征（杨光斌，2007；许成刚，2008；张宇、刘承礼，2008；胡鞍钢，2010）。

在纵向权力结构，或者说政府间的纵向关系方面的研究中，周永坤（2005）将纵向权力结构划分为宝塔式和网络式。宝塔式纵向权力结构中有一个权力中心，是所有权力的来源；网络式纵向权力结构中的任何一个行使权力的主体都受到法律的约束，它们共同构成权力关系网络，受法律的规范。钱福臣（2003）提出了法律控制的线状、网状模式。陈振明（2003）认为，我国政府间关系的等级制度在改革开放后出现了网络模式的特征，组织的扁平化、分权与合作就是证明。

2.2.3 地方纵向府际关系的研究成果

白彦（2016）认为政府不仅是一种政治组织，还是一种权力分配的格局。在横向上，政府权力在立法、行政和司法部门之间进行配置，在纵向上，权力的划分体现为包括中央政府和地方政府在内的各个政府层级之间权力的配置，甚至具体到政府各部门单位以及公务员岗位之间还有不同的权力分配，可谓纵横交错、复杂异常。传统政治学理论当中，政府权力的横向配置形式被称为政体，而权力的纵向配置形式则被称为国家结构形式。西方的府际关系理论将政府间的财政关系视作政府关系的核心问题。政府间的财政关系包括：各级政府间的税收收入划分，不同层级间政府拨款的具体方式，下级政府对上级政府的财政依赖（杨宏山，2005）。1994年分税制改革之后，许多学者从政府间财政关系角度出发，对中国的分权改革与社会经济增长之间的关系进行研究。王绍光（1997）认为，在世界性的分权潮流下，中国权力下放的幅度比任何一个国家都要大。分权有利于提高效率，但必须有三个先决条件：第一，分权的单位必须足够小，否则在中国这样一个大国当中，"集体行动"问题无法得到有效解决；第二，居民不存在"免费搭车"，必须通过投票来揭示自我的偏好；第三，居民要有"用脚投票"的权利。否则通过分权来提高效率的程度就会打折扣。即便条件都满足，分权也不是万能的，分权的底线是不能导致国家分裂。王永钦等（2007）认为中国政治权力和经济权力的不同结构给地方政府提供了发展经济的动力，尤其是完成了地方层面的市场化和竞争性领域的民营化。但这样的激励结构下，城乡二元分化更为明显、地区之间的市场分割和公共事业公平的缺失成了中国式分权的成本。张军和周黎安（2008）、范子英和张军（2009）认为分权赋予了地方政府更大的经济决策自主权和更多的经济激励，这将充分调动地方发展的动力，在各地区间形成"为增长而竞争"的良性互动，因此，分权与地方经济增长之间存在正相关。

2.2.4 "省直管县"改革的相关研究

1. "省直管县"改革的动因

分税制改革后，财权的层层上收和事权的层层下放，造成了基层政府，特别是县级政府面临持续的财政困境（贾康，2002；2005）。庞明礼（2007）指出，"市管县"的实施偏离了制度设计的预期目标，导致了"城乡悖论""财政悖论""效率悖论"等一系列问题。杨志勇（2009）的研究也表明，只有在强市与弱县两个条件同时满足时，"市管县"才能起到辐射和带动的作用，其他情形下，"市管县"体制设计的初衷并没有得到落实。张占斌（2009）认为，"市管县"体制实行的初期，确实发挥了中心城市辐射作用带动下县域的发展，但随着时间的推移，很多自身发展水平有限的市一级，不仅很难发挥带动作用，为了保障本级而损害下辖县级利益的事常有发生，因此城乡差距不但没有缩小反有加大的趋势。才国伟、黄亮雄（2010）也有类似结论，并用"财政漏斗""权力漏斗""效率漏斗"来描述"市管县"体制的弊端。"市管县"被认为是限制县域经济发展的制度性原因（周波，2010）。贾康、于长革（2010）指出，县域经济一直是我国区域经济的基础，直接影响着城镇化进程、"三农"问题的解决和城乡基本公共服务的均等化。宋亚平（2017）认为，"市管县"推行之初确实起到了缩小政府规模，提高行政效率和统筹城乡的作用。改革开放后，我国纵向府际权力关系由单纯的上下级行政隶属转变为合作与竞争并存（陈振明，2003）。"市管县"体制受到普遍诟病是不争的事实，市县级之间缺乏制度化的为资源、政策和发展空间展开的竞争与合作的制度保证和约束，零和博弈很难避免，造成了租值耗散和效率损失。地方府际竞争关系的治理和制度化凸显其必要性。"省直管县"被认为是一种可以选择的改革路径，它能够有效杜绝市级对县级财政资金的截留，缓解县乡财政困难以释放县域经济的活力（贾康和白景明，2002）。通过"省直管县"和"乡财县管"等一系列放权改革，实现政府层级的扁平化，精简市和乡镇两级财政体制，成为完善分税制改革的前提，也被作为化解县级财政困境的"药方"（王小龙，2006；罗丹等，2009）。

2. "省直管县"改革的成效

关于"省直管县"改革的效果，张占斌（2009）在对全国的"省直管县"改革进行系统的研究后指出，改革在取得一定成效的同时，却绕不过固有体制的诸多弊端和缺陷。王磊（2009）认为，"省直管县"改革实际上是对既得利益的调整，必然会产生一些问题，如市级财政调控能力的减弱，政治体制、行政体制改革的滞后，都会给当前的"省直管县"改革造成障碍。另外，区域内中心城市在统筹县域经济发展中的作用将会打折扣，甚至影响农村地区的城镇化进程。才国伟（2010）认为，一个地区的扁平化改革应该采取的措施及其效果，要受到经济发展水平、财政负担、人口规模、信息化水平等多种因素的影响。贾俊雪（2011）、郑新业（2011）、毛捷（2012）等开展的经验研究证明，财政收支分权水平提高对缓解东部地区县级财政困难和促进地区经济发展的作用明显强于西部地区，且收入分权比支出分权水平的提高在缓解县级财政困难方面的效果也更明显。而在经济欠发达地区，属于支出分权的"省直管县"改革在增强县级财政自给能力和改善财政状况方面并没有取得什么明显成效，反而在一定程度上加剧了县级财政困难。他们的研究结果也同样不能支持经济落后地区"省直管县"改革促进县域经济发展的改革思路。而改革的体制性障碍则主要被归结为行政体制改革的滞后和政府间财权事权划分的不匹配（周波和寇铁军，2012）。才国伟和黄亮雄（2010）的实证研究证实了"省直管县"体制改革显著提高了县域的财政支出和经济增长速度。傅光明（2006）认为财政"省直管县"能有效地遏制市级对县级财政资金的侵占。陈伟和方烨（2009）认为，财政层级的扁平化改革可以减少不必要的行政成本，财政拨款直接到县，减少了资金的占用和截留。从政府治理来看，压缩政府层级，减少了信息传递环节，有利于提高政府效率，防止官僚主义和腐败，能把更多财政支出转移到社会管理和公共服务上去，更好地完善现代经济社会条件下的"社会治理结构"（薛刚凌，2006）。从发展地方经济来看，"强县扩权"改革扩大了县级政府的权力，有利于发展县域经济，更好地解决"三农"问题（张占斌，2007）。而反对"省直管县"改革的声音也有其充分的理由。比如，"省直管县"改革，特别是财政体制上的"省直管县"改革，其实只是将财政资金在市县级间做了重新分配，缓解了县级财政困难的同时，带来了市级财政的收支压力，可能严重阻碍我国的城市化进程和中心城市的发展。不利于规模效应和聚集效应的形成。郑风田（2009）提出"省直管县"改革将面临巨大的监督成本。必须有针对性有选择性地推行，否则可能会带来更大的问题。陈翻（2009）则认为，"省直管县"改革减少了管理层级，但同时扩大了省级的管理幅度，很难说清楚省级管理成本的增加与层级扁平化带来的行政成本的降低之间，交易费用是如何此消彼长的。庞明礼等（2009）认为，"市管县"体制下的财政困境，"省管县"也同样解决不了，问题的关键在于政府职能转变。

李猛（2012）认为，层级的扁平化并不必然有利于经济的增长，宏观经济的稳定才是优化政府结构的前提条件。李金龙和武俊伟（2016）研究发现层级扁平化的过程中，官僚晋升的锦标赛制度才是改革的关键。贾晋和李雪峰（2016）利用双重差分法较为全面地检验了"扩权强县"改革对县级财政解困的影响，发现改革不仅没有提高人均公共财政预算收入，反而显著地促进了人均公共财政预算支出，加剧了县级财政的困难程度。但辅以配套改革的措施后激发了"扩权强县"的改革活力。杨德强（2010）认为，"省直管县"财政改革需要处理好六大关系，分别是：省、市级之间的利益关系；借"省直管县"改革将财政负担较重的县"甩包袱"给省级；市级和县级之间的关系；省级管理幅度扩大和管理科学化精细化要求的关系；零和博弈与统筹协调的关系；"省直管县"和城镇化之间的关系。周波（2010）认为，财政"省直管县"改革应该重点解决的是政府间财力与事权匹配的问题。毛捷和赵静（2012）运用 OLS 和 DID 两种模型分析发现：一方面，财政体制的财政领域的扩权改革对县域经济增长和县级财政能力都有促进作用；另一方面，"省直管县"财政改革对县域经济增长的影响程度不是同质划一的。在国家级贫困县或国家扶贫工作重点县，经济社会的发展主要是国家的各项扶贫举措推动的，财政"省直管县"改革对县域经济增长的促进作用较弱，比较发达的地区县域经济的发展水平已经较高了，财政"省直管县"作用效果也有限。因此，介于欠发达和比较发达之间的地区，财政"省直管县"在推进地区经济发展方面会有较大的空间。因此，"省直管县"财政改革不宜采用同一模式，而应充分考虑地区特征与差异。

2.3 文献述评

经过近20年的理论探讨和对改革实践的不断考察，"省直管县"改革问题的理论和实证研究成果可谓日益丰富和完善，为我们从不同角度和不同学科的理论分析范式来认识这一改革进程提供了大量的参考。国外府际关系的研究大都立足于分权理论、政府行为理论及其对经济增长的作用来展开。国内的研究内容和角度则更为丰富，研究意图主要是为了评估不同区域、不同省份"省直管县"改革是否达到了预期的目的，对市县级利益分配的影响，县乡级财政困境改善和试点县经济增长，公共产品供给的效应及均等化程度等，根据评估的具体情况分析存在的问题和诱因，以期对改革偏离预期进行纠正。绝大多数的研究成果都赞同"省直管县"改革应该体现地区差异，而不是搞"一刀切"式的推广。

截至目前，系统性地对欠发达地区"省直管县"改革实践进行研究的文献并不多见。我国正在经历经济增长方式的转型，对欠发达地区来说是挑战和机遇并存的发展关键期。欠发达地区要实现经济发展的提质增效，以跨越式发展来尽量缩小与发达地区间日益扩大的差距，实现城乡一体的发展进程，一系列适应性的体制机制改革是必要的，这期间财税体制和行政体制的改革、省级以下分税制的完善都将是无法回避的问题。研究分析来自欠发达地区"省直管县"改革的案例和数据，就是为了获取在欠发达地区改革推行的准实验证据，积累和总结可靠的经验。本书还将当前欠发达地区的创新方法，如县域跨区经济开发区等也纳入考察，为下一步改革的深入提供更多的政策工具的选择。

第 3 章

我国政府层级结构演进及其内在的逻辑

3.1 历史上地方政府层级的演进

3.1.1 郡县制的建立

县级政区从距今2700年的春秋楚国出现以来，一直是最稳定的地方政府层级设置。秦朝建立之初，开展过国家政治体制设计的讨论，辩论的双方中，一方是传统的维护者，支持建立封建制的国家；另一方是以李斯为代表的革新派，主张建立中央集权制的国家。实际就是要"封土封君"，还是要"郡县"之争，最后以李斯为代表的一方胜出。他们反对分封制的理由是"天下共苦战斗不休，以有侯王"，而建立中央集权制的国家能够通过郡县使天下归于一统。秦建立郡县制，天下初分36郡，后增至42郡，每郡下辖3～5个县，郡县的行政长官由中央委派，向中央负责。中央的政令通过各级"郡""县"落实到地方。整个官僚体系由中央财政统一奉养。全国按照统一的标准征收赋税，统一法度，这就是郡县制。

郡县制自秦朝建立以来，整个国家就像是化零为整一般，封地属国被"郡"代替，皇权及中央政府成为决策中心，包括郡和县在内的各级地方政府只拥有执行权，县成了国家政令得以落实的最基层执行单位。与西方联邦制多级决策中心并行的国家治理结构不同，郡县制是一套自上而下的垂直管理体系，正如韩非所说："事在四方，要在中央，圣人执要，四方来效"。

所谓郡县制是对地方行政管理体制的总结，除中央政府外，地方设"郡"和"县"两级，以郡统县。郡县制遵循"依法治国"的基本原则，倚仗"客卿"和"农战"奠定了中国古代国家治理的基本框架和制度，以国家政治为基础的律法关系代替了宗亲血缘，实现了"天下治"。"郡"和"县"两级官僚体系就是治理天下的工具。中央政府控制官僚的最重要手段就是财政。因为各级官员是由中央财政豢养的，除此之外没有任何机构能够给官员发放薪资。官员的选拔和任命权也掌握在中央，官员在全国范围内流动，由中央控制又相互监督制衡，因此，中央政府可以通过其任命的官僚体系来管理和牢牢控制住民间社会，国家财政则来源于对民间开征农业税。

秦朝开启的郡县制政府管理体系的基本框架可用图3.1来描述。

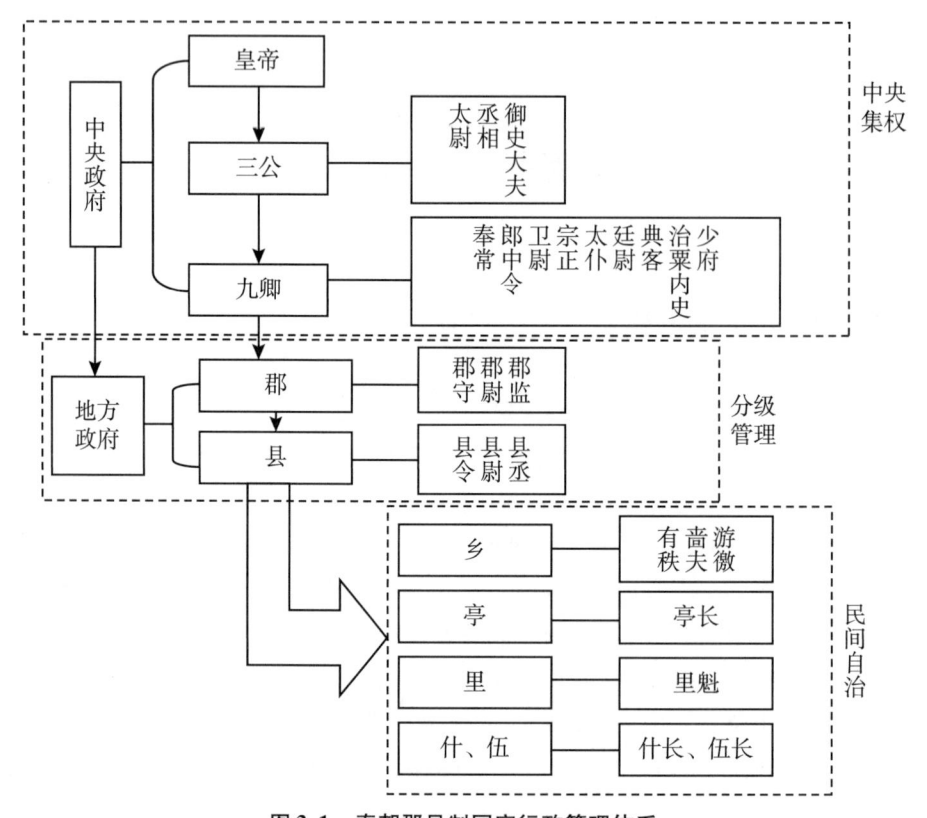

图 3.1 秦朝郡县制国家行政管理体系

皇帝和三公九卿构成了国家的中央政府，也是国家的决策中心，是国家作为一个权力组织的核心，所谓的中央集权，就是中央政府集中了整个国家的决策权。地方政府分设两级，以郡来统县，县是管理民间的一级政府，也是最基层的政府，郡起到了在中央政府和县之间承上启下的作用。郡和县都是统治阶层管理社会的工具，只有执行权，也就是我们今天说的事权。郡县制代替分封制，实现了国家的大一统。然而，一方面，分封制的维护者们并不甘心，诸侯崛起的因素蠢蠢欲动。为了维护中央集权行政体制的运转和统治阶层及官僚体系的忠诚，秦朝不得不向百姓抽取高额的税赋来保障官僚机构的利益，这损害了社会经济赖以发展的基础。另一方面，巨额的战争开支，边疆防御开支和靡费的国家工程，如宫殿的修筑等最终拖垮了国家财政，导致整个社会的崩塌。秦朝二世而亡恰恰证明了中央集权和帝国统一的巨大成本。

3.1.2 郡县制的渐变

汉代初期吸取秦朝的教训，整个国家奉行休养生息的政策。直到汉武帝统治的早期，国家政令依然坚持经济优先、财政缩减的原则，政府层级精简为三级，除中央外，地方设立"郡"和"县"两级政府，因此，财政供养的官僚体系很有限，再加上政府有买卖爵位的收入，财政还算宽裕，文帝时期，先是宣布国家税收减半，公元前166年，文帝干脆宣布取消农业税。尽管景帝恢复了农业税，但直到西汉末年税率都非常低。由于严格执行地方郡县两级政府管理体制，政府行政支出规模较小，加上战争支出很少，因此，汉文帝时期是中国历史上最接近亚当·斯密"小政府"状态的历史样本。随着汉武帝开疆扩土，巨量的战争开支导致国家财政接近崩溃的边缘；另外，为了维护中央统治的权威，皇帝设立了严格的监察制度来限制地方官员的权力，在中央，御史大夫为监察官，而刺史就是监察地方官的官。

为了保证刺史的监察效力，汉武帝将全国分为13个州，每一个州派一位刺史，地方政府行政管理体系由"郡""县"两级扩张为"州""郡""县"三级，州管辖郡，郡管辖县，这样一来，吏制的膨胀便不可避免，即使政府抽取更高的税赋、垄断盐铁、以各种方式扩张货币发行、垄断土地获利也未能缓解整个国家财政的入不敷出，更使得民间经济遭受重创。因为国家垄断的出现，统治阶层内部利益集团逐渐形成并结块，政府层级之间，特别是中央政府与地方政府之间的利益争夺，或者说皇权与官僚集团之间的争利进一步强化了集权的需要，如此加强中央集权和官僚体系膨胀之间形成恶性循环，最终，集权的代价拖垮了一个朝代。

隋文帝废除了郡，直接以州管理县。因此，隋朝地方政府分为州、县两级。

唐承袭了前朝的地方行政体制，但唐代贵族政治框架下，皇权为突破贵族势力设立了独立于三省六部的"御史台"，以此来实现对地方的控制，派出巡视地方的巡视员叫观察使，分巡地方10~15个道，以道统"府（州）"。到了唐中宗时期，观察使就常驻在了地方。因此，唐代地方政府的层级设置在"府（州）"和"县"两级之上又增加了"道"，由两级扩张为三级。政府行政机构的扩张必然给财政造成压力，唐代的政府虽然参与商业经营，碍于官营普遍存在效率不高的问题，非但没有充盈政府财政，反而搅乱了民间的经济秩序。玄宗时期，财政捉襟见肘，不得不设立"节度使"，让其统管"道"的行政、财政和军队，以保证能够动员足够的资源以提供军费开支，因为当时的中央政府已无力负担军队。节度使的设立在地区内实现了"集中力量办大事"，但缺乏必要的监督，导致节度使大权独揽，最终形成了藩镇割据势力，开启了"安史之乱"的大门，中晚唐时期，节度使已经成为完全独立于中央的地方政权，形式上统一的国家实际处于分裂的状态。

宋代的地方行政体系原本也只有"州府"和"县"两级，之后，在"州府"之上设立了"路"，路一级的行政主管有4位，分管军事、财政、司法和救济，4个职务相互独立，分别向中央负责。事出多门导致宋代的地方行政比较混乱。

元代中央一级，行政、军事和监察各由中书省、枢密院和御史台负责，他们被派到地方行使监督之职的机构分别被叫作"行中书省"，简称行省；"行枢密院"，简称行院；"行御史台"，简称行台，所谓"行"就是临时的，或行动中的，成了介于地方和中央的一级行政组织。可见元承宋制，地方政府也是三级行政管理架构。

明朱元璋废除了行中书省，以"承宣布政使司"来代替，从政府层级设置的性质来讲，与前朝的"行中书省"没有本质的差别，是衔接中央和地方的一级实职政府部门，后被称为"省"一直沿用下来。明朝的"省"分为三司：使司、提刑按察使司、都指挥使司，简称藩司、臬司、都司。地方政府的层级设置为省—府—县三级。清朝将"省"分为二司，各司的长官为布政使（主管行政和财政）和按察使（主管司法和监察），俗称藩台、臬台。至此，清地方政府的总体框架为省—府—县三级。

但明、清的皇帝为了加强中央集权，都选择了扩张地方行政层级和官僚机构。明朝皇帝向省派出了凌驾于"省"之上的"总督""巡抚""巡按"，分别负责各省的军事、行政和监察。"省"一级照样依葫芦画瓢，派出分道分司管理各府相关事务，这样，中央以下，又增加了两级行政机关。到了清朝，"巡按"被取消，但"总督""巡抚"成了常驻常任，一般管辖2~3个省，如果只管理一个省的话则不设巡抚，地方的行政管理层级变为名副其实的五级，且至少是五级。直接面向百姓的就是最基层的"县"。官僚机构的膨胀只是为了加强对官员的管理。

可见，从郡县制建立之初，各个朝代的历史都伴随着地方政府行政层级和官僚体系的不断扩张，无一例外，根本原因就是为了加强中央集权，杜绝权力配置向地方分散。隋朝以前，各朝代的早期都基本沿用郡县制两级地方政府框架，之后多演变为三级实职政府。从隋唐开始，基本的政府行政层级设置固定为三级，郡县的基础上，在中央和"郡"之间增加一级"省"，随着王朝统治者不断强化对地方的控制，政府层级的设置趋于扩张，由此带来了官僚结构的膨胀，必然给财政带来压力，而财政不足则成为中央政权最大的不稳定因素。最极端的情况出现在唐朝，为了缓解财政压力，朝廷不得不赋予节度使更大的权力以保证国防支出，直至节度使成为地方诸侯分裂了国家。而其他王朝也是在为强化中央集权而不得不扩张地方行政管理层级和官僚体系的过程中，整套国家制度的自我调整能力耗尽，表现为财政的崩溃而导致朝代更迭。可以说是中央集权耗费的成本导致了历朝历代的衰亡。但在这2000多年的历史长河中，郡县制始终是维护统治者权威的行政管理制度的核心框架，今天看来，在交通和通信都极为落后的时代，在一个大国内建立起政令通达四海，"车同轨，书同文，行同伦"的大一统国家的基本制度性支撑，正是通过"郡"和"县"，统治阶层的权柄才能延伸到国家的任何角落。

同时也应该看到，即使中央集权制本身存在诸多弊端，但在其产生之初确是历史选择的结果。分封制带来了连年的战乱，百姓无法组织正常的生产生活。对于以农业为经济主要支柱的古代中国而言，水利设施的重要性不言而喻，只有中央集权的国家才能够有能力在一个更广大的疆域内提供基础水利和漕运等公共产品，除此之外，统一的市场、和平带来经济的快速发展也是百姓生活得以改善的前提。与此同时，集权的代价，如政府垄断、供养庞大官僚机构的苛捐赋税则是社会需要承担的"必要的恶"，这是统一帝国的制度成本。中国推翻帝制以前的历朝历代中，社会各个阶层在利益的驱动下，突破集权束缚的张力始终存在，统治者维护其权威、加强集权统治的方式选择往往导致官僚体系的不断膨胀，膨胀到集权制度的成本超过收益的时候，制度的运转也就失去了自我调整的空间和机会，或表现为朝代更迭，或表现为制度变革。因此，以皇权为核心的中央集权制历经数朝而湮灭，原因也不外乎是历史找到了更好的制度来代替它。

然而尽管经历无数朝代更迭，制度变迁，社会形态的转换，国家权力的纵向配置结构和层级划分也表现出动态调整的演化过程，但郡县制为核心框架的政府行政管理机制却一直延续至今。县一级政府，是单一制的国家实现社会管理和社会统一的必要基础。历史上历朝政府层级结构的设置中，三级地方政府是较为高效的行政管理体系，但即便是最为精简的三级地方政府层级设置，省级行政部门也不直接管理县域的社会经济事务，它们之间大多数时候，都还存在另一级完整的实职政府组织。

3.2 新中国地方政府层级体制的演进

新中国成立至今，行政区划和管理体制经过了70多年的发展和演进，地方行政层级的划分经历了数次权力分合和层级调整，其复杂程度不可谓不高。我们需要在对地方行政区划调整和府际关系演变进行梳理的同时，深入探究其内在的逻辑关系和所蕴含的规律性。

3.2.1 过渡时期的地方政府层级安排

新中国成立初期（1949~1954年），新生的各级地方人民政权需要得到巩固并尽快地投入国家建设当中。根据《共同纲领》的精神，全国建立了大区制。如表3.1所示，1949年新中国成立初期，我国行政区划包括：中央直属行政单位和5个大行政区，50个省级政区（30个省、1个自治区、12个直辖市、5个行署区、1个地方和1个地区），215个地级行政区（185个专区、8个盟、12个分区、4个行政区、3个行署、1个矿区、1个特区、1个临时行政委员会），2180个县（2068个县、58族、22个分治局、3个特区、7个办事处、16个镇、1个矿区、2个工矿区、2个中心区、1个管理局），123个市（55个地级市、68个县级市），349个市辖区。①

表3.1　　　　　　　　　　1949年全国省级行政区一览

行政区划	管辖范围
中央直属行政单位	北京市、天津市、河北省（保定市）、山西省（太原市）、平原省（新乡市）、察哈尔省（张家口市）、绥远省（归绥市）、内蒙古自治区（张家口市）
东北区（沈阳市）、	沈阳市、鞍山市、抚顺市、本溪市、辽宁省（安东市）、辽西省（锦州市）、吉林省（吉林市）、松江省（哈尔滨市）、黑龙江省（齐齐哈尔市）、热河省（承德市）、旅大行署区（大连市）
西北区（西安市）、	西安市、陕西省（西安市）、甘肃省（兰州市）、宁夏省（银川市）、青海省（西宁市）、新疆省（迪化市）
华东区（上海市）、	上海市、南京市、山东省（济南市）、苏北行署区（扬州市）、苏南行署区（无锡市）、皖北行署区（合肥市）、皖南行署区（芜湖市）、浙江省（杭州市）、福建省（福州市）、台湾省（台北市）
中南区（武汉市）、	武汉市、广州市、河南省（开封市）、湖北省（武汉市）、湖南省（长沙市）、江西省（南昌市）、广东省（广州市）、广西省（南宁市）
西南区（重庆市）、	重庆市、四川省（成都市）、贵州省（贵阳市）、云南省（昆明市）、西康省（康定县）、西藏地方（拉萨）、昌都地区（昌都宗）

资料来源：《中华人民共和国行政区划分（1949年）》，中国政府网，http：//www.gov.cn/test/2007-03/23/content_558707.htm。

---

① 《中华人民共和国行政区划分（1949年）》，中国政府网，http：//www.gov.cn/test/2007-03/23/content_558707.htm。

过渡时期，除了大区的设立之外，还在县与乡之间、省与县之间设置了派出机构。具体的行政层级构成可以用图3.2来描述。

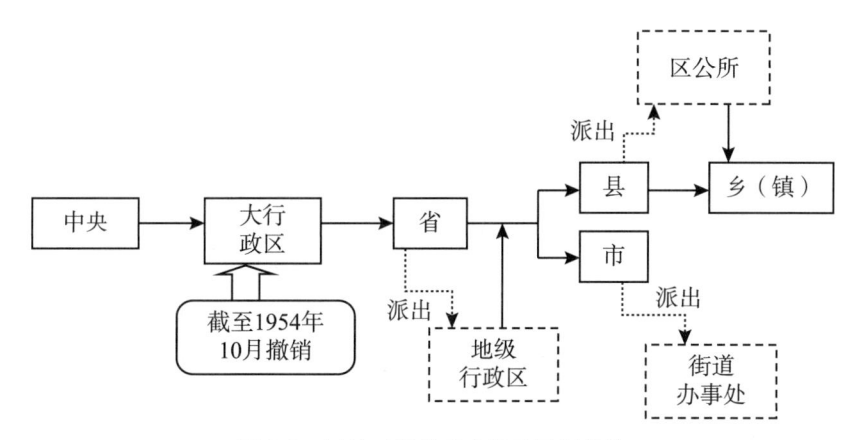

图 3.2 过渡时期的政府行政层级结构

如图 3.2 所示，过渡时期的政府层级设置：中央—大行政区—省—县（市）—乡共 5 级实职政府部门。

根据 1954 年 9 月颁布的《中华人民共和国地方各级人民代表大会和地方各级人民委员会组织法》第四十二条，在必要的时候：

（1）经国务院批准，省人民委员会可以设立若干派出机关"专员公署"；

（2）经省人民委员会批准，县人民委员会可以设立若干派出机关"区公所"；

（3）经上一级人民委员会批准，市辖区、不设区的市，其人民委员会可以设立若干派出机关"街道办事处"。

派出机构"专员公署""区公所""街道办事处"分别代表省、县（市）和区管理县（市）、乡和社区。

因此，加上各级派出机关，过渡时期国家政府层级的设置为五级实职政府和两个准行政层级。省级以下，"市""县"平级。大行政区于 1954 年 10 月正式撤销，而两个准行政层级在过渡期之后得以保留下来，专员公署后来演变为了一级实职的政府行政层级，即"地级市"。

过渡时期大行政区的设置，其目的是在国家成立之初破旧立新，实现国家统一的同时，有效地对地方进行统一管理。作为一级独立的地方政权，大行政区同时履行了隶属于中央的派出机构和省级的高一级政权组织两个使命，为确保国家统一、政治稳定和经济的回复发挥了积极的作用。国家政治经济基本稳定后，大行政区完成了它设置之初的使命，中央出于精简行政层级、提高行政效率的考虑，正式撤销大行政区（中央人民政府委员会 1954 年 6 月 19 日第 32 次会议决定）。同时在行政区划上也做了调整。撤销辽东省、辽西省两省，恢复辽宁省（中央人民政府委员会1954年6月19日第32次会议决定）。撤销松江省，将其行政区域并入黑龙江省（中央人民政府委员会1954年6月19日第32次会议决定）。撤销宁夏省，将其行政区域并入甘肃省（中央人民政府委员会1954年6月19日第32次会议决定）。撤销绥远省，入内蒙古自治区。归绥市更名为呼和浩特市。至此，全国行政区划包括31个省级政区（25个省、1个自治区、3个直辖市、1个地方、1个地区），198个行署（151个专区、7个盟、25个自治区、7个行政区、2个行署、4个矿区、1个工矿区、1个特区），2103个县（1998个县、54族、1个矿区、1个工矿区、5个区、38个自治区、1个自治旗），163个市（141个省辖市、22个专辖市），821个市辖区[①]。西北和西南两大行政区所覆盖的范围和今天一般意义上的西部地区或欠发达地区基本一致。

1954年以后，大区撤销，但政府派出机构这一制度得以一直保留。

3.2.2 计划经济体制下的地方政府层级结构演进

1955~1966年，省级政区的数量大幅度缩减。省级以下，各层级政府的行政单位也都同步缩减，特别是县乡一级政区的调整幅度较大。1962年，乡镇作为一级建制被取消，改为人民公社，其间也伴随着政区数量的减少。

这期间，"省"与"县"和"市"的关系是由宪法确定下来的，"省"直接或通过省级派出机构"地区"（专员公署）管理"县"和"市"，市县分治。县市之间，只有城乡差异，没有行政层级之间的隶属关系。1958年以后"市管县"体制开始出现。如1958年，天津由河北省的"地区"一级政区改为"市"级政区，其所辖的12个县就由天津市来领导和管辖，这也是首开了"市管县"的先河。1959年9月17日第二届全国人民代表大会常务委员会第九次会议通过的《全国人民代表大会常务委员会关于直辖市和较大的市可以领导县自治县的决定》中提出，为适应国家建设的需要，出于促进工农业的相互支援、便于满足城市对劳动力需要的考虑，较大的市和直辖市，可以领导县和自治县。截至1960年，全国受市领导的县的数量增加到了243个，涉及52个市。"市管县"体制后因人民公社化运动而发展受阻。部分地区又由"市管县"回到由省对市、县进行分治的状态。20世纪60年代中期之后的10年间，特殊环境下各项社会制度的选择对本报告的研究不具有样本研究的经验和理论意义，故此略过。

计划经济体制下，地方政府层级设置的主流模式是省—县（市）—乡镇三级，

---

① 《大公报》1955年旧版《1955人民手册》。

再加两级准行政组织。这样的制度安排在当时来讲，能够最大限度地、以最小的制度成本和交易成本实现政府对整个社会的有效管理。首先省级政区数量的缩减有利于减少中央政府的管理幅度；省—县（市）—乡镇三级地方政府也是新中国成立以来最为精简的地方政府层级设置，政令传达和落实的渠道最短，能够有效地减少行政成本和协调费用，强化中央对地方的控制力和调动社会资源的能力。可见，这一制度设计与中国当时的计划经济体制能够很好地实现制度间的耦合。

3.2.3 市场经济体制下的地方政府层级结构演进

1978年以后，中国的经济体制发生了深刻的变化，市场开始在资源配置的过程中发挥主导作用，与之相匹配的，是一系列带有分权性质的行政体制改革，也被称为市场化改革。这一时期，发展经济是国家一切事业的中心，因此，行政体制改革的目的主要着眼于效率，在政府层级的调整和设置方面，一个重要的激励导向就是充分发挥地方的积极性，激发各地经济建设的潜能。工业是发展的重中之重，因此，城市成了这一轮国家经济建设的核心。

20世纪80年代初，为了解决经济社会发展过程中诸如城乡分割、市场分割、城乡相互牵制等问题，本着加快城乡一体化建设，统筹城乡关系，同时缩小省级政府管理幅度，提高行政效率的意图和目标，1982年开始，国家选定经济发展水平较高的地区试行"市领导县"体制，以城市带动农村，统一组织生产和物资流通，逐步形成以城市为依托的各类经济区。同时，由江苏率先在经济比较发达的地区试点地市合并、城市政区升级并领导和管理县的一系列改革。试点效果得到中央认可后，1983年2月，国务院关于实行地市合并的通知在全国范围内掀起了撤地设市热潮。仅用了一年的时间，辖县的市的数量就增长了117.24%，由市级直接管理的县级的数量从1982年的171增加到了542，增幅达到217%，平均每个市领导的县的数量增长了1.46倍。1999年，国务院和民政部关于调整地区建制的通知，又引起了一次"市管县"改革的热潮，截至2004年，我国超过90%的地级市管理了超过70%的县，平均每个市管理了约5.77个县，"市管县"体制在全国范围内的覆盖面达到了历史最高。至此，我国市场化的行政管理体制改革进程中，政府的纵向层级结构由"中央—省—县（市）—乡"四级变为"中央—省—市—县—乡"五级，成为政府纵向行政层级最多的国家之一。

从地方政府层级设置的演进来看，20世纪80年代广泛兴起的"市管县"体制与新中国成立初期曾有过短暂扩张的"市管县"体制，形式上虽然相同，但制度设计的初衷是完全不同的。新中国成立初期以市统县的目的主要是保障市级政区人民生活的基本供应，同时也利于满足工业发展所需的劳动力流动。而改革开放初期的"市管县"改革则有了促进区域内经济发展、缩小城乡差距、实现城乡一体化发展的考量,同时也是优化行政管理层级设置的工具。在此之前,在重要工业城市设立省级派出机构专员公署(专区)的制度设计就体现了省级政府在信息和交通等因素的约束下,在对县域进行管理的过程中,因为管理幅度过大是存在压力的。因此,"市管县"体制改革并非一蹴而就,是伴随经济社会不断发展的渐进式改革历程。

地方政府4级行政核心框架的基础上,我国还设有10余个计划单列市,行政层级介于省与市之间,俗称副省级城市。计划单列市一般都是经济发展成效较为突出的城市政区,省会城市居多,计划单列市在经济和社会管理权限上独立于省,但行政管辖权隶属于省。"市"一级政区不仅管辖县,对于设区市来说,下辖的"区"也是一级人民政府,"市管县"以后,"区""县"同级,区为城市政区,县一级主要覆盖乡村。县、区一级的派出机构:区公所和街道办事处一直沿用至今。经济和社会不断发展的过程中,还衍生出了开发区和管理区。如省、市级政府设立的高新技术开发区等,开发区设立有党工委、管委会。部分开发区与所在地的市或者市辖区合署办公,实际上开发区管委会的职能与一级政区政府的职能几乎是等同的。开发区行政机构的配置各地间差异较大,除管委会外,还有的开发区有人民法院,少数开发区还设置了人大。经济(或高新技术)开发区是我国为适应当前区域经济发展需要的一项较为特殊的制度设计,与计划单列市的设置有异曲同工的职能,但在行政级别上存在差异,相类似的还有副县级管理区,它们共同构成了具有准政府层级性质的政区。我国当前的政府行政层级设置和结构可由图3.3来表示。

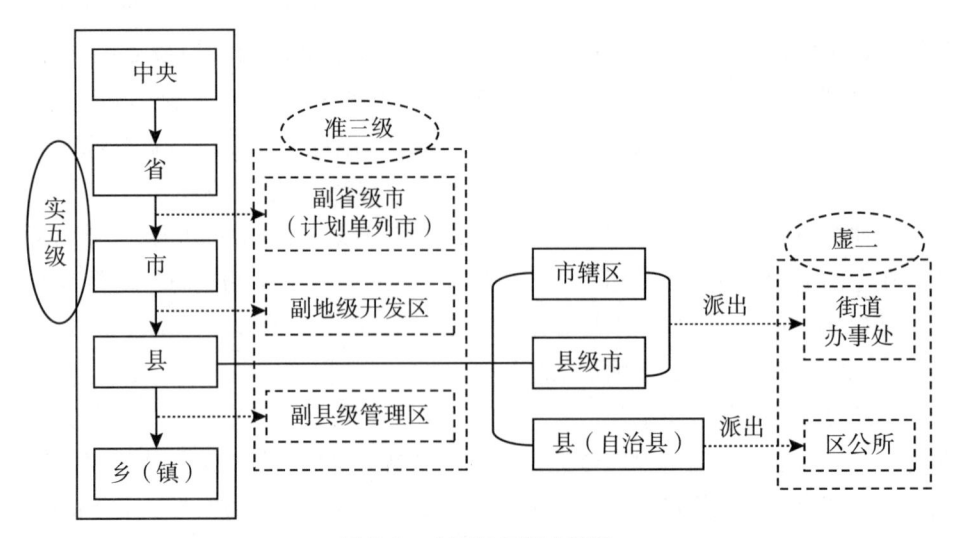

图3.3 中国现行行政层级

20世纪80年代初期"市管县"改革遍及全国,但它本身存在的一些问题也引起了学界的关注,大家关心的问题有以下四个方面:

(1)改革的合法性问题。经济建设和发展的迫切性导致"市管县"体制缺乏必要的法律体系适应性和配套性的调整,主要体现在前面已经提到的我国宪法条文中,"县"与"市"之间在行政层级上并不存在隶属关系,但"市管县"体制改革与此不符。这是法律体系没有能够及时跟上经济社会发展需要导致的。

(2)此项改革实际带有权宜性的特征,在实践过程中成了集城乡之力来发展城市的一种策略,导致的城乡二元化问题经年累积造成了城乡发展的不平衡和农村发展的严重滞后,因此改革在短期和长期的平衡上存在缺陷,事实上当前对"省直管县"改革的讨论就意味着改革开放初期的这项改革举措,在20余年后成了需要被改革的对象。

(3)地方政府层级设置过多。层级结构过多会导致部门冗余和流程冗余等一系列的问题,一方面是高额的行政交易成本和社会交易成本制约了行政管理的效率提升,同时也可能抑制微观经济主体的经济活力;另一方面是冗余流程导致政府的行政业务链条过长,不能及时有效地回应社会的多样性诉求。

(4)"省直管县"改革的兴起。如果回顾"市管县"的概念,我们会发现,这一体制实际是城市领导乡村,实现城乡一体化发展的一项制度安排。但现实和预期刚好相反,市管县不仅没有最终实现城乡一体化发展,反而成了分割城乡,制约县域经济增长的制度性因素。

针对市管县存在的问题,理论界首先提出浙江的"省管县"体制是促进县域经济社会发展的一个重要体制性激励,并论证了这一机制改善县乡财政困难的有效性(贾康和白景明,2002等)。从2002年开始,"省直管县"改革的思路开始逐渐被接受,人们开始寄希望于通过"省直管县"改变县域地区服从服务于中心城市发展的局面,从而摆脱城乡二元分割的困境,以实现区域内城乡的一体化发展。先后有湖北、河南、安徽、江苏、四川和云南等20多个省份开始在特定行政区域内试行财政和部分经济管理决策权限从市下放到县的"省直管县"体制改革。

2005年1月,以财政部《关于切实缓解县乡财政困难的意见》为标志,"省直管县"正式成为国家主导的行政体制改革。随后,2005年6月,温家宝提出:"具备条件的地方,可以推进省直管县试点",2006年3月的《国民经济和社会发展第十一五规划纲要》,2007年8月国务院正式批复的《东北地区振兴规划》中都以各种方式提到试行"省直管县"改革。2008年党的十七届三中全会通过的决定和之后的国家《中华人民共和国国民经济和社会发展第十二个五年规划纲要》也都明确提出可依法探索"省直管县"体制。

"省直管县"改革试点工作在全国推开之后,我国的行政体制呈现出了同时并行五级行政和四级行政的状态,全国范围内除内蒙古、西藏和新疆之外的所有省份都不同程度地运行着"省直管县"改革试点。其中以广东、江苏、浙江改革试点的覆盖面最大,欠发达地区样本省份中,只有贵州和陕西涉及此类模式的改革,且改革在实际执行过程中并不彻底。

3.2.4 浙江和海南的"省管县"体制

"省直管县"改革以来,浙江的模式和制度运行效果一直备受推崇。因此本书认为有必要对浙江和建省以来就一直实行"省管县"的海南"省管县"制度的基本情况做一些梳理。

尽管从1982年以后,"市管县"体制就开始成为全国各省行政管理层级设置的主流,浙江和海南因其特殊的历史和省情一直采用的是"省管县"的行政管理体制。

1. 浙江的"省管县"体制

浙江虽然也完成了撤地设市的改革,但是地级市对县级的管理权限是有限的,行政体制中的核心环节——财政体制,一直实行的是"省管县"的模式,并且财政"省县"对接的制度设计从1954年延续至今并不断完善。从一开始的财政省级直管到后来的人事权力都由省级直接管理,使得行政层级的扁平化得以在浙江彻底的实现。因此,浙江地方政府行政层级为省—县(市)—乡镇三级设置。

关于浙江省级行政管理体制的特殊性,浙江土地面积10.55万平方公里,是中国面积较小的省级行政区。2个副省级城市,9个地级市、37个市辖区、19个县级市、33个县(其中1个自治县),与全国平均每个省超过70个县的水平相比,浙江从土地面积、行政区划和县级政区数量来看,"省管县"体制不会面临过大的管理跨度。且浙江的县域经济一直是经济社会发展中的亮点,一些地级市每年的财政收入还赶不上经济发达县的财政收入,城乡差异问题在浙江表现为中心城区反而弱于辖区内的区和县。县域经济的不断发展不仅强化了"省管县"体制,也激励着县域政府争取更大的经济社会管理权限。浙江先后五次出台相关政策,将财政、经济社会事务管理等方面权力向县级下放,从而保障和激励县域经济发展的活力。2009年6月,管理权限下放以政府规章的形式固定下来,标志着浙江"扩权强县"迈上法制化的道路。

不仅对县,浙江还试点对部分中心镇予以放权,赋予部分中心镇以县级的待遇。理论界认为,浙江县域经济发展的显著成绩确实得益于上级政府对包括财政在内的多项经济和社会事务管理权限的下放,也正是出于这样的原因,浙江的行政管理体制逐渐开始为人关注,大家开始思考,这样的扩权强县效应是否能在其他地区也发挥同样的作用,以改善日益扩大的城乡差距和区域经济发展的非均等和不协调。

2. 海南的"省管县"体制

1988年4月,中央将海南从广东划出,海南建省并成立海南经济特区。海南是我国仅次于台湾的第二大岛,陆地面积3.54万平方公里,人口不足千万,全省辖4个地级市、6个自治县、4个县,从人口、陆地面积和行政区划的数量来看,海南可以说是中国最小的省级行政区。海南与生俱来的特质决定了它可以成为全国唯一一个彻底实行"省管县"的省份,实现了省对市、县的直接管理,"市""县"平级。作为一个经济特区,海南建省之初就将"精简机构、精简层级"作为构建行政管理体制的基本原则,就连人员编制也在建省前原规模的基础上进行了缩减。2008年,海南推行向县、市扩权的改革,实现了行政管理权限的全部下放;在政府行政部门间的横向关系改革方面,突出了综合大部门的特点。海南"省直管"体制在30多年的运行过程中,体现出了两个基本的特征:第一,行政机构层级的扁平化有利于实现省级政府对市县级政府的有效管理和控制,也能够有效地节约行政管理成本;第二,权力中心和决策中心的下移使得市县级政区能够根据地区的实际情况自主发展地区经济,同时能够清晰地划分各个政府层级之间的事权、财权、支出责任和财力,避免了各级政府无序的纵向竞争。

另外,海南样本还证明了,层级扁平化的同时,赋予县、市级政府充分的经济发展决策和社会管理方面的自主权,能够有效地激发经济增长的活力。

3.3 城市行政区的发展

城市,作为一个地域概念,专门指从事商业和工业的地方,区别于那些居民以耕种土地为生的地方。城乡在管理体制上始终是存在差别的。即便追溯到唐代,也是分设"坊"和"里",对城乡分而治之。而以法律的形式确认市、镇地方行政建制的独立性始于清末民初。新中国成立的初期,沿袭了市、县分治的行政区划传统,市与县同级,成为省(自治区、自治州)下辖的行政层级,县以下是乡镇。因此,改革开放之前,我国地方三级行政区划为省—县(市)—乡(镇),地区(专员公署)作为省级派出机构,代表省(自治区、自治州）管理县和市的相关事务。

20世纪80年代初，由于农业的发展和农业产业结构的调整，农村出现了大量的剩余劳动力，随着这些劳动力向城市转移，商品经济和小城镇开始日益繁荣，城市在整个社会经济发展中的地位日益凸显，逐渐成为地区经济发展的增长极。为了迅速推进城市化进程，发挥城市的聚集效应，统筹城乡发展，1982年，中共中央《改革地区体制，实现市领导县体制的通知》标志着"市管县"开始成为地方行政区划和行政管理体制的主流选择，以往的市县分治被市管县替代，城市与之前相比，成了高一级的政区单元。同时进行的区划调整还包括整乡改镇，撤县设市（县级市），作为省级派出机构的地区被撤销并设立相应的地级市。至此，城市成为国家政治和经济发展的中心。至1994年，除海南和浙江外，全国各省份都实行了"市管县"体制。

由于在行政层级的上位，导致"市"一级在资源的动员和决策权方面，较之于"县"级，都有优先权。但"市""县"两级之间，实质上都是直接面向民众的基层政区，仅是经济发展的产业支撑不同，城市主要是工商业，农村主要是农业。"市管县"使得城市能够优先于农村发展经济，这是城乡二元发展的又一个诱因。因此，"市管县"体制后来被认为没有充分尊重城乡政区政府职能的差异，一味地让城市领导乡村，其结果是乡村政区不得不服从于服务于城市发展的需要，丧失了乡镇、农村自主发展的独立性，资源和政策都向城市倾斜，制约了农村社区的发展（县域经济的发展），导致了城乡发展的巨大差距。因此，"市管县"统筹城乡发展的政策意图在经济社会发展没有达到收敛之前，或者发展的早期不容易实现。

在西方国家，地方政府之间的地位基本是平等的，即"市场维护型的联邦制"，没有行政隶属关系的制约，各个地方行政单位之间横向合作关系发达。而在中国，地方政府依靠上下级隶属关系来完成和实现任务的分解下达与执行，地方政府之间的协作缺乏有效的机制保障。如果地方政府之间的竞争张力无法调和，合并往往是解决的办法，如撤县设区等措施。这种政府层级之间的"一体化"导致权力从农村社区流向城市社区，对县域来说，经济发展的自主空间被压缩了。

近年来，我国城市行政区的发展愈发快速。20世纪80年代开始，始于深圳、大连和青岛等沿海开放城市的设立，地方政府行政层级由之前的市县平级改革为"市管县"，随后全国各地出现了一大批"县级市"，城市规模大幅度扩张。今天看来，这应该是我国城镇化进程的开端。"省直管县"改革开启之初，为了避免城市发展规划的割裂，部分"省""市"兴起一波"撤县设区"的浪潮，为的就是保证中心城市的发展拥有足够的地理空间和资源储备。近10多年来，城市化的发展战略转向一系列"经济技术开发区""综合配套改革试验区"等的建设。近5年来,经济圈层概念的提出、国家级、省级经济开发区建设成为城市发展和城镇化建设中的亮点,这些特定经济功能区的建设,已跨域了现有行政区划的约束,开辟了新的城市建设的思路,是我国城市行政区划、政府组织结构和层级设置方面的体制、机制创新。

第 4 章

欠发达地区"省直管县"改革效应的分析框架

4.1 "省直管县"改革效应分析的理论运用

4.1.1 分权理论的运用

分权,从字面意思理解为权力的分解。在理论上,"分权"有广义和狭义之分。广义分权指的是立法权、司法权和行政权的分立。狭义的分权更接近于我们平时说的"简政放权",是政治管理权、行政管理权和包括财政权在内的经济管理权在不同层级政府之间的分享与共享。本书的分权概念为狭义的分权。

1. 财政分权

郭庆旺和贾俊雪(2012)的研究发现,中国地方政府规模和结构的演进存在一个显著的特点:变化的时间窗口与财政分权化改革的历程高度吻合。因此,他们认为,中国的财政分权化改革在地方政府规模和结构的变化中起到了非常重要的作用。新中国成立以来,中国的财政体制经历了统收统支—财政包干—分税制—财政"省直管县"改革试点几次变革。从"财政包干制"开始,我国财政体制的改革都被认为带有财政分权的倾向(张晏和龚六堂,2006;张军,2007;周业安和章泉,2008;Hong-bin Li & Li-an Zhou,2005)。

(1)财政包干制。

在十一届三中全会"减少集中,放权让利"的政策导向下,中国的经济体制改革形成了"财政包干制""企业承包制""家庭联产承包责任制"三个包干体系。财政包干制作为经济体制改革的突破口率先施行。当时的财政包干制被总结为"划分收支、分级包干、各级财政自求平衡"。

所谓划分收支：

①支出方面，划分为中央财政支出和地方财政支出，地方财政支出按照行政层级的设置，遵循一级政府、一级预算、一级财政的原则逐级划分。支出划分，实际是支出责任，或事权（事责）的划分。

②收入方面，在各级政府之间采取分级包干的收入划分体制，包干形式多样，有"收入递增包干""总额分成""总额分成加增长分成"等，包干形式的多变主要在于中央和地方政府之间不间断的利益博弈。

对于财政包干制，与中央统收统支的财政体制相比，无疑在权力结构的配置上具有鲜明的分权倾向。尽管存在包干形式，实际就是财政收入在各级政府、特别是中央和地方政府之间的分配比例的不断调整，也存在这一比例各省份与中央的讨价还价，但一个基本的原则是，地方实现的财政收入，除上缴中央外，剩下的都归地方政府支配，各级财政自求平衡。因此，钱颖一等学者将其称为"财政联邦主义"。

财政包干制中，各种形式的中央与地方分成或者上解，主要是针对财政能力较强的地区，而欠发达地区，中央与地方的财政关系主要是"定额补助"，即按照核定的收支基数，支大于收的部分，由中央以定额补助的方式来弥补财政资金缺口。定额补助共涉及16个省份，本书选取的样本包括贵州、云南、广西、陕西、甘肃、青海6个省份。各省份定额补助的规模，按照1988年的标准，1亿~7亿元不等。这一时期，省级以下的财政体制与上级同构，各地根据自身的实际情况执行着各类分成和上解，具体方式取决于上下级之间的协商。欠发达地区的财政收支平衡对上级财政始终有较高的依赖度。具体到每个省份，经济比较发达的市、县，财政包干制能有效地激发地区经济增长的活力，财政能力的改善比较明显；但是一些经济发展基础较差的市、县，特别是农业占主导的地区，依靠财政补贴也仅能维持"吃饭"财政。

财政包干制下，地方政府掌握了财政收入的剩余索取权，中央和地方之间关于财政收入分享的分成契约是"不完全的契约"，因此地方政府藏富于企业的现象普遍，造成中央财政收入增长严重滞后于经济增长，也滞后于财政支出的增长，收支压力逐年增加，最后不得不向地方财政"借钱"。"财政包干"这一分权性质的改革在大大激发了地方政府发展地区经济积极性的同时，也严重削弱了中央政府对国家财政的掌控能力和对宏观经济的调控能力。地区之间的竞争对全国统一市场的形成可能成为一种阻碍因素，市场分割、地方保护主义为后来的重复投资、产能过剩和经济增长质量不高埋下了隐患。

（2）分税制。

分税制改革明确地划分了各税种收入在中央政府和地方政府预算的归属，通过中央税、地方税和共享税明确了各级政府的税收权限。如中央的固定收入为关税、海关代征增值税、中央企业所得税等；地方固定收入为营业税（"营改增"以前）、地方企业所得税、契税、印花税、城镇土地使用税等。所得税和增值税为中央和地方的共享收入，所得税的分享比例是中央60%、地方40%；增值税的分享比例"营改增"前为中央75%、地方25%，"营改增"后为中央50%、地方50%。财政支出方面明确了各级政府的事权和支出责任。地区间财政能力的不平衡通过上级财政转移支付来弥补。

分税制改革彻底解决了中央财政"两个比重"过低和央地政府权责划分不清晰的问题。实现了一级政府、一级预算、一级事权、一级支出责任的政府间关系调整，奠定了我国当前财政制度的基本框架，同时对我国的政府间关系产生了深远的影响。

分税制扭转了财政领域"弱中央"和中央财政难以为继的局面，但地方财政的自主性受到削弱也是不争的事实。1993年，中央财政收入占全国财政总收入的比重是22%，分税制改革当年这一比例上升到55%，如果看近5年的数据，这一比例不会低于45%；再看中央财政支出占全国财政支出的比例，1993年为28.3%，近年来这一比例一直稳定在14%左右。分税制以后，税权统一于中央，税收收益权上收和支出责任下移的趋势是显而易见的。吕冰洋、聂辉华（2014）将"分税制"以后的央地财政关系定义为一系列的弹性分成合同，与财政包干制不同，剩余索取权由地方政府转移到了中央政府手中，一系列分成合同中，涉及税种分享的是分税合同，共享税的分享则是分成合同。

省级以下的政府层级之间没有分税合同只有分成合同，分成比例主要由各省份自主决定，但收益权上收、事责下沉的基本框架没有发生变化。因为基层政府直接面向百姓，必然要承担更多的社会管理事务和经济管理事务，这加剧了财权、财力与事权的不匹配。财政压力使得地方各级政府具有了片面追求短期地方经济增长的动力，过度投资、重复建设、区域性资源及产品流动的壁垒、市县二元化发展、土地财政和地方政府债务等种种体制性弊端导致的问题随着时间的推移逐步显现，地方政府的债务风险已经成为我国当前系统性金融风险的一个潜在诱因。经济增长方式上，地方更愿意花费大量的财力物力投资基础设施和短期内能实现GDP增长的项目。事权下移和财政转移支付的非均等导致地方公共产品供给不足，这在欠发达地区体现得更为明显。可以说，省级以下分税制的不完全导致地方政府财权、财力和支出责任的不对等直接削弱了地方政府的治理能力。地方政府垂直权力配置的不对称决定了政府的行为方式，而政府官员考核的锦标赛制度强化了政府追逐短期经济效益的行为模式。

从财政分权理论的角度分析"分税制"我们会发现，它重新定义了各级政府之间的权利和义务关系。分税制的"分权"体现在税收收入的收益权和支出责任方面。增值税和所得税占到了我国目前18个税种税收总收入的50%以上，所得税又以企业所得税的收益占比较大，作为共享税，它们是各级政府税收收入的主要来源，这把地方政府的财政收入与地方工商业牢牢绑定；另外，与土地有关的政府收入，如土地出让金、城镇土地使用税、财产税是地方财政的自主收入，因此房地产业成为地方经济和财政收入的重要支柱。事责和支出责任的下沉对地方政府培育和开辟财源来说是极大的激励，因此税收优惠政策、土地政策方面的竞争和资源流动的限制等地方保护主义都会成为地方政府的选择，这给区域经济统一市场的形成和市场配置资源机制的发挥都造成了障碍。这些问题，归根结底都与政府财力与支出责任的不匹配紧密相关。因此，权力纵向配置结构与各级政府事责和支出责任的一致性是当前财政体制改革的基本导向和原则，能够改善我国当前财政横向与纵向的失衡。

财政"省直管县"改革的推行，目的就在于要打破财政分配过程中的纵向失衡，建立地方政府间事权和支出责任一致匹配的财政管理体制，让"县"一级政府在财政管理权限上与"市"平级，突破市级对县级的财力束缚，因此，这一改革带有明显的分权性质，权力的配置结构在市县级之间由自上而下权力垂直分布调整为横向间的协同合作，对省级以下政府财政关系来说是一场颠覆性的实验，将财政联邦主义从央地关系扩展到了省级以下的市县级政府。

如果梳理我国20世纪80年代以后的财政体制改革，从财政包干制到分税制改革再到财政"省直管县"改革，一个基本的判断是：从总体趋势来看，财政分权的程度在不断的深化，但过程中也存在集权的改革举措。例如，"财政包干制"就有明显的财政管理体系内的放权让利；"分税制"改革的过程中，征税权向中央政府集中，税收收益权也有层层上收的倾向，但在事责和预算平衡方面，地方政府有较大的自由裁量的空间。这可以称之为财政分权与集权的动态平衡。

2. 多级政府间的纵向权力配置和政府间关系

政府权力的配置，通常有两个维度，横向权力的配置和纵向权力的配置。前者指的是立法、行政和司法三个机构之间的职能分工和权力对比关系。本书关注的是政府权力的纵向配置结构，它决定了一个国家是中央集权结构的国家还是地方分权结构的国家、抑或是联邦结构的国家。权力的划分是为了保证权力运行的高效。政府权力的纵向配置与国家的层级结构相辅相成，它主要指各个不同的政府层级对辖区社会事务管理、经济决策、财政收益、支出责任等方面的管辖权的范围和各级管辖权之间为实现政府社会治理的整体目标而持续互动的制度安排。

多级政府是世界上绝大多数国家的政府组织形式。多级政府的设置和各级政府间的关系模式，或者说互动模式，首先要服从于国家的政治制度和政治体制。比如集权结构的国家，政府间的关系一般遵循各级政府管辖权自上而下的垂直隶属运行；而联邦结构的国家，不同层级政府间的管辖权更多地体现为相互独立与协作，地方政府在社会经济事务的决策和管理方面，以及公共财政收支领域都享有较大的自主权。具体选择何种制度，与一国国家政治、文化等的历史渊源和传承有关。政府层级的设置、权力的划分和政府间关系框定了一个国家的基础性制度，对一国的政治和经济运行起着根本性的作用。随着社会经济发展阶段的递进，国家的这些基础性制度也需要不断的跟进调整，因为经济基础决定上层建筑是社会运行的基本规律。因此，政府间权力结构的演进和政府间关系的改革是全球范围内众多国家政府改革的核心内容，分权化趋势则是近半个世纪以来政府改革的主流趋势。

世界银行的世界发展报告中，将政府的自由裁量权和权力下放称作分权化的力量（或本土化的力量），它与全球化的力量被认为是对国家发展政策影响最为深远的两个因素。所谓"分权化"就是公共权力在各级地方政府之间的分解（Robert D. Ebel，2012）。政治经济学的观点认为，单一制的国家也可以推行分权化的改革。分权可以提高政府行政效率，并且能够通过权责的落实对公共受托责任的履行进行问责，二者都是分权的效益来源。权力划分机制的优化能够改进公共服务的质量，促进地方经济增长，但是，当权力的划分与社会经济的发展需要不能匹配时，也可能落入"分权陷阱"。因此，学界一直有对最优分权的研究和探讨。

权力的配置决定了政府间的互动关系，府际关系的两大核心，一方面，政府作为一个整体要履行其公共受托责任、实现对社会的有效治理，需将职责在不同层级的政府管辖权间进行分解，各个政府层级间的分工与合作、管理与服从便衍生出了关系网络复杂的行政互动。另一方面，府际关系，最终必然通过政府间的预算关系来体现和落实，因为各级政府履行职能需要财力支持，政府管辖权的互动也要落实为各级政府间的财政往来关系。这就是我们通常理解的财政是国家治理的基本手段和重要支柱。如果政府间的行政关系和财政关系不能达到制度间的耦合，会造成权力结构的错配，从而使政府履职受阻，行政效率下降。

当前，在世界范围内，分权改革是矫正政府权力错配的主要手段。分权，意味着政府间关系的变化与调整，它是建立在各级政府职能的基础之上的。关于各级政府职能，理论研究的开创性成果来自马斯格雷夫，他指出，公共部门的职能主要有三项：（1）宏观经济稳定；（2）收入再分配；（3）资源的有效配置。前两项职能主要是由中央政府通过财政政策和货币政策来履行的。地方政府的主要职能是有效地提供辖区内需要的公共产品和服务，这样能有效地避免信息不对称导致公共供给过程中的效率损失,所以,除国防、外交和公共教育等具有明显外溢性的公共产品由中央政府提供外,其他的公共产品都应该由地方政府提供,这是划分各级政府事权和事责的基础。根据政府的事权事责来划分政府职能和层级方面,有学者提出规模经济、公民偏好、外溢性和政府竞争四个标准(Wallace Oates, 1972)。规模经济决定了公共产品提供的职能划分,规模经济越显著就越应该由更高层级的政府来提供;生活环境决定了人们对公共产品的偏好(数量和质量等),地方各层级政府能够充分地了解并满足公共需求的这种差异性;同时,各级政府之间必要的工作协调和整合是为了矫正各个辖区间可能存在的外溢性,并通过在不同辖区和层级间引入竞争机制提高政府的行政效率。

所以说分权不仅意味着权责及支出责任在各级政府之间的划分,同样意味着收入权在各级政府之间的分解落实,财力与支出责任相匹配才能保证政府职能的履行和政府的有效治理得以实现。收支的匹配有多种形式,包括征税权和支出责任的匹配、税收收益权和支出责任的匹配,以及地方可用财力与支出责任之间的匹配。联邦制国家,事权和支出责任与征税权一般是相互匹配的。而在单一制国家,追求的大多是事权和支出责任与税收收益权的匹配,或者通过转移支付实现自主财力与事权和支出责任之间的匹配。在我国,征税权统一于中央,各级地方政府通过固定税种的收益权,或者共享税收入和上级财政的转移支付实现事权、支出责任与财力之间的匹配。

中国的省级及省级以下地方政府根据管辖权和管辖范围被划分为省—市—县(区)—乡镇四级。其中,"省"一级起到在中央和地方政府之间承上启下的作用。地级市一级政府是城市政区的管理者,同时,通过对县级政府的行政管辖权统筹城乡经济社会的发展。省—市—县(区)—乡(镇)政府之间是垂直隶属的上下级关系,下一级政府的事权、财权和人事权都在上一级政府的管辖之内,这也是单一制国家典型的政府层级间关系的体现。

改革开放后,政府层级关系经历了数次分权改革,其中,财政体制的改革最为引人注目,其中财政包干制改革和分税制改革一直被认为是推进中国地方经济持续快速增长的重要体制性因素之一。包括当下正在进行的"省直管县"改革,皆是从财政分权和经济管理权限下放作为切入点,改变和调整着各级政府的经济决策权、财政收支权以及这些权力支配的各级政府管辖权之间的互动和激励关系,进而改变着政府的行为模式。这一系列的改革将市场保护型的联邦结构因素引入中国的政府间关系中,因此,地方经济增长导向成了各级政府行为的主要动机,一方面,我们看到了中国地方经济的持续高速发展;另一方面,地方保护主义、部门利益、要素竞争和市场碎片化加剧了行政区经济困局。

综上所述我们认为,中国地方政府纵向权力结构的配置和由此决定的政府间关系问题的分析，应该放在政治集权，经济分权的框架下来进行。权责清晰明确的属地管理和政区间的协同是优化府际间权力配置结构的可行思路。

4.1.2 地方政府层级结构理论的运用

层级结构，按照马克思·韦伯的观点，最典型的特质就是科层性，他认为，任何有组织的团体，只有"强制协调"才能成为一个整体，所以集权主义的科层制行政组织是实施统治最合理的形式。如果政府层级结构中存在层层授权的话，那么下级政府与上级政府之间的关系可以用委托—代理关系来描述。按照委托代理理论，委托—代理的链条越长，越不容易保证信息的对称，对于掌握更多信息的下级政府而言，在缺乏有效约束的情况下，逆向选择和道德风险问题在收益最大化的驱使下将不可避免。因此韦伯指出需要充分实行官僚制，才能在科层体系下构建最难摧毁的社会实体。在我国，"政治锦标赛"是约束和激励官僚体系的手段。

通常，地方政府的层级结构是指地方政府单位之间在纵向上按照一定关系形成的组合方式，包括三个层次的含义：

一是行政上的领导关系，即地方政府的上下级机关之间因隶属关系而形成的指挥与服从、领导与被领导的关系。

二是法律上的监督关系，较高层级的政府依据宪法或者法律授权，对低一级的地方政府进行法律监督。

三是行政区划上的包含关系，行政区划是地方政府设置的前提和基础，地方政府大多数是地域性政府，根据辖区范围的大小，地方政府可呈现出多层级的组织结构，它们之间自然地产生了地域上的包含关系。例如在我国行政区划中，"市"的地域范围包含于"省"，"县"的地域范围包含于"市"。地方政府层级结构具有稳定性与调整共存、统一性和复杂性并存、正式层级和非正式层级并存的特点。

稳定与调整共存主要是因为地方政府的层级结构必然具有一定的历史继承性，例如中国地方政府层级中的县制从它产生那天起就延续至今。稳定的地方政府层级结构有利于保持稳定良好的社会秩序，减少社会发展的不确定性，便于管理；另外地方政府的层级结构是履行其职能的组织结构和技术保障，因此，随着社会治理对政府职能侧重的不同要求，地方政府层级结构也需要做出适时调整。隋唐时期，"县"的高一级政府组织在郡、州或者府之间变化。中华人民共和国成立初期，大行政区就作为过渡时期中央政府实现国家统一和政令畅通的制度安排存在过短暂的时间。

统一和复杂性并存在世界范围来看也是普遍的。例如英国是单一制国家，政府层级在英格兰和威尔士是基本统一的结构，爱尔兰则要复杂得多。美国作为一个联邦制国家，众所周知，联邦政府—州政府—地方政府3级组织构成了美国政府组织结构的基本框架。但是地方政府以下，有县、自治市、城镇（镇区）、特区、学区。除一般熟知的县、市之外，特区和学区的设立主要是为了提供特定的公共服务，如水、公共卫生和教育等，被称为"特定目的的政府"，或者也可以理解为功能区，同样由州来授权，向特定地区的公民征税或收费来提供前述的特定公共产品和服务。因此，美国的政府层级结构被形象地比喻为"百衲衣"。中国也同时并存着4级和3级体制的地方政府行政层级，4级地方政府层级设置较为普遍，个别辖区范围相对较小，区域性行政单位少的省份，如海南，就运行着3级地方政府层级体系。所以说，政府行政层级的设置与地区间经济社会的整体差异有关，因地制宜是地方政府层级设置要遵循的重要原则之一。

正式层级与非正式层级并存在我国古已有之，如汉朝的州，唐代的道，宋朝的路等，都是作为一级政府的派出机构履行某一区域内的一种或多种职责而存在的。到今天，我国最典型的非正式层级是街道办事处。另外，我国的部分经济开发（发展）区，从本质上来看，也是某种形式的一级地方政府的派出机构，或特定目的的政区，主要的履职范围是区域内产业项目孵化、促进对外贸易，或者特定经济事务的发展，相当于经济功能区。

地方政府层级结构在国家之间存在显著的差异，2级、3级都较为普遍，更多层级甚至是单级政府也在少数国家存在。即使是同一个国家，地方政府层级结构的调整和演变在时间上不同步也不罕见。而且，由于中央和地方政府层级的设置需要做出调整的空间不大，地方政府层级结构的变化是一个国家政府层级结构演进的主要内容。通常，决定地方政府层级结构的因素被认为包括以下几个方面：

（1）国家规模。领地面积的大小和人口数量直接决定了一级政府的管理幅度。例如省级地方政府的数量单位一定的情况下，省级及省级以下各级政府实现有效管理的幅度决定了政府层级和区划的数量。层级越多，行政成本和效率的控制就会越困难；层级过少，导致各层级政府管理幅度过大而超过了一级政府的能力所及，政府履职就会受到影响。随着管理手段的改进和技术进步的发展，一级政府合理的管理幅度也是可能扩张的。

（2）制度的惯性。任何国家政府的层级结构安排都会是既有历史的某种承继，是多种社会因素长期综合作用的结果，地域认同，情感维系，风俗习惯都已渗透到了政府行政体制之中，盲目地调整可能加大社会运行的风险。

（3）国家结构形式。联邦制国家强调地方自治，不同的地方政府单位之间没有行政隶属关系。单一制国家，中央政府以下的各级政府都只是上级政府部门的代理人，因此，中央政府和地方政府以及地方政府内部，垂直层级之间有严格的行政隶属关系，只是层级的多少不同。如法国的3级地方政府，中国3级和4级并存，还可能设置派出机构成为准行政层级。

（4）政府的职能。即政府要做什么，根本性的决定因素是要维护其政权的合法性。不同的国家，这一基础在不同的时空其侧重是不一样的。政府的合法性基础按照韦伯的观点包括意识形态、领袖魅力、统治绩效和民主选举。统治绩效中，一个国家其社会经济能否持续健康的发展是一个重要的合法性基础的考量。政府的职能随着合法性基础侧重的转变，需要做出及时的调整，政府层级的设置也必然是同步调整的。即便是同一个国家，在不同的时期，对秩序和经济发展的需要也会存在不同的侧重，因此，政府职能在不同时期需要做出适时的革新，相对应的政府层级设置也必是一个动态调整的过程，需要与国家不同的治理需要保持一致，但这样的调整并不会频繁的进行，这关系到一个国家政治和行政体制的稳定性，有时可能只是局部的调整。

4.1.3 地方政府间关系理论的运用

地方政府间关系，应该说是涵盖于府际关系这个概念之中的，专门指国家内部不同行政区划的政府组织之间的互动。既包括中央与地方政府之间的互动方式，也包括各级地方政府在履行公共受托职责和回应公民诉求的过程中，彼此之间形成的复杂的关系网络，还包括地方政府的各个部门之间、地方政府与非政府组织之间的关系等。

广义的地方政府关系是涉及多层次、多元主体参与的、呈现网络化发展趋势的关联性。林尚立（1998）提出，政府间关系主要由政府间的权力关系、财政关系和公共行政关系共同构成。而谢庆奎（2000）进一步指出，政府之间关系的内涵以利益关系为先，然后才是权力关系、财政关系及公共行政关系。"职责同构"是我国政府间关系中，纵向权责结构的一个重要特征，也是我国政府职能转变过程中的主要障碍，随之产生的是属地管理过程的各自为政。如前所述，中央政府的主要职责，经济方面是宏观经济调控、物价稳定、国际收支平衡；社会事务的管理方面，包括收入分配公平、国家的安全和秩序、地区间外溢性的矫正。各级地方政府，经济方面的职能主要是保证资源配置的效率和地区经济的发展；社会事务方面，涉及地区公共产品和服务的供给，区域内社会事务的管理。各级政府的分工不同，因此，职能部门的设置必然是有所区别的。但我国现阶段纵向权责结构的设置普遍是"上下一样齐"，政府职能、权责和组织结构都高度一致，地方政府的职能与中央政府完全一致的情况下保证对上级政令的服从，表面看起来是单一制国家制度的要求，但实际上导致了各级政府事责分工不明确，政出多门，不同层级政府之间因为部门利益可能存在着冲突，在与上级保持一致和回应辖区间诉求很难平衡，更重要的是还会导致行政决策的碎片化和区域经济发展的碎片化，所以当前我们的经济发展过程中存在重复建设、过剩产能和地区经济同构等局面。

在对"省直管县"改革问题进行研究的过程中，会同时涉及府际关系中的纵向关系和横向关系分析。纵向关系主要是政府上下级部门之间的关系以及上下级地方政府之间的关系，即条块关系。横向关系主要指的是地方政府之间的非行政隶属关系，包括同级地方政府之间的关系，也包括不同级别、不同垂直体系内的不同地方政府单位之间的关系。横向关系与纵向关系最本质的差别是，纵向关系以权力配置为基础，而横向关系是地方政府之间以合作和竞争为表象的利益关系。纵向权力配置中的"职责同构"问题，可能使得"省直管县"改革因为地方政府间的无序竞争而导致市场分割、税收竞争和资源流动壁垒等问题而损害了地区之间经济发展的协调互动和公共供给的均等化。

4.1.4　地方政府间权力的配置与动态平衡

所谓权职，即政府的权力和职能。

中国市场经济的发展深刻地改变了政府与市场的关系，同时对政府治理提出了新的要求。计划经济体制下，政府是生产者；市场经济发展到今天，服务型政府是对政府公共受托责任的重新定位，提供公共服务、恰当地回应公民的诉求与社会经济发展的需要，在当下中国各级政府的履职过程中同等重要。这不仅涉及央地政府间的权责划分，更关系到地方各级政府权责的明确。政府间权力结构的配置有三个层面的含义：第一，国家和社会之间的权力结构配置；第二，立法权、司法权和行政权的相互关系；第三，政府组织内部权力的范围划分和各个权力主体之间的关系。

本书中的政府间权力结构指的是政府组织内部各级政府之间的垂直隶属关系和横向互动。

通常，宪法作为一个国家的元规则会对各级政府间的权力范围进行原则性的规定。单一制国家的宪法大多只对中央和地方权力配置进行列举，地方政府间权力配置的依据来源主要分为两类：一类是法律化的权力配置，如英国；另一类是行政化权力配置，如日本和法国，还包括中国。法律化的权力配置是在宪法框架下，由国会通过的地方政府基本法来明确。行政化的权力配置框架下，地方政府的权力由中央政府授权决定、并通过行政体系内的流动和分配进而形成。

完善的权力结构是政府履职和实现善治的组织保障。中国自改革开放以来，权力结构的配置就是一个制度变迁不断演进的过程。政府与市场的权力关系、央地权力关系、地方政府之间的关系都经历了重大的调整。

就地方政府间的权力关系来说，"省"是地方政府的最高行政层级，是连接中央和地方的一级政权设置，受中央领导。分税制明确了省级政府的财政收益权和支出责任，在地方治理的过程中，"省"必须以"市""县""乡镇"级政府为依托才能贯彻和执行其地方治理的目标。这种依托体现在公共权力在省级以下不同层级政府之间的分解，它决定了地方政府的治理结构。在中央政府一元化权威的格局下，省、市、县、乡镇的纵向权力结构配置主要围绕社会事务管理权、经济决策权和财政权展开，财政管理权包括收益权和支出责任。

当讨论地方政府权力配置结构时，讨论的主要内容是省级以下地方政府垂直权力的配置问题。垂直权力配置，是整个组织内部权力体系的实质性内容。垂直权力关系的变化会影响到各个政府单位之间的横向互动策略。地方政府垂直权力配置，首先是各个层级权力范围的划分；其次是权力的行使。结构配置合理恰当的时候，能够有效地推动区域经济增长和社会发展；反之，可能导致地方政府行为扭曲而阻碍经济社会的正常运行，严重的会引发社会动荡。政府的垂直权力配置不是一劳永逸的，随着权力运行环境和政府目标函数的时移势易，垂直权力的配置将是一个动态调整的过程，动态调整中的均衡意味着权力的配置契合了经济社会发展的需要和要求。这种动态调整涉及对各层级政府权力的配置、层级间的关系、组织结构和政府职能等的重新构建的过程，是权力结构的科学化过程。这一过程有两个维度的选择：权力的集中和分解。

权力的集中，意味垂直权力结构的整合。权力过度集中会造成体制僵化，缺乏适应性，低层级政府的积极性被遏制，出现权力的闲置和浪费。

权力的分解，或者说权力的下放，意义在于在完成组织目标的过程中，由于目标的复杂性需要对目标任务在各个政府层级进行层层分工，恰当的权力分解能够使政府更好地应对利益多元化、社会结构层级化和决策分散化等问题，有其必要性，特别是在地域辽阔、人口众多的国家和地区。权力的分解也是有底线的，越过这个底线可能导致决策的碎片化，必然带来效率损失。在中国的财政分权改革的过程中，这种效率损失具体表现为城乡差距过大、公共服务供给不足、区域内市场分割严重、地方政府之间的过度竞争导致各自为政等一系列的问题。因此，权力的集中和整合，目的是保证整个组织在实现总体目标的过程中，各个层级能够相互协调协作，每一个层级的作用能够产生方向一致的合力，减少不同层级和政府单位之间的摩擦，保证权力的行使不偏离整体战略目标的实现。

政府垂直权力结构的分化与集中整合不是完全对立的，相反，在政府组织机构运行的过程中，权力结构应该是分合有度，协调内洽的，既有各个政府层级决策的灵活性和权力行使的独立性，又要保证政府组织整体目标的权威性。改革开放以来，我国的任何一次财政体制和政府管理体制的改革，都不能单纯地说是分权或是集权，特定领域权力下放的同时，也兼顾了中央权威的统一性。"分税制"改革在明确事权分配和下沉的同时，征税权和税收分享的决定权是向中央集中的。现阶段的"省直管县"改革带有明显的分权性质，在财政上下级往来和经济决策方面，县级政府脱离了市级的约束、获得了更多的权力，但是政治权利和行政人事权仍然遵循市的领导。

理论研究的成果证明了：在市场机制完善、法治化程度较高、地方自治能力较强的环境中，权力下放通常能够提高政府的活力，如果是相反的情况，政府行为缺少足够的约束，那么权力下放可能导致权力滥用，各层级政府的目标出现冲突最终使整体目标的实现受阻。

权力的分解和整合是一个动态均衡的过程，权力的配置始终要和权力行使主体的目标任务的实现相匹配，更要和权力的运行环境相契合。今天的中国正在经历前所未有的社会转型，政府垂直权力的分解与整合也必然要融入社会的变革当中，因此权力结构设计及权力划分的试错有其必要性和必然性，政府垂直权力结构的配置也需要在动态调整中实现均衡，最终达到政府垂直权力配置的制度化和规范化。

4.1.5 地方政府重组与政府行为

如前所述，20世纪80年代开始的行政体制和财政体制改革，事实上是分权和集权的动态平衡调整。我国政府机构改革的这一特征存在于世界范围内的很多国家。如英国撒切尔时代兴起的新公共管理运动，一方面强调向市场和私营部门分权，另一方面也将部分的决策权集中到中央政府。美国各级政府组织权力的调整和配置体现出联邦向州分权、地方政府向州一级集中的趋势。所以，政治、行政、财政、经济管理和决策等权力的分解和整合并非相互排斥，这些权力的分解和集中只是通过调整政府的组织结构、不同层级间的互动方式等达到重新构建政府治理结构的目的。因此，在政府治理理论中，分权集权并存的改革也被称为"政府重组（reorganization）"。

中国的分税制改革也具有"政府重组"的特征。中央和地方明确了固定收入的税种划分和共享税的分享比例，税收收益权在央地之间的分解以制度化的方式固定下来。但省级以下各级政府之间的财力分配主要是由省级政府决定的。作为一级政府，通常都有预算最大化的倾向，因此，处于上位的省级政府在与下级政府分享收入的过程中，更容易占优；"市管县"的体制下，市县级之间的财政关系同构于省、市级财政关系。这样，省级及省级以下就形成了财权财力上收的局面。县和乡镇处于政府纵向层级结构的最基层，财力和事权的逆向流动便是基层财政困境的根本原因。

因此，我们对当前我国财政权力配置的特征有这样一个判断：中央与省级之间更接近于"财政联邦制主义"，但省级以下政府间的经济及其财政关系更接近郡县制。这一框架不仅能够解释财政权力的配置框架，同样适用于各级政府间经济决策权的配置框架。在这样一个框架底下，我们着重研究政府行为规律的揭示。

尽管在包括财政权在内的经济决策权方面，中国政府层级间同时并存着如前所述的分权和集权两种制度安排，但在政治权力的配置结构安排上，我国仍是单一制的集权框架，这主要通过官僚体制的构建和晋升激励来加以保障，这一思路可以追溯到郡县制。对于官员激励和集权化的政治治理结构之间的关系，很多学者提出过自己的见解。荣敬本（1998）认为，行政压力自上而下的垂直传递使得基层政府能够被有效问责，因此，中央政府能够最大限度地控制住地方。周黎安（2004，2007，2008）将"政治锦标赛"和"行政发包制"理论相结合，提出地方政府官员在履职的过程中，必须服从上级政府的正式权威，因为上级政府掌握了决策权、检察权，还有对官员个人最为重要的人事考核和晋升权，因此决定了下级政府的绝对服从。但是在履行行政发包合同的过程中，下级政府对收益也有充分的剩余索取权，这是激发地方政府积极性的一个重要因素，因此，我们看到了企业家型的地方政府，地区经济的发展是它们追求的重要目标，这一目标的实现包括分配性努力和生产性努力。一方面，地方政府积极地向上级争取更多的转移支付和税收留成。另一方面，它们更热衷于通过各种税收优惠、土地优惠政策，财政补贴等形式积极地招商引资；在财政支出方面也更热衷于经济性支出，如基础设施建设支出等的积极性高于科教文卫等方面的社会性支出。地方政府行为模式的结果从积极的方面看，是将市场竞争机制引入到了行政领域，对于地方经济的发展来说具有正向的效应。但弊端也是显而易见的，如税收优惠政策的滥用导致税基侵蚀；土地等资源的配置过程中，市场机制的作用被抑制，还容易引发寻租；公共服务的供给无法满足公民的需要等。各级政府以政区为单位展开竞争的过程中，高层级的政府总是占优的，压缩了基层政区的发展空间。这些问题的存在，是我们当期推行"省直管县"改革的主要动因，这一改革通过解除市级政府的上位优势，将发展地区经济的主动性还给县级地方政府，但是从理论上来看，仍然无法解决不同政区政府无序竞争导致的区域经济发展的碎片化问题和财政支出在生产建设领域与社会事务领域的不平衡问题。因此，可以得到一个这样的结论，"省直管县"改革将市级政府的权力分解、下放到了县级政府，但是，如果不能很好地整合各级地方政府的自利行为，没有区域间的合作和协同机制，这一改革可能引发新的重复投资、地方保护和行政权力的无序竞争等问题。

因此，就权力的集中和分散来说，笼统地称我国为集权国家，或者说我们的体制改革是分权改革都是不全面的，契合政府治理需要的线索、分合有度的权力配置结构才是实现"善治"的理想状态。这也是"省直管县"改革需要考量的问题。

4.1.6 区域经济增长极理论的运用

经济增长极理论产生于经济是平衡增长还是非平衡增长的争论中。法国经济学家富朗索瓦·佩鲁（Francols Perroux）[1]认为，经济的增长是非均衡的，它在不同的地方、不同的时间以不同的强度出现，并通过经济要素之间的相互作用和影响扩散传递，以此形成经济单元之间的不均等冲击效应，以及强势单元对弱势单元不平等的不可逆影响，也被称之为支配效应。如果把产生支配效应的经济空间作为力量场，那么处于这一力量场中的主导影响单元就是增长极（growth pole）。增长极是一个"经济空间"概念，不局限于地理区域范围，是更为抽象的经济关系结构，是存在于各种经济要素之间的经济关系。力量场是与经济增长极理论最为密切的概念，除此之外还有规划的空间和同质类聚空间。佩鲁认为，在抽象的"经济空间"内，不同的部门、行业或地区以差异化的速度非平衡地增长，某些"推进型产业"和有创新能力的企业会形成增长的诱导单位，当它们在某些城市或地区聚集时，便发展形成具有生产中心、金融中心和服务中心等多种功能的经济活动中心，这便是所谓的"增长极"，通过与其他经济单位的商品供求关系、生产要素的流动和制度激励创新，能够对其他经济单位产生辐射效应，诱导、推动其他经济单位的经济增长，进而自身也发展成为经济空间中的核心力量。

"增长极"的影响包括"回波效应"和"扩散效应"。当"回波效应"大于"扩散效应"时，增长极的作用是扩大而非缩小区域间地区经济发展的差异。瑞典经济学家缪尔达尔[2]对增值极理论做了丰富和完善，提出了"地理上的二元经济"结构理论。指出，优先发展的地区对其他落后地区不仅有促进作用，还存在阻碍影响，即当"回波效应"的力量超过了"扩散效应"时，便出现了地理上

---

[1] 《经济空间：理论的应用》，1950年；《略论增值极的概念》，1955年。
[2] 《经济理论和不发达地区》，1957年；《亚洲戏剧：各国贫困问题考察》，1968年。

的二元经济结构。扩散效应正是经济发展优先次序的理论依据。法国经济学家布代维尔（J. R. Boudville）① 发展了增长极的地域属性，通过地理区域和区位关系的引入，正式提出"区域发展极"的概念，强调地理空间的连续性，明确增长极位于城镇或中心区域，使"增长极"有了明确的地理位置。

与增长极理论相类似的是美国发展经济学家提出的区域非均衡增长的"核心区—边缘区"理论（Albert O. Hirschman, 1958）。这一理论主张，经济的发展在区域间必定是非均衡的，当某地区经济发展好于其他地方时，经济活动和要素会流向此地，这就是聚集效应，这一效应也强化了聚集地的经济发展速度，并形成核心区，而周边发展相对落后的地区成了边缘区。核心区和边缘区之间同时存在两种效应，"涓流效应"和"极化效应"，这类似与增长极理论中的"扩散效应"和"回波效应"。市场机制的作用往往使"极化效应"大于"涓流效应"，因此，市场自发调节只会导致地区之间的差距被拉大，政府应该对区域经济发展的不平衡进行干预和调节。

在我国区域经济发展的过程中，"极化效应"大于"涓流效应"可以准确地刻画绝大多数市县级经济在发展过程中的互动关系。改革开放以来，城市政区一直是地区经济发展的中心，这不仅导致县域经济发展严重滞后，而且形成了城乡经济社会的二元化格局。

4.2 省级以下财政分权效应的分析框架

财政"省直管县"改革是欠发达地区普遍选择的"省直管县"改革模式，在欠发达地区的样本中，青海和甘肃的"省直管县"改革只涉及财政的"省直管县"改革。这一改革带有鲜明的财政权力由集中到分散的特征，对这一改革的效应分析是内嵌入财政分权的分析框架之中的。

一切的政府行为都是财政收支框架运行的结果，各级政府履行事权及支出责任，其前提是财权财力的保障。财政资源在各级政府间的分配情况决定了政府以什么样的方式运转，因此我们通常会说财政是国家治理的基础和重要支柱。在一个多层级的国家，一级政权、一级事权、一级财权、一级税基、一级预算是构建政府管理体系的基本原则。这也是制宪主义者提倡的政府间财政关系应该兼顾各级政府的利益需求、确保宪法赋予他们的各项权利能够得到充分的保障。联邦制也要求联邦及其成员单位之间的协调要在财政上得到保证。

---

① 《区域经济规划问题》，1957年；《国土整治和发展极》，1972年。

因此，对于一个现代国家来说，无论国家制度是怎么样的，财权、事权对应的支出责任和财力的匹配是政府间关系维持平衡的基础。一个国家的中央政府，特别是大国的中央政府不可能集中所有的事权，信息的可得是其中最大的障碍之一，因此，权力的合理下放是必然的。随之而来的便是财权的下放。这就涉及财政权力在各层级政府之间的配置，配置的基本原则是要通过一系列的制度和制度安排来实现社会公共事务治理中事权和出资责任的匹配，这样才能将政府行为和府际间的利益博弈引入适应经济社会发展所需要的轨道。从新中国成立以来，我国的财政体制经历了高度集中的"统收统支"、向地方让利的财政承包制和财权上移的分税制改革，财政包干制是财政分权的典型，而分税制则带有明显的财权上移的特征。每一次的改革，动力都来源于财政收支的压力，即公共风险。（张宇燕，1998；刘尚希，2018）。

4.2.1 省级以下财政分权的经济效应机制

1979 年，为顺应向市场经济体制改革和对外开放，中央明确提出将财政管理体制作为突破口。因此，从 1980 年开始，我国财政领域实行了财政承包制改革，具体可分为三个阶段：第一阶段：1980 年，划分收支，分级包干。第二阶段：1980~1985 年，划分税种、核定收支、分级包干。第三阶段：1988~1993 年，包干制改革。

第一阶段初步实现了预算管理由"条条为主"向"块块为主"模式的转变（谢旭人，2008；李萍，2010）。清晰划分了中央和地方的固定收入，共享收入及其比例，由中央统收统支变为央地"分灶吃饭"，同时还明确了中央和地方的事权、支出责任和中央与地方之间资金上解和调剂为内容的转移支付办法。

第二阶段的"划分税种、核定收支、分级包干"改革则是 1984 年第二步"利改税"以后我国财政管理体制的又一次调整。这次改革的内容主要是根据新税种来划分央地收入。

第三阶段改革对不同地区采取不同的包干形式（包括收入递增包干、总额分成、总额分成加增长分成、上解递增包干、定额上解和定额补助等形式），而即便采取同一种包干形式，各地的留成比例、收入递增率、增长分成比例、固定上解和补助金额也不尽相同。这就在中央和地方之间就财政收入的划分留下了很大的竞争和博弈的空间。

这样的财政分权制改革和体制运行方式直接改变了地方政府的行为模式。张五常（2014）认为，正是这一时期的层层分成和县际竞争带来了中国 20 世纪 80 年代经济的快速增长。原因在于不同的政区之间存在激烈的竞争。如县级政府拥有土地使用权、转让权和收入权（收入权县级政府要与投资者和上级政府分成），因此，土地收入的实现至关重要，这取决于将土地使用权让与了什么样的投资者，这个收入不仅包括土地租金，还包括投资者生产经营引致的税收，因此，招商引资是财源建设中一项很重要的工作，那些能够给县域带来较好利益的投资者成了县级政府竞争的标的，竞争的方式是各类的优惠政策，如较低的土地租金、税收的优惠和税收返还等政策，还可能包括财政补贴等，甚至于在面对优质投资者时，土地的使用权会以极低的价格被转让，这都是在各地的招商引资中存在的现象，当然，这种竞争不仅存在于县际，它可能存在于任何两个属地政府之间，也包括不同层级的政府。张五常认为，"正是中国县际之间的这种激烈的竞争和收益在各级政府之间的层层分成，促进了土地效率的使用和财富的快速积累"，但这其中体现的另一层含义是：竞争必有胜负，胜者得到了财富史无前例的积累，竞争中失败的一方，在地区经济发展的过程中则相对滞后于胜者。在浙江这样"市县"分治的框架下，这种差异体现为县与县，县与市和市与市之间的差异。地区之间的竞争并非都是坏事，相反，张五常和科斯都认为，正是县与县之间的激烈竞争带来了中国20世纪90年代的快速发展。也有部分研究认为，越南因为借鉴了中国的制度设计，通过地区间的竞争实现了起飞。

如果在"市管县"的体制框架下，地区间的竞争必然出现市县争利，市大概率会因为在经济管理权限方面是县级的高一级政府而在竞争中占优。因此，市级限制了县域经济活力的观点获得了一致的认同。

财政"省直管县"改革使得县域财政或（和）部分经济和社会的管理权限与市平级，这样的权力框架下，不仅存在县际竞争，当市县争利的情况出现时，与"市管县"相比，县域也拥有了更多的自主权。自主权的大小受很多因素的影响，比如市县级经济实力的对比，自然资源禀赋，地理位置等，所有这些因素中，中国地方官员的晋升锦标赛模式是一个重要的变量。对于财政"省直管县"改革的试点县来说，如果其人事权也是"省直管县"，那么市县在很大程度是平级的，此时市县级之间竞争的激烈程度与县际竞争可以没有差别。因此，县级将会成为市级的有力竞争者，这种现象在浙江表现得极为明显，县域经济的发展明显强于市，导致中心城市很难发展起来。

但如果"省直管县"实现了财政或（和）行政的省直管，但人事决定权仍然在市一级，此时，被省直管的县，其决策的自主权仍然受限，市县级之间的竞争不可能充分，市级的经济发展仍将优先于县域经济发展。

4.2.2 省级以下财政分权的财政效应机制

如前所述，财政层层分成和县际竞争带来中国20世纪80年代、90年代经济的快速增长。通常，经济的增长最直接的财政效应是税收的增长，这一规律在我国的80年代并没有得到印证。其原因是当时分权程度很高的包干制财政体制直接影响地方政府的征税努力程度，导致出现中央财政危机。

在财政包干制下，中央财政收入是地方税收收入的某一个比例。在税收规模一定的条件下，中央获得的收入与地方成反比。因此，地方政府有了藏富于企业和藏富于地方的行为激励。首先，通过针对企业的减免税措施控制税收收入规模，这样中央财政收入的增长速度会很缓慢；同时，对于通过减免税留在企业的利润，地方政府再通过各种摊派和收费的方式以预算外收入的形式实现了地方政府收入的增长。因此，财政包干制实质上更多地体现了收入的分权，这一分权模式下，对地方政府促进经济增长有较强的激励效应，同时，地方政府为了将财政收入更多地留在地方，更愿意通过预算外财政规模扩张的形式实现收入，造成了中央财政的危机和地方预算的软约束。

4.3 欠发达地区"省直管县"改革效应机制

为了扭转中央财政对地方财政的依赖及随之出现的中央财政困难，1994年正式实施分税制改革，出发点是从根本上解决中国经济宏观稳定能力不足和资源配置效率低下的问题，给社会经济的发展提供与之相适应的财税体制框架。改革建立了以增值税为核心的税制体系，统一了税制。分税制改革以后，央地之间财政权力的配置方面发生了重大的转变，直接体现为央地财政收益的较大差异。财权的上收和事权的下放导致行政管理体制中，处于层级划分最末端的县乡财政压力重重，财政的对上依赖度不断加深，使得县域经济社会的发展掣肘于上级政府。缓解基层财政压力、激发县域经济增长活力的需要引致了"省直管县"改革。

4.3.1 欠发达地区"省直管县"改革的财政效应机制

1994年分税制改革的重要原则是"事权与财权相结合"。通常来说，事权是各级政府的职能，决定了各级政府的支出责任。但1994年的分税制改革只在中央和省级政府层面划分了支出责任和各自的主体税种、共享税及其分享比例。中央对财政收入的集中度大大提升。省级以下各级政府间支出责任的划分延续了既定做法，权责的划分不是很清晰，很多全国性的支出责任也大量划到了省级以下，财权的上收和事权下放导致了地方自有财力与支出责任不匹配。同时由于增值税分享比例的调整，使得地方经济发展优势转换为财政优势的速度放缓，学界普遍认为，分税制改革对省级以下权责利划分的模糊是导致县乡财政困难的主要原因。财政收支压力下，地方政府开始拓展自有财力的来源渠道，按照各个税种在央地间的分享比例以及资源的可及，来自土地和房屋的相关税收成了地方发展基金中最重要的构成要素。

与此同时，分税制改革后高层级政府在财政收入实现上占优，政府层级间的财力平衡主要通过转移支付来实现，由此带来的公共池问题扭曲了地方政府的行为，导致地方有强烈的突破预算的冲动，随着时间的推移，预算外支出规模的扩张和隐性的地方政府债务的快速增长给系统性金融风险埋下了隐患。

"省直管县"改革意图通过为县域财政收入的实现能力"松绑"，赋予县级政府更为宽松的财政环境，使其经济社会的发展不再受制于上级政区制约，能够以经济的发展来改善自身的财政能力状况，从而有效地改善当前县域财政困难，和对上级转移支付依赖度高的问题。

在评价"省直管县"改革的财政效应时，我们同时关注试点县财政能力的改善情况和其所隶属的市财政能力的受影响情况。通常，一般公共预算收支的增长速度能够最为直观地反映一个地区的财政状况。但根据前述分析我们知道，"省直管县"改革从理论上来说能够提高县域地区的财政收入水平，这一效应来源于上级的转移支付和政府权力结构调整带来的经济增长利好因素。对一般公共预算支出来说，欠发达地区的县域行政单位普遍存在较高的对上依赖度和财政收支压力，所以财政支出的变化更多地受到"瓦格纳"法则的支配，我们判断与"省直管县"改革的关联性不大。但是财政效应的评估只单方面考虑财政收入的话肯定是不全面的，因此，我们用县域地区财政的对上依赖度来衡量地区财政能力，财政的对上依赖度系数为一般公共预算收入与一般公共预算支出的比值，它表示一个地区的自主财力能够在多大程度上匹配其财政支出责任，系数越大，表示一个地区财政支出中的大部分来源于地区自主财力，系数越小表示自主财力与财政支出的差距越大。如果地区财政的平衡主要依赖上级转移支付，地区财政的可持续发展是存在风险的。

4.3.2 欠发达地区"省直管县"改革的经济效应机制

辖区间的财政竞争可以成为政府预算的硬约束。有学者将辖区间财政竞争视为一种约束地方政府自利性行为的有效机制（Brennan & Buchanan，1980）。但如果是在一个多级政府框架下，地方财政对上级财政依赖度较高的话，这种硬约束的作用可能受到削弱。因为上级转移支付的规模决定对了地方财政的平衡，因此，各个地方之间会出现对上级转移支付的竞争。这就是公共池问题，它是由各级政府间财权、事权、支出责任和财力不匹配导致的。（Ehdaie，1994；Grossman，1989）。上级的转移支付资金，地方债务和不同层级政府间共享税和流动税基都会成为各级政府间竞争的公共池资源（Knight，2006；Casing & Hillman，1982；Flowers，1988；等等）。不同层级政府之间的对共享税的竞争会造成纵向财政关系的非均衡，流动税基造成的各个辖区政府之间财政关系的横向非均衡。财政关系的纵向非均衡可能导致竞争中劣势一方政府更大的债务规模；财政关系的横向非均衡可能导致地区间的过度竞争，从而带来税收优惠的滥用。另外，政府组织结构对公共池问题也具有重要的影响。有研究成果表明，辖区政府数量越多，公共池问题就越严重（Weingast，Kenneth & Christopher，1981）。

纵向财政非均衡造成的过度征税对经济增长来说肯定是负向的影响，除此之外，各级政府的各类预算外收入也给企业带来负担，因此过高的税费负担一直被认为是阻碍我国企业发展的一个重要原因。对土地财政和房地产业的依赖也导致该行业占用了大量的社会资源，这会影响经济发展的质量。

"省直管县"改革能够在财政收入的实现和经济发展的决策权方面赋予地方政府更多的自主权，从而有效地激励县域地方政府发展地区经济的积极性。与此同时，我们还会考虑"省直管县"改革对县域财政运行和经济决策赋权的同时，是否会出现因政区间的要素竞争而导致地级市的经济发展受到负面影响的情况。

衡量一个地区经济增长与经济发展的指标是多方面的，最为直观和最具说服力的指标是 GDP 增长的趋势，除此之外，还包括产业的高度化、要素的回报率，税收收入的增长速度等，都能够刻画地区经济的增长状况。但我们的研究对象是欠发达地区的县域经济增长，因此，产业的高度化和要素回报等指标没有办法很好地反映以农业和初级加工制造为主的欠发达地区县域经济的增长情况。税收收入增长情况将被用于"省直管县"改革财政效应的评估。另外，我们选择县域人均 GDP 的增速来反映改革试点过程中所涉及市县级经济增长的变化情况。

诚然影响 GDP 增长的因素是非常多的，例如当前如火如荼的精准扶贫举措对县域地区 GDP 增长的影响必然是不可忽视的。因此，我们在研究样本选择的过程中，尽量避开贫困县样本。在实证检验部分，选用 DID 方法尽可能地抽象出"省直管县"改革对改革效应因变量指标的影响。

第 5 章

欠发达地区"省直管县"改革实践的调查

5.1 青海省"省直管县"改革的实践与调查

5.1.1 青海省的基本情况介绍

青海省位于青藏高原的东北部，总面积 72.23 万公里，占全国总面积的 1/13。2019 年末全省常住人口 607.82 万人，名副其实的地广人稀。从人口结构来看，青海省少数民族聚集，实行民族自治的地区占全省面积的 98%。矿产资源、水电资源、野生动植物资源、盐湖资源和石油天然气资源都较为丰沛，是我国主要的生态功能区。[①]

就全省的 GDP 水平来看，财政"省直管县"改革的第一年——2007 年，青海全省实现生产总值 760.96 亿元，比上年增长 12.5%；人均生产总值 13836 元，位列全国第 22 位，比上年增长 11.5%。截至 2019 年，全省生产总值 2965.95 亿元，按可比价格计算，比上年增长 6.3%，人均生产总值 48981 元，为全国人均 GDP 水平的 69%，比上年增长 5.4%，慢于全国平均水平。三次产业占比分别为 10.2%、39.1% 和 50.7%，第一产业占比高于全国平均水平，第三产业占比略低于全国平均水平。可以说青海省是比较典型的欠发达地区，也是一个绝大部分州市都属于少数民族自治地区的省，2007 年至今，青海省经济社会的发展速度滞后于全国的整体发展速度。[②] 全省划分为 2 个地级市、6 个自治州，共 8 个市级行政单位；下辖 6 个市辖区、4 个县级市、27 个县、7 个自治县，1 个县级行委。[③]

[①][③] 《青海概览》，青海省人民政府，2020 年 10 月 10 日，http://www.qh.gov.cn/dmqh/glp/index.html。

[②] 根据青海省统计局发布的各年份《国民经济和社会发展统计公报》相关数据整理所得。

5.1.2 青海省"省直管县"改革的具体措施

青海省选择了有限的财政"省直管县"改革模式。

青海省于2007年1月1日起正式实施财政"省直管县"改革试点[①]。由于青海民族自治地区较多，因此，试点县的选择集中在西宁市和海东行署，西宁市的试点县是大通、湟中和湟源3县；海东行署的试点县是民和、互助等9个县，之后试点县数量就没有再增加。改革仅限于财政体制领域的"省管县"体制改革。改革着重解决以下三方面问题：

（1）杜绝改革前存在的部分州（地、市）截留、挪用省对县补助资金的现象；

（2）解决县级财政财权事权不对称，基层财政压力较大的问题，缓解县乡财政困难；

（3）理顺省级以下财政管理体制，规范省级以下财政分配关系，提高财政资金的运行效率。

改革的具体措施方面，青海省充分考虑了省情的特殊性，具体措施包括：

（1）省对县的转移支付资金，包括一般性转移支付和激励性转移支付，在征求地（市）级财政部门意见的基础上，由省统一计算后直接下拨到县。

（2）改革前，由地（市）级财政下拨到所辖县的一般性转移支付和其他各项财政补助资金，依然继续由地（市）级财政下达所辖县。不能因"省管县"改革就减少地（市）对县的转移支付拨款和其他财力支持。所以，前面提到的青海省财政"省直管县"改革的有限性体现于此，市县级之间财政资金的往来关系仍然存在，没有实现全面的财政"省直管县"，这与青海省经济体量小，财政能力脆弱有关，县级财政无法完全脱离市级的财力支持而正常运行。

（3）省级对县级的转移支付直接由省级下到达县级之后，为了保证地（市）级的财力不受影响，省级根据地（市）一级财政的困难程度，通过一般转移支付进行弥补。

青海省财政"省直管县"的改革措施与我们理解的一般意义上的财政"省直管县"改革是不一样的，《青海省人民政府办公厅转发省财政厅关于开展省管县财政管理体制改革试点工作意见的通知》中，提到的是"省管县"财政体制改革，而不是"省直管县"。一般意义上的财政"省直管县"改革指的是在财政管理体制中，实现"市县平级"，即建立省级与县级在财政收支方面的直接对接，

---

① 《青海省人民政府办公厅转发省财政厅关于开展省管县财政管理体制改革试点工作意见的通知》。

所有拨付到县的财政资金,不再经过市级财政部门,直接由省级下达。

因此,可以说,青海省的财政"省管县"体制改革,只实现了部分资金的"省管县",大部分转移支付资金和财政资金往来还是在"市管县"的框架下运行,也没有涉及财政资金上解制度的变更,可见试点改革并不彻底。之所以出现这样的情况,最根本的原因还是全省的财力约束导致的。因此,在改革成效的分析方面,青海省与其他省份之间并不具有可比性,但是可以作为一个个案进行分析,以期对青海省和其他少数民族地区财政体制的完善提供一些现实经验。

5.1.3 青海省财政"省直管县"改革效应分析

青海省财政"省直管县"的试点地区包括:
西宁市:大通县、湟中县、湟源县;
海东行署:民和县、互助县、乐都县、平安县、循化县、化隆县。
共计9个县,2个市级行政单位。

由于数据的可得性,我们将大通县、湟中县、湟源县、民和县、互助县、循化县、化隆县7县纳入试点县考察组,另外随机选择则了门源县、祁连县和海晏县等7个非试点县作为对照组,因此,青海省财政"省直管县"改革效应的统计分析有14个样本县。14个样本县2007年的人均GDP统计结果如图5.1所示,当年,青海省的人均GDP为1.3836万元。可见,青海省财政"省直管县"改革的试点县中包括了经济发展水平较高和相对滞后的县级行政单位。

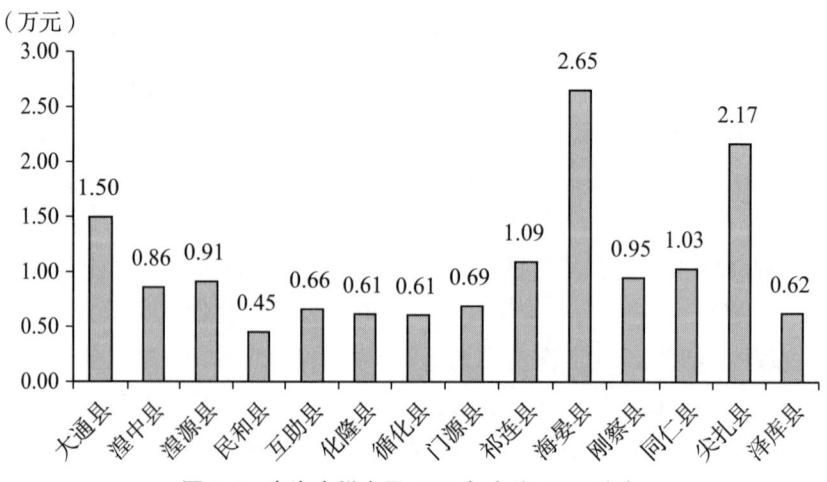

图5.1 青海省样本县2007年人均GDP分布

1. 青海省财政"省直管县"改革的财政效应分析

青海省财政"省直管县"改革的过程中,我们通过统计分析和对比发现,2008~2017年的整个改革期间,试点县组一般预算收入的增速与非试点县组一般预算收入的增速是一致的,如表5.1所示,但就经济发展速度来说,非试点县组2008~2017年人均GDP的增速为16%,试点县的这一指标为13%,低于非试点县3个百分点,按照财政收入来源于国民收入的基本原理可知,财政"省直管县"改革的过程中,试点县地区在财政收入方面获得了一个相对较快的增长。

一般预算支出方面,我们发现非试点县比试点县呈现出了更为快速的一般预算支出增速,两者之间相差了13个百分点(如表5.2所示),这与非试点县初始的经济总量规模较大有关。

从衡量财政能力的财政自给率系数变化趋势来看,如图5.2所示,除个别非试点县在个别年份的财政自给率系数有明显的波动外,我们并没有发现财政"省直管县"改革对试点县的财政自给能力起到了明显的改善作用,大通县作为试点县,是唯一一个财政自给率系数呈现出下降趋势的地区,其余所有样本县在改革期间财政自给率系数的趋势线几乎都是重合的,至此,我们可以得出一个初步的结论,青海省的财政"省直管县"改革在短期内提高了财政一般预算收入的增长速度,但财政一般预算支出的增速更快,因此,试点县的财政自给能力没有得到明显的改善,县乡财政困难的问题也没有得到实质性的解决。

2. 青海省财政"省直管县"改革的经济效应分析

财政"省直管县"改革的目的在于理顺省级以下各级政府之间的权责利关系,给县域的经济社会发展解除来自市级的制度性约束,释放县域经济的发展能力。青海的试点县主要集中于经济发展相对缓慢的县级行政单位,我们选取的非试点县样本经济发展水平整体上要高于试点县。

表 5.1　2008～2017 年青海省样本县一般预算收入增速统计

	项目	2008 年	2009 年	2010 年	2011 年	2012 年	2013 年	2014 年	2015 年	2016 年	2017 年	县域均值	组别均值
试点县	大通县	0.17	-0.08	0.29	0.20	0.20	0.16	0.15	0.10	-0.27	0.01	0.09	0.15
	湟中县	0.29	0.20	0.24	0.24	0.22	0.21	0.42	0.34	-0.14	0.02	0.20	
	湟源县	0.27	0.20	0.20	0.20	0.20	-0.07	0.25	0.29	-0.07	0.10	0.16	
	民和县	0.36	0.14	0.16	0.73	0.26	0.32	0.04	0.17	-0.34	-0.05	0.18	
	互助县	0.12	0.11	0.38	0.50	0.29	0.35	0.18	0.18	-0.17	0.01	0.19	
	化隆县	0.18	0.10	0.08	0.17	0.17	0.18	0.06	0.14	0.36	-0.28	0.12	
	循化县	0.13	0.10	-0.24	0.21	0.19	0.32	0.28	0.16	0.00	-0.05	0.11	
非试点县	门源县	0.11	0.11	0.30	0.46	0.29	0.18	0.46	-0.08	0.05	-0.07	0.15	0.15
	祁连县	0.19	0.20	0.23	0.45	0.69	0.18	0.16	0.13	-0.13	-0.12	0.16	
	海晏县	0.21	3.14	-0.52	0.63	0.25	0.18	0.05	0.03	-0.33	0.06	0.15	
	刚察县	0.11	0.04	1.55	1.35	0.24	0.18	6.94	-0.88	-0.16	-0.16	0.15	
	同仁县	0.42	0.04	0.24	0.25	0.16	0.34	1.71	-0.24	0.66	-0.42	0.15	
	尖扎县	0.03	0.07	-0.12	0.09	0.24	1.99	-0.51	1.76	0.09	-0.59	0.14	
	泽库县	0.25	0.27	0.89	0.65	0.28	0.20	0.28	0.81	0.10	-0.38	0.14	

资料来源：根据中经网统计数据库中青海省样本县相关年份统计数据整理所得。

表 5.2　2008~2017 年青海省样本县一般预算支出增速统计

项目		2008 年	2009 年	2010 年	2011 年	2012 年	2013 年	2014 年	2015 年	2016 年	2017 年	县域均值	组别均值
试点县	大通县	0.42	0.26	0.35	0.45	0.24	0.00	0.16	0.15	0.03	0.04	0.21	
	湟中县	0.47	0.12	0.44	0.34	0.24	0.09	0.17	0.18	0.07	0.10	0.22	
	湟源县	0.00	0.75	0.33	0.37	0.32	-0.12	0.30	0.14	0.09	-0.01	0.22	0.23
	民和县	0.53	0.27	0.45	0.54	0.28	-0.12	0.22	0.25	-0.01	0.08	0.25	
	互助县	0.45	0.28	0.22	0.63	0.21	-0.07	0.21	0.12	0.02	0.05	0.21	
	化隆县	0.26	0.30	0.34	0.45	0.20	-0.04	0.25	0.22	0.02	0.06	0.21	
	循化县	0.96	0.24	0.31	0.47	0.28	-0.09	0.25	0.16	0.06	0.07	0.27	
非试点县	门源县	0.27	0.29	0.62	0.35	0.51	-0.15	0.35	0.10	0.28	0.01	0.26	
	祁连县	0.31	0.36	0.48	0.72	0.26	0.19	0.16	0.15	-0.17	0.65	0.31	
	海晏县	0.34	3.46	-0.58	0.55	0.12	-0.01	2.97	-0.66	0.00	0.00	0.62	0.36
	刚察县	0.31	0.29	1.32	0.46	0.14	-0.02	0.02	0.11	0.11	0.16	0.29	
	同仁县	0.14	0.28	0.65	0.62	0.10	0.04	0.86	-0.20	0.02	0.05	0.26	
	尖扎县	-0.71	4.10	0.41	0.75	0.21	-0.11	0.59	0.00	0.04	0.11	0.54	
	泽库县	0.55	0.17	0.63	0.53	0.24	-0.02	0.17	0.33	0.04	0.04	0.27	

资料来源：根据中经网统计数据库中青海省样本县相关年份统计数据整理所得。

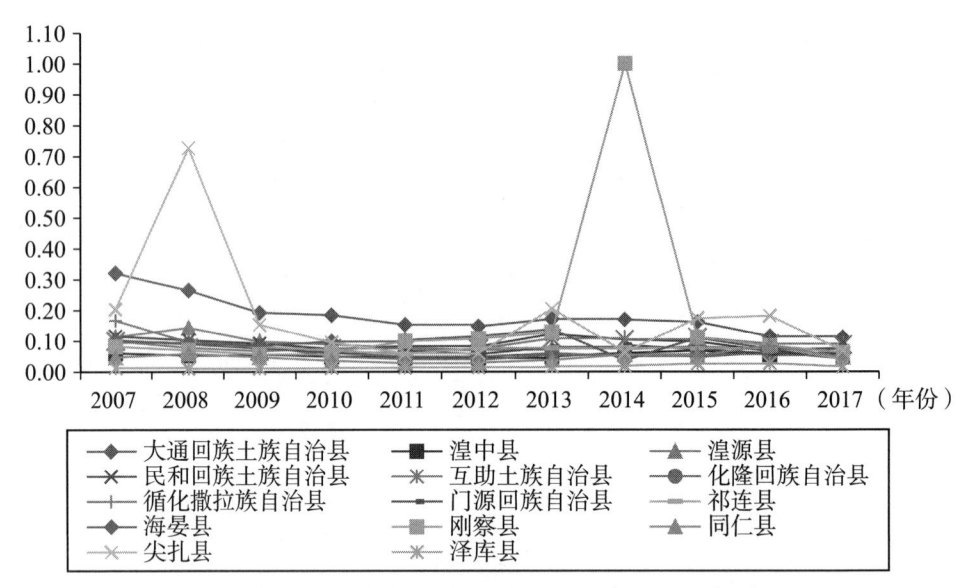

图 5.2　2007~2017 年青海省样本县财政自给率系数统计

资料来源：根据中经网统计数据库中青海省样本县相关年份统计数据整理所得。

表5.3对2008~2017年所有样本县人均GDP增长速度进行了统计，统计结果表明，试点县经过了11年的改革，与非试点县之间经济增长的差异并没有发生任何改变，所以，在青海省，财政"省直管县"改革释放县域经济发展的制度性约束、刺激县域经济增长的活力这一改革预期成效没能实现。

3. 青海省财政"省直管县"改革对市级行政单位的影响效应分析

青海省的财政"省直管县"改革只涉及两个地级市，西宁市和海东市。海东市于2013年才撤地设市，因此，海东市财政和宏观经济数据2013年才开始统计。因此，我们分析的样本是西宁市。如表5.4所示，从财政自给率系数来看，西宁市财政能力的总体趋势是下降的，但下降的速度与青海省财政自给率系数2007~2016年降低25%这一趋势是一致的，因此西宁市财政自给率系数的降低应该是时间趋势所致，与财政"省直管县"改革的关系不大。从人均GDP的增速来看，西宁市的数据呈现稳定的增长，增速一直高于青海省的整体水平。

第5章 欠发达地区"省直管县"改革实践的调查

表5.3　2008~2017年青海省样本县人均GDP增速统计

项目		2008年	2009年	2010年	2011年	2012年	2013年	2014年	2015年	2016年	2017年	县域均值	组别均值
试点县	大通县	0.02	-0.06	0.27	0.16	0.09	0.07	-0.03	-0.08	0.00	-0.05	0.04	0.13
	湟中县	0.58	0.11	0.33	0.38	0.11	0.16	0.00	-0.06	0.05	-0.03	0.16	
	湟源县	0.19	-0.02	0.17	0.16	0.00	0.08	0.12	0.00	0.07	0.12	0.09	
	民和县	0.23	0.05	0.27	0.36	0.33	0.20	0.05	0.04	0.12	0.15	0.18	
	互助县	0.21	0.13	0.35	0.21	0.24	0.24	0.13	0.02	0.09	-0.01	0.16	
	化隆县	0.16	0.00	0.24	0.23	0.35	0.22	0.05	0.06	0.09	-0.19	0.12	
	循化县	0.09	0.08	0.24	0.25	0.21	0.20	0.20	0.09	0.13	0.06	0.15	
非试点县	门源县	0.17	0.09	0.20	0.26	0.30	0.21	0.06	0.03	0.07	-0.13	0.13	0.16
	祁连县	0.28	0.21	0.24	0.23	0.26	0.16	0.15	0.12	0.06	-0.36	0.13	
	海晏县	0.57	3.09	-0.63	0.51	0.13	0.04	-0.36	-0.07	-0.02	-0.18	0.31	
	刚察县	0.25	0.11	0.31	0.84	0.37	0.38	-0.45	0.16	0.08	-0.01	0.20	
	同仁县	0.11	0.12	0.16	0.24	0.20	0.15	0.06	0.15	0.06	0.08	0.14	
	尖扎县	0.26	-0.10	0.39	-0.04	0.21	0.06	-0.15	0.11	-0.07	0.00	0.07	
	泽库县	0.27	0.14	0.25	0.18	0.16	0.21	0.08	0.07	0.05	0.09	0.15	

资料来源：根据中经网统计数据库中青海省样本县相关年份统计数据整理所得。

表5.4　　　　　　　　西宁市财政与经济发展趋势统计

	项目	2007年	2008年	2009年	2010年	2011年	2012年	2013年	2014年	2015年	2016年
西宁市	一般公共预算收入增速	0.30	-0.50	0.27	0.22	0.31	0.21	0.29	0.27	0.16	-0.25
	一般公共预算支出增速	0.31	-0.57	0.33	5.71	0.38	0.24	-0.32	-0.56	0.15	0.06
	财政自给率系数	0.53	0.62	0.59	0.11	0.10	0.10	0.19	0.54	0.55	0.39
	人均GDP增速	0.19	0.20	0.22	0.24	0.14	0.20	0.05	0.12	0.10	0.12

资料来源：根据中经网统计数据库中西宁市相关年份统计数据整理所得。

综上所述，对于青海省财政"省直管县"改革的效果可以总结如下：

首先，改革对缓解县域财政困难，减轻基层财政压力的效应仅是短期的，从长期来看，这一最为重要的改革预期目标在青海省无法实现。

其次，县域财政的省级直管没有对地市级的财政和经济发展趋势造成显著可见的影响。

产生上述结果的原因有二：

①如前所示，青海省财政"省直管县"改革并没有彻底执行，仅将省级财政部门对县级的转移支付部分上划到省级，并由省级财政部门直接下达到县，其余部分的财政资金往来仍在市统县的框架下运行，因此，改革的效果与预期不能相符。

②青海省财政"省直管县"改革的试点县多集中于经济发展水平相对较低的县级行政单位，因此对地市级的影响较为有限，且省级财政针对西宁市和海东市因改革可能面临的财政压力以相应的转移支付进行了补偿。所以，青海省的改革也不具有进一步扩大的财力基础，原因在于青海省各县的财政自给率都较低，财力的满足多依赖上级，如果改革全面推开，省级财政将面临较大的压力。

与财政"省直管县"改革相比，对于青海省来说，大力发展经济、丰沛财源对缓解县域财政困难具有更大的意义。

5.2 甘肃省"省直管县"改革的实践与调查

5.2.1 甘肃省的基本情况介绍

甘肃省位于我国的西北地区，处于黄土高原、青藏高原和内蒙古高原三大高原的交汇地带，面积45万平方公里，排名全国第6，户籍人口2700余万人，在全国各省份人口总量排名中倒数第8。甘肃省"省直管县"改革始于2007年。2007年的统计数据显示，全省实现生产总值2699.20亿元，三次产业结构为14.3∶47.5∶38.2，全省人均生产总值10335元，位列全国各省级政区的倒数第二位。城镇居民人均可支配收入10012.34元，农民人均纯收入2328.92元，两者相差4.3倍，这一指标的全国平均水平为3.32倍。2018年，全省GDP为8246.1亿元，比上年增长6.3%，人均GDP为31267元，为全国平均水平的48%。三次产业结构，较2007年高度化明显，为11.2∶33.9∶54.9，但第二产业占比较之全国平均水平明显偏低。全省城镇居民人均可支配收入29957.0元，比上年增长7.9%；城镇居民恩格尔系数为28.7%。农村居民人均可支配收入8804.1元，城乡居民的收入差距显著缩小。最近10年，甘肃省的财政自给率系数都不足30%，低于西部地区30%的平均水平。全省划分为12个地级市、2个自治州，下辖17个市辖区、4个县级市、58个县、7个自治县，共计86个县级政区。[①]

5.2.2 甘肃省"省直管县"改革的具体措施

同青海省一样，甘肃省的"省直管县"改革也仅限于财政管理领域。甘肃省于2007年1月1日起开始在16个试点县（市）推行财政"省直管县"改革[②]，3年之后扩大到41个县，其中，国家级贫困县24个，占试点县总数的58.5%。具体的改革内容可以总结为：

（1）资金往来方面，所有财政资金上解由县级直接结算上解省级财政部门，与市级财政不再有财政资金的上解关系；以2006年的决算为基数，税收返还由省级财政直接返还到试点县；转移支付、收入解报和资金调度由省级财政直接对接县级财政。

[①] 根据甘肃省统计局发布的各年份《国民经济和社会发展统计公报》相关数据整理计算所得。
[②] 《甘肃省人民政府关于印发甘肃省实行省直管县财政管理体制改革试点方案的通知》。

（2）非税收入方面，取消市级对非税收入的分成，收入就地缴入中央级、省级和试点县国库。

（3）工作部署和任务下达方面，试点县工作中的问题和情况直接向省级财政部门反映；收入计划、项目计划、专项补助计划由省级财政部门和税务部门直接明确下达到试点县，在财政管理领域做到了真正的市、县分治。

（4）债务的举借和偿还在市和下辖的试点县之间进行清算划分、各自负责偿还。

上述改革举措的推行，将市和下辖的试点县之间的财政关系进行了明确的分割；在财政管理体制的设计方面，市、县是相互独立的财政管辖范围，不存在隶属关系，市和下辖的试点县平等地隶属于省级财政部门。甘肃省的财政"省直管县"体制改革实行的较为彻底，推行改革的《甘肃省人民政府关于印发甘肃省实行省直管县财政管理体制改革试点方案的通知》中还特别规定，对于财政"省直管县"改革试点县，原市（州）在项目配套资金等方面的财力支持不能减，并且对以后年度相关财力支持的年平均增幅进行了要求。这一规定的目的，就是要杜绝市（州）借助财政"省直管县"改革"甩包袱"，如果这项工作不能很好地落实，那么事权下沉，又不能保证与之相对等的自主财力，县域财政困难的问题不可能得到改善。这是因为，在行政权和经济决策权的配置上，依然是省管市（州）、市（州）管县，那么财政"省直管县"改革会导致事权和财力在配置结构上出现层级的错位，事责和支出责任的协调和匹配便很难实现了。

5.2.3 甘肃省"省直管县"改革成效的调查

随机选择了甘肃省财政"省直管县"改革中的9个试点县作为改革成效调查的样本，12个非试点县作为样本县的对照，以此来考察财政"省直管县"改革在甘肃省的成效。9个试点县分别是榆中县、会宁县、张家川县、金塔县、民勤县、高台县、崇信县、临洮县和礼县。非试点县12个，共计21个样本县，试点县和非试点县两个组别。两个组别都覆盖改革实施以前财政规模不等的县级行政单位。

1. 甘肃省"省直管县"改革的财政效应分析

（1）一般预算收入的分析[①]。

试点县中，改革前的2006年：财政收入规模最小和最大的县分别是会宁县，一般公共预算收入1508万元；榆中县，一般公共预算收入9936万元。

---

① 根据中经网统计数据库中2005~2017年甘肃省相关县一般公共预算收支统计数据整理所得。

非试点县中,改革前的 2006 年:财政收入规模最小和最大的县分别是临夏县,一般公共预算收入 1233 万元;庆城县,一般公共预算收入 13235 万元。

通过对试点县和非试点县两个组别 2006~2017 年财政一般公共预算收入规模的变化进行比较我们发现,改革的第一年,所有试点县一般公共预算收入的增速都呈现出了比非试点县更快的增长,增长速度最快的礼县 128%,增速最小的临洮县 24.12%,其余试点县的一般公共预算收入增速都在 30%~40% 之间,2007 年的平均增速 45%;而非试点县,2007 年一般预算收入增速最快的西和县 49.41%,增速最小的武山县 -10.39%,其余非试点县一般公共预算收入的增速在 10%~30%,平均增速 18.62%。试点改革的 10 年间,所有试点县一般公共预算收入的平均增长速度比考察期所有非试点县一般预算收入的平均增长速度高 1.68%。如果对不同的收入规模进行分组考察的话,我们按照 2006 年各县实际的一般公共预算收入进行分组,如表 5.5 所示,分组的目的是分离各县财政能力初始禀赋的影响。

表 5.5　　2006~2017 年样本县一般公共预算收入增长情况的组别对照

一般预算支出规模		试点县		非试点县	
		个数	一般预算支出增速均值(%)	个数	一般预算支出增速均值(%)
组别	1000 万~2000 万元	4	26.340	1	28.67
	2000 万~3000 万元	1	19.8	2	24.10
	3000 万~4000 万元	2	22.4	6	23.68
	4000 万元以上	2	19.09	2	12.79

资料来源:根据中经网统计数据库中 2006~2017 年甘肃省相关县一般公共预算支出统计数据整理所得。

如表 5.5 的分组统计结果所示,尽管甘肃省财政"省直管县"改革在改革的初期显著地提高了县级财政一般公共预算收入的增长速度,但从整体趋势来看,这一影响随着改革时间的推进在逐渐减弱,而且,从表 5.5 的统计结果可以看出,改革对一般公共预算收入的这一正向影响对改革前初始财政收入水平较高的县更为显著。

(2)一般公共预算支出的分析。

试点县中,财政支出规模最小的崇信县,2006 年一般公共预算支出 15920 万元;财政支出规模最大的会宁县,2006 年一般公共预算支出 46873 万元。

非试点县中,财政支出的规模最小的临夏县,2006 年一般公共预算支出

27349万元；一般公共预算支出规模最大的凉州区，2006年一般预算支出67258万元，次之的靖远县，2006年一般预算支出40970万元。

通过对试点县和非试点县两个组别2006~2017年财政一般公共预算支出规模的变化进行分析我们发现，由于甘肃省"省直管县"改革试点的选择倾向于财政困难程度更深的县，改革之前，试点县财政支出的增长速度都慢于非试点县，改革的第一年，所有试点县财政支出的增速都明显快于非试点县，改革的第二年开始，试点县的这种优势就不存在了。

我们对所有样本按照改革前2006年的一般公共预算支出规模进行分组，不同组别一般公共预算支出的平均增长速度比较如表5.6所示。

表5.6 2006~2017年样本县一般公共预算支出增长情况的组别对照

一般预算支出规模		试点县		非试点县	
		个数	一般预算支出增速均值（%）	个数	一般预算支出增速均值（%）
组别	10000万~20000万元	2	22.30	0	—
	20000万~30000万元	2	21.31	4	21.11
	30000万~40000万元	1	24.61	6	23.06
	40000万元以上	4	22.78	2	21.74

资料来源：根据中经网统计数据库中2006~2017年甘肃省相关县一般公共预算支出统计数据整理所得。

根据表5.6中的统计结果，两个组别一般公共预算支出的平均增长速度有差异，但是非常小，可以说改革对一般公共预算支出的增长速度并没有显著的影响，而且我们发现，历经改革的这十年，所有县的一般公共预算支出增速都是下降的，从2006年，所有试点县支出增长速度的区间在15%~50%不等，到2017年，所有试点县支出增长速度的区间在2%~28%，支出增长的速度在下降中趋同。这说明事责决定了支出责任，因此一般公共预算支出刚性增长这一特征不会因为财政"省直管县"改革而改变。

（3）财政自给率分析。

试点县在财政自给能力的提升方面，表现出了强于非试点县的趋势。财政自给率系数是地方财政一般预算内收入与地方财政一般预算内支出的比值，财政自给率是判断一个地区财政发展健康与否的重要指标，通常情况下系数越大，地方财政自我发展能力越强，对上级转移支付的依赖度会越小，例如上海，这一系数就大于70%。

图5.3显示了2007~2017年，甘肃省所有样本县财政自给率系数变化的趋

势。如图所示，试点县在改革期间比非试点县呈现出了更为明显的波动。2006年，试点县和非试点县财政自给率系数的平均值分别是11%和13%，到了2017年，试点县和非试点县财政自给率系数的平均值分别是12%和11%，非试点县财政自给率上升了1个百分点，而非试点县财政自给率下降了2个百分点。在9个试点县中，2007~2017年有7个县的财政自给率平均水平高于2007年的自给率系数，而非试点县中，只有两个县2007~2017年的平均自给率水平高于2007年的自给率系数。这说明2007~2017年的11年间，甘肃省财政自给率系数呈现出下降的趋势，但试点县的整体水平有非常微弱的提升。通常，我们会把这种微弱的变化归结为时间趋势的作用，但是在整体下降的情况下，试点县还不能维持住之前的水平，可以初步假设，甘肃省财政"省直管县"改革对县域财政自给率的改善是有利的，但是这一效应并不十分明显。同时，还看到，2017年，甘肃省平均财政自给率系数为26%，可见县域财政能力普遍显著低于全省的平均水平，再次证明了县乡财政困难这一事实在甘肃省的普遍性。

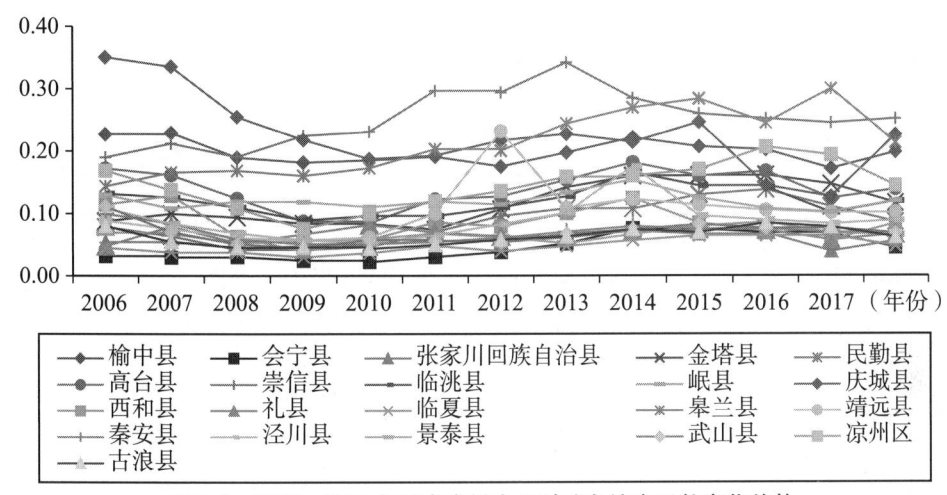

图 5.3　2007~2017 年甘肃省样本县财政自给率系数变化趋势

资料来源：根据中经网统计数据库中2006~2017年甘肃省相关县一般公共预算支出统计数据整理所得。

综合财政一般公共预算收入、支出和财政自给率系数不同组别的比较和分析，可以初步判断，财政"省直管县"改革能够在一个非常有限的程度上改善县域财政的收支压力，并且这一效应对财政收支规模较大的县更为明显。

2. 甘肃省"省直管县"改革的经济效应分析

根据数据的可得性，统计了甘肃省样本县2008~2017年10年人均GDP增速的具体情况，如表5.7所示。根据统计结果，试点县与非试点的经济增长趋势

表5.7 2008~2017年甘肃省样本县人均GDP增速统计

项目		2008年	2009年	2010年	2011年	2012年	2013年	2014年	2015年	2016年	2017年	县域均值	组别均值
试点县	张家川	0.21	0.24	0.01	0.29	0.09	0.08	0.12	-0.01	0.08	-0.01	0.11	0.12
	民勤县	0.08	-0.03	0.32	0.15	0.37	0.12	0.09	0.08	0.12	-0.09	0.12	
	高台县	0.15	0.15	0.11	0.19	0.20	0.21	0.11	0.04	0.03	-0.13	0.11	
	榆中县	0.13	0.12	0.18	0.43	0.21	0.07	0.28	-0.09	0.03	0.07	0.14	
	会宁县	0.21	0.15	0.15	0.21	0.20	0.13	0.08	-0.01	0.07	0.04	0.12	
	崇信县	0.37	0.17	0.24	0.47	0.23	0.03	-0.12	-0.12	-0.03	0.05	0.13	
	金塔县	0.13	0.25	0.23	0.24	0.27	0.15	0.05	0.01	0.08	-0.10	0.13	
	临洮县	0.20	0.16	0.20	0.20	0.23	0.11	0.14	0.04	0.08	-0.03	0.13	
	靖远县	0.14	0.12	0.09	0.17	0.16	0.09	0.06	-0.04	0.10	0.00	0.09	
	皋兰县	0.19	0.16	0.15	0.24	0.15	0.09	0.05	0.01	0.02	0.09	0.12	
	景泰县	0.13	0.15	0.08	0.30	0.19	0.12	-0.04	-0.08	0.02	-0.02	0.08	
	秦安县	0.14	0.10	0.17	0.16	0.18	0.13	0.11	0.06	0.03	-0.04	0.11	
	武山县	0.17	0.22	0.09	0.16	0.21	0.13	0.10	0.05	0.10	-0.08	0.11	
	泾川县	0.14	0.03	0.11	0.19	0.14	0.06	0.03	0.01	0.08	-0.19	0.06	
非试点县	庆城县	0.19	0.14	0.25	-0.27	0.21	0.19	0.11	-0.15	-0.09	-0.28	0.03	0.10
	宁县	0.29	0.28	0.09	0.21	0.28	0.22	0.12	-0.04	0.01	-0.14	0.13	
	岷县	0.01	0.17	0.08	0.23	0.21	0.07	0.19	0.07	0.09	-0.06	0.11	
	古浪县	0.20	0.15	0.07	0.26	0.14	0.07	0.17	0.06	0.07	-0.12	0.11	
	泾川县	0.11	0.05	0.14	0.20	0.16	0.11	0.17	0.05	0.13	0.06	0.12	
	临夏县	0.15	0.11	0.15	0.19	0.16	0.17	0.17	0.05	0.08	0.03	0.12	

资料来源：根据中经网统计数据库中2007~2017年甘肃省相关县一般公共预算支出统计数据整理所得。

并没有表现出显著的差异,整体的人均GDP增速逐年递减,试点县和非试点县经济增速的下降幅度几乎是一致。因此,甘肃财政"省直管县"改革对试点县经济增长的促进作用并没有体现出来。

3. 甘肃省"省直管县"改革对城市的影响

在了解了甘肃省财政"省直管县"改革对县域财政能力和经济增长趋势的影响后,我们同样也关注这一改革对试点县所隶属的地级市(设区市)的财政状况和经济发展会有何影响。我们选取了甘肃省的酒泉市和陇南市作为考察的对象。没有选其他市的原因是,这两个市是下辖的县中被选作试点县数量最多的。酒泉包括第一批试点的金塔县、敦煌市和第二批试点的玉门市;陇南市包括第一批试点的礼县和第二批试点的康县、文县、成县及两当县。

酒泉市和陇南市2017年的人均GDP分别为40257元和19243元,在甘肃省12个设区市中排名第6位和11位。表5.8反映了两市下辖8个试点县经济发展的基本情况。

表5.8　酒泉和陇南两市"省直管县"改革试点县经济增长情况统计

年份	金塔县 GDP(万元)	金塔县 GDP增速(%)	玉门市 GDP(万元)	玉门市 GDP增速(%)	敦煌市 GDP(万元)	敦煌市 GDP增速(%)	成县 GDP(万元)	成县 GDP增速(%)
2006	171876	17.22	614956.7	13.54	249226	19.27	244770	42.62
2007	197376	14.84	722598.4	17.50	292155	17.22	289583	18.31
2008	231009.2	17.04	860861.2	19.13	343910	17.71	221381	-23.55
2009	299154.9	29.50	1000007	16.16	430107.9	25.06	222643	0.57
2010	368340.2	23.13	1105259	10.53	519715.2	20.83	276367	24.13
2011	458157.9	24.38	1247372	12.86	628703.6	20.97	328820	18.98
2012	581722	26.97	1302563	4.42	782635	24.48	382014	16.18
2013	669856	15.15	1351491	3.76	911783.1	16.50	430099	12.59
2014	704274	5.14	1255009	-7.14	1006544	10.39	461730	7.35
2015	696349	-1.13	1095639	-12.70	1021740	1.51	511262	10.73
2016	759072.3	9.01	1190244	8.63	1063935	4.13	544892	6.58
2017	675445.8	-11.02	1310447	10.10	931290.5	-12.47	553625	1.60
2017年人均GDP(万元)	4.59		8.23		6.48		2.10	

续表

年份	文县 GDP（万元）	文县 GDP增速（%）	康县 GDP（万元）	康县 GDP增速（%）	礼县 GDP（万元）	礼县 GDP增速（%）	两当县 GDP（万元）	两当县 GDP增速（%）
2006	70835	15.39	50603	16.30	84555	17.29	23106	15.59
2007	86506	22.12	60756	20.06	102631	21.38	27006	16.88
2008	99588	15.12	71707	18.02	122531	19.39	29977	11.00
2009	118876	19.37	81204	13.24	141803	15.73	31435	4.86
2010	133812	12.56	94845	16.80	163639	15.40	35880	14.14
2011	151077	12.90	112015	18.10	197811	20.88	43013	19.88
2012	173730	14.99	129424	15.54	227795	15.16	49304	14.63
2013	195736	12.67	148680	14.88	248376	9.03	54715	10.97
2014	214784	9.73	174304	17.23	290549	16.98	63166	15.45
2015	235775	9.77	192207	10.27	309540	6.54	66060	4.58
2016	258403	9.60	206850	7.62	331045	6.95	74646	13.00
2017	249710.3	-3.36	195546	-5.46	289902	-12.43	77765	4.18
2017年人均GDP（万元）	1.02		0.98		0.54		1.61	

资料来源：根据中经网统计数据库中2006~2017年甘肃省相关县一般公共预算支出统计数据整理所得。

从表5.8中的各个试点县人均GDP水平及其增长速度的统计结果来看，酒泉市下辖的"省直管县"试点县经济发展水平较高，人均GDP高于酒泉市，可以定义为"市弱+县强"；陇南市的试点县中，除成县在人均GDP水平上略高于市级水平，其余县都低于陇南市的人均GDP，最低的礼县，人均GDP水平只有陇南市的28%。可以定义为"市强+县弱"。这样我们对两个市的试点情况做一个划分：酒泉："市弱+县强"；陇南："市强+县弱"。

通过分析两市和试点县改革前后的GDP有关指标后发现：

"市弱+县强"的模式下，在2007年1月1日开始实行财政"省直管县"改革的金塔县和敦煌市，在之后的5年时间里相较于非试点的所有县，GDP呈现出了超过20%的快速增长，而改革之前两年这两地的GDP增速有下降的趋势。玉门县也在进入第二批试点之后的头一年，GDP 增速提高了 2%。

酒泉市，就其 GDP 和一般公共预算收支数据来看，经济和财政状况没有受到显著的影响，还是保持了稳定的增长，财政自给率从 2007 年的 16% 增长到 2017 年的 27%。

"市强 + 县弱"模式下，两批试点县在改革的当年都出现了 GDP 增速的小幅度上升，作为高一级行政组织的设区市，经济的增长在改革后没有明显的变化。但陇南市的财政状况发生了显著的变化，两批试点改革推开之后，市级财政收支都出现了明显的增长，第二批"省直管县"改革在该市一次性增加了 4 个试点县，带来的是市本级财政收入更为明显的增长，增速超过 200%，全市的财政自给率也在波动中提高，2007 年，陇南市的财政自给率是 6%，2017 年这一指标提高到了 30%。

因此，我们可以做如下假设：

（1）财政"省直管县"改革能对县域财政收支压力有一定的缓解，但效果很微弱，并且只体现在改革刚开始的时候。

（2）对于经济实力较强的县，财政"省直管县"改革能够显著地激发县域经济的增长活力，对于经济能力较弱的县，这种效应会在改革当年有所体现，长期看效果不是很显著。

（3）对于设区市而言，改革的影响与市县级经济的实力对比有关。首先财政"省直管县"改革不会对设区市的经济发展产生抑制性的影响，而且能够提高市本级的财政自给率系数，"市强 + 县弱"的情况下，这一效果更为明显，我们初步分析这背后的原因是：县级财政收支在改革之后完全由省级负担，对市来说，经济发展相对落后的县不再成为其负担，因此，财政状况得到了改善，也就是我们说的"甩包袱效应"。

总体来说，甘肃省财政"省直管县"改革在一定程度上实现了帕累托改进，即，在县级财力和经济发展能力得到改善的同时，至少没有损害设区市的利益。这一结论与甘肃省决策部门对财政"省直管县"改革的肯定态度相一致。更准确的结果还有待实证检验来证明。

5.3 云南省"省直管县"改革的实践与调查

5.3.1 云南省的基本情况

云南省面积 39.41 万平方公里，省辖 8 个地级市、8 个自治州（共计 16 个地级行政区划单位），17个市辖区、18个县级市、65个县、29个民族自治县，是所有欠发达地区样本中各级行政区划单位最多的省份，这意味着云南省各级政府的管理幅度比其他省份都要大。①

截至2018年，全省生产总值17881.12亿元，比上年增长8.9%，高于全国2.3个百分点。全省人均生产总值37136元，比上年增长8.2%。三次产业结构由上年的14.3∶37.9∶47.8调整为14.0∶38.9∶47.1。非公经济占全省生产总值的比重达47.3%。全省地方一般公共预算收入完成1994.35亿元，比上年增长5.7%，一般公共预算支出完成6075.03亿元，比上年增长6.3%，财政自给率32%。城镇常住居民人均可支配收入是村常住居民人均可支配收入3.1倍，城乡发展的差距较大。2018年以后，云南省和贵州省的经济增长速度位列全国前两位。②

5.3.2 云南"省直管县"改革的具体实施办法

云南省的"省直管县"改革同时引入了财政"省直管县"改革、"扩权强县"2种试点模式，并在改革的制度创新方面进行了跨越行政区划的经济功能区建设。

1. 云南省财政"省直管县"改革的具体实施办法

2009年，云南省财政"省直管县"改革先在镇雄县、宣威市、腾冲市3个县进行试点，计划在总结完善试点经验的基础上，逐步扩大试点范围。③

2009年《云南省出台新一轮县域经济发展综合评价考核办法》将云南省全域129个县按照经济社会发展程度由高到低分为三类。腾冲市和宣威市为云南省的一类县。镇雄县为二类县。对于云南省这样一个边疆欠发达地区，即使是二类县，也有相当比例的县域是国家级贫困县。镇雄县隶属昭通市，当年被列为云南省的国家级贫困县之一，截至2018年仍是国家级扶贫开发重点县。余下的三类县则多是"老少边穷"地区，国家级贫困县占比非常高，且多是少数民族聚集区，贫困面大、贫困程度深、致贫原因复杂、脱贫难度极大，对上级财政的依赖度较高，因此，云南财政"省直管县"试点的选择空间并不大。

试点县（市）财政"省直管县"改革的具体措施包括：
（1）财政关系的划转。试点县以2008年的财政结算数为基数，经市、县

---

① 《云南概况》，云南省人民政府，2020年5月7日，http：//www.yn.gov.cn/yngk/。
② 根据云南省统计局发布的2018年《国民经济和社会发展统计公报》相关数据整理所得。
③ 《云南省人民政府关于开展省直管县财政改革试点的通知》。

(市）级认可并经省级核定后，将省级对试点县（市）级，市级对试点县（市）级的各项补助，以及试点县（市）级对市级的各项上解划转到省级。这其中，市级对县（市）级的补助，包括原体制补助、返还性补助、财力性补助及各项专项补助；县（市）级对市级的上解，包括收入分享、体制上解及具有经常和固定性质的专项上解。设区市和试点县（市）之间，以补助和上解的净值为基数上划省级财政。

（2）财政关系的省县级对接。试点县（市）级的财政体制、预算、决算及所有财政资金往来，直接与省级财政部门对接，政府性债务也由省级财政部门直接监管。包括对试点县（市）级财政决算和党政主要领导干部任期经济责任的审计，也都纳入省审计厅的管辖范围。"省直管县"改革之前，已经发生的试点县政府性债务，以原来的方式进行管理，不做变更。

（3）税收管理权。试点县所得税税收优惠政策，划分省级和市级（地级市）税务部门审批权限分别报上级部门审批和备案。

云南省在第一轮财政"省直管县"改革落地后，试点范围没有再继续扩大。根据我们的调研，2011年，鉴于距离中央规定的"2012年底前，力争全国除民族自治地区外全面推进省直接管理县财政改革"的日期临近，云南省人大调研组向省人大常委会提交调研报告称[①]：建议省政府书面报告国务院，推迟云南全面推行"省直管县"财政改革的时间，该调研报告认为，云南省的省情特殊，全面实行"省直管县"财政改革的时间不成熟、条件不具备，面临各方面的具体困难。具体表现为：

云南省有8个民族自治州，按照中央"只在民族自治州之外的地方推行财政'省直管县'改革"的精神，会导致云南省两套财政体制和财政政策并行，难免出现因财政体制和政策不同，带来地区间不能公平竞争的问题，从而制约全省地区经济社会的平衡发展。另外，云南省有地级行政区划单位16个，县级行政区划129个，省级以下各级行政区划单位个数列全国第三、西部第一。"省直管县"改革后，省级财政的管理半径将大为延展，管理幅度大规模拓宽，管理难度剧增，管理效率可能下降，将影响省级政府的宏观调控能力和经济规划效果。

在对云南省其中一个经济发展水平相对较低的财政"省直管县"改革试点县——宣威市，进行走访调研的过程中也发现，市、县两级对财政"省直管县"的试行积极性都不高，县一级更是认为财政由省直接管理，增加了他们工作的难度，不仅如此，同样内容的会议，他们要在省里参加一次，回到市里再参加一次，行政效率大打折扣。更为重要的是，在市级统一安排的各类项目中，他们也

---

① 云南省人大调研组建议推迟云南"省直管县财政改革"相关内容参见广西县域经济网，http://m.gxcounty.com/show-11-61538-0.html。

失去了市级财政的支持，省级财政也没有责任提供相应的资金，支出责任与财力不匹配这一问题并没有因改革而得到解决。但是，在与另一个经济发展能力相对较强的试点县——腾冲市的财税部门工作人员进行交谈的过程，我们也了解到，他们比较认可财政"省直管县"改革的成效，从走访调研和数据分析的结果来看，这个县确实因为改革获得了更为宽松的发展环境，当地基础设施建设也明显强于其隶属的设区市。

本书认为，两个试点县之所以会得出对财政"省直管县"改革两种截然不同评价、呈现出两种截然不同的改革效果，一个很重要的原因是，试点县自身经济发展的绩效和潜能。市县级力量对比呈现出"县强市弱"时，财政"省直管县"改革举措杜绝了市级对县级财力的汲取，保证了县级的经济优势更好地变现为财力优势，从而试点县的政府在支持县域经济发展的过程中具备了更有力的财力支撑和推动经济发展的动力。

在调研中还发现，所有试点地区地级市和试点县的财税部门工作人员都明确表示，现行的财政"省直管县"体制改革导致了试点县行政部门和财政部门分别隶属于不同层级的上级部门，这实际上造成了政府上下级隶属关系的扭曲和支出责任与财力的错配，财政是行政的基础，但行政和人事管理权限决定着政府的行为，因此，这种权力的错配给他们的实际工作造成了困扰，也可能让财政"省直管县"改革的预期目标不能很好地实现。例如，试点县公共产品和服务的工作任务由地级市的主管部门来下达并要求试点县安排配套资金，但试点县财政资金的往来关系已完全划转到省级，上级配套资金的来源就成为问题。

云南省的样本验证了一个推论，县域经济的实力决定了"省直管县"改革的结果。经济基础良好、具备一定的经济发展潜力，财政对上依赖度低，则"省直管县"改革的预期效果就能够很好的呈现。另外，想要通过权力分解下放到县，激发县域的经济增长活力，同样需要县级自身具有较好的经济发展潜力。如果情况刚好相反，县级财力对上依赖度较高，经济增长也主要依赖市级的扶持，那么财政"省直管县"改革可能导致县域财政捉襟见肘，经济增长失去倚靠和助力。

2. 云南省"扩权强县"改革的具体实施办法

云南省政府于2009年选取8个县（区）开始试行"扩权强县"改革。改革的目的在于增强县域经济活力和自主发展能力，加快形成城乡一体化发展格局，实现"富民强省、睦邻兴边"的发展目标。确定试点县（市、区）的基本依据为：具备试点基础，能较好地体现试点效应和便于推进。按这一标准所选择的试点县都是经济发展能力强，潜力好的县（市）。这8各县分别是：石林县、东川区、马龙县（2018年撤县设区）、新平县、易门县、普洱县和永胜县和云县。涉及的地级市有昆明、曲靖、玉溪、普洱,丽江和临沧6市,其中,云南省经济发展水平最好的地级市昆明和玉溪占了4县。①

改革内容包括:赋予试点县(区)与市级相同的部分经济管理权限,主要有计划直接上报,财政、审计直接管理,税收管理权部分调整,项目直接申报,用地直接报批,资质直接认证,部分价格管理权限下放,统计直接监测发布8个方面。今后国家和省赋予试点县(区)所在市的经济管理权限,除国家法律法规和规章有明确规定的,由试点县(区)直接享有。

3. "省直管县"改革的创新:跨越行政区划的经济功能区建设

2013年,云南省建立省级经济发展功能区"滇中产业新区",地点位于昆明市主城区东西两侧,由昆明市下辖的安宁市、昆明市嵩明县和昆明市空港经济区(原昆明市官渡区大板桥片区,昆明长水机场就坐落于此区)3个县级政区共同构成。这一区域是滇中产业聚集区的核心区域,区位条件优越、科技创新实力较强、产业发展优势明显、区域综合承载能力较强、对外开放合作基础良好,面积约482平方公里。2013年,三地合计规模以上工业企业占全市的23.6%;规模以上工业增加值占全市的17.9%。以安宁市(县级)为例,2013年,昆明市黑色金属及建材产业总产值为417.11亿元,其中安宁市为247.36亿元,占全市的总量约60%。安宁也是昆明乃至云南省的工业基地,产业覆盖钢铁、石油化工、磷化工和物流等现代服务业,近年来,房地产业的发展势头强劲。

滇中产业新区由昆明市委书记出任新区党工委书记,省委、省政府按照"充分授权、能授尽授"的原则,将54项省级经济审批权限全部授予新区行使。从行政级别来看,滇中产业新区管委会相当于省级的派出机构。对于入驻企业,在用地指标、项目引入、产业布局、投资融资等方面给予大力支持。同时在新区内加大简政放权力度:以新区行政审批局为载体,有效承接70项省、市级经济审批职权。推进"互联网+政务服务"建设,将相关审批权限最大程度下放到新区的县级政府。实行重大招商引资建设项目审批服务总协调人、审批代办服务等制度。积极开展全省行政审批制度改革综合试点工作,营造良好的营商环境。赋予新区管委会经济决策权的同时,昆明市承接新区范围内的908项社会管理职责,共同建立新区产业与昆明市和滇中城市群合理分工、优势互补、协作配套机制,在不同的管辖范围之间形成差别竞争、错位发展、互促并进的产业协调发展新格局。可以看出,新区的设立,权力的下放只是手段,更重要的是对建立起跨越行政区划的经济发展功能区进行试验,以期通过地区之间的协调,统筹区域经济发

---

① 《云南省开展扩权强县试点实施意见》。

展规划，整合区域经济发展资源，从而打造云南省区域经济发展的增长极。

滇中产业新区经过2年的发展，于2015年9月7日获国务院批复，设立国家级新区——云南滇中新区直管区（下简称"滇中新区"），新区定位为创新产业发展模式，高起点打造重要的临空产业基地、承接产业转移示范区、资源型产业转型升级示范基地、绿色先进制造基地、战略性新兴产业基地和现代服务业基地，从而带动滇中地区乃至云南省经济实现更好更快发展。

云南省三类"省直管县"改革的改革范围、改革举措的具体内容我们以表5.9来列示。

表5.9　　　　　云南省三类"省直管县"改革实践的具体内容

改革模式	起始时间	试点范围	内容
财政"省直管县"	2010年1月1日	腾冲市、宣威市、镇雄县	1. 试点县财政收入、支出责任划分，财政预算编审、财政结算、转移支付、收入报解、资金调度、债务监管等直接与省级财政对接。 2. 实现财政管理体系中的市、县分治
扩权强县	2009年1月1日	石林县、东川县、马龙区、新平县、易门县、宁洱县、永胜县、云县	1. 试点县财政收入、支出责任划分，财政预算编审、财政结算、转移支付、收入报解、资金调度、债务监管等直接与省级财政对接。 2. 赋予试点县（区）与地级市相同的部分经济管理权限，包括计划直接上报、财政审计直接管理、税收管理权部分调整、项目直接申报、用地直接报批、资质直接认证、部分价格管理权限下放、统计直接监测发布8个方面，共60项权限
经济功能区建设	2014年托管2015年9月获批国家级经济开发区	安宁市、嵩明县、原昆明市官渡区大板桥片区（空港新区）	1. 将54项省级审批权限全部授予新区行使，同时在用地指标、项目引入、产业布局、投资融资等方面给予新区大力支持。对于入驻企业，新区推出了大量的改革举措：以新区行政审批局为载体，有效承接70项省、市级审批职权，实行"两集中、两到位"。 2. 昆明市承接新区范围内的908项社会管理职责

资料来源：《云南省人民政府关于印发云南省开展扩权强县试点实施意见等4个文件的通知》《云南省人民政府关于开展省直管县财政改革试点的通知》《国务院关于同意设立云南滇中新区的批复》。

5.3.3 云南省"省直管县"改革成效的调查

根据各项改革实际的落地情况，我们选取3类"省直管县"改革模式涉及的13个县级政区及其隶属的6个城市和2个非试点县（区）富民县和沾益区，作为云南省"省直管县"改革成效调查的样本地区，通过对样本地区的GDP相关数据、财政收支数据进行详细的分析和比较，对"省直管县"改革在云南省的改革效果进行衡量和评价。

13个试点县，在改革之前的2007年，相关各样本县人均GDP统计如图5.4所示，能够基本反映各个样本县经济社会发展的相对水平及各样本县改革的起点。其中的东川、镇雄、永胜、宁洱和云县为云南省的国家级贫困县。

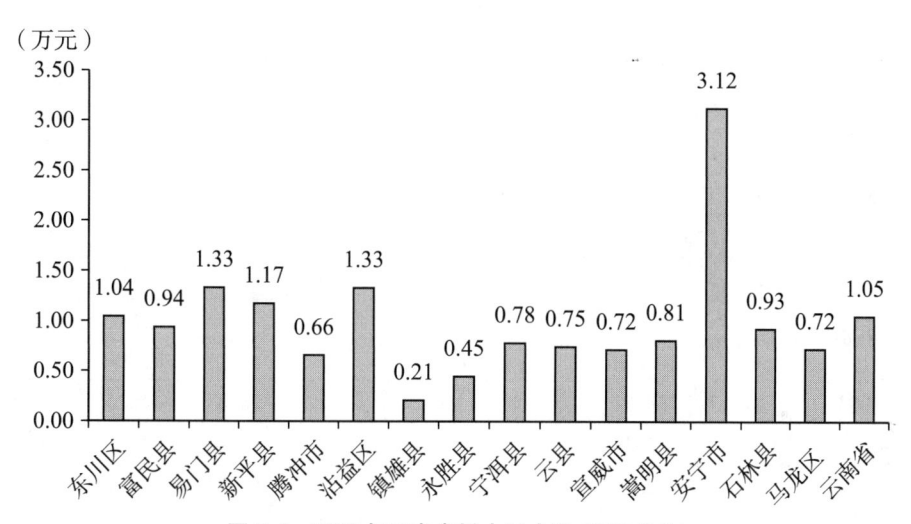

图 5.4　2007 年云南省样本县人均 GDP 分布

资料来源：根据中经网统计数据库中云南省相关统计数据整理所得。

1. 云南省"省直管县"改革的财政效应分析

（1）一般公共预算收入情况的调查结果。

表5.10列示了2008~2017年，云南省及样本县一般公共预算收入各年的增长速度和改革期内增速的平均值。2008年，一般公共预算收入增速低于云南全省平均水平的有东川、沾益、宣威、易门、腾冲、宁洱和云县7个县。"省直管县"改革之后，以上7个县中，东川、易门、腾冲、宁洱4个县的一般公共预算收入增速高于云南省。其中，腾冲市是财政"省直管县"改革的试点县，其余为"扩权强县"的试点县。宣威在进行了财政"省直管县"改革之后，尽管财政收

入的增速依然低于云南全省的平均增速，但差距明显缩小。东川区于2018年在云南省层面实现了脱贫，精准扶贫政策及其资金支持的影响是无法忽视的。另外，石林作为"扩权强县"的试点，2007年一般公共预算增速为41.55%，改革之后这一增速的平均值为14.81%，但仍然远高于云南省的平均水平。

表5.10　　　　2008~2017年云南省样本县一般预算收入增速统计　　　单位：%

年份	东川区	石林自治县	嵩明县	安宁市	沾益区	马龙县	宣威市	易门县
2008	8.38	41.55	43.13	27.05	23.27	32.28	15.03	5.56
2009	-39.90	29.35	43.67	17.97	6.07	20.24	9.22	33.33
2010	69.71	35.00	36.78	30.39	15.04	18.32	13.35	32.89
2011	33.01	34.76	30.22	28.22	17.13	25.52	16.67	17.82
2012	24.82	30.02	26.11	12.29	9.59	17.33	19.05	36.97
2013	2.06	21.14	22.19	12.32	18.08	17.33	17.60	21.47
2014	2.45	-31.14	7.42	-15.75	-17.01	4.36	2.04	7.58
2015	-22.11	9.16	8.04	16.31	-7.61	4.64	-24.80	13.62
2016	10.85	9.46	10.02	10.13	2.54	0.89	7.00	15.70
2017	8.81	0.65	-6.33	-0.86	14.06	14.07	8.81	19.29
均值	27.53	14.81	19.30	17.28	12.68	18.94	13.84	17.07

年份	腾冲市	镇雄县	永胜县	宁洱自治县	云县	富民县	新平自治县	云南省
2008	21.67	29.91	67.21	16.13	16.67	28.05	45.25	26.16
2009	27.48	32.24	34.31	10.19	7.14	15.24	11.26	13.71
2010	31.14	34.33	29.93	35.29	11.28	57.02	27.29	24.77
2011	40.94	40.74	13.48	6.21	38.71	41.05	30.50	27.55
2012	30.67	34.21	42.08	38.01	34.88	27.99	17.85	20.43
2013	23.31	15.29	30.66	14.83	24.38	24.49	20.19	20.41
2014	2.55	-13.78	10.93	11.07	-20.40	10.77	9.50	5.38
2015	4.18	8.68	-8.41	6.31	3.98	1.48	2.47	6.48
2016	3.95	4.72	4.99	5.94	6.46	7.92	7.49	0.23
2017	2.53	10.05	-17.25	6.19	4.04	2.12	5.06	4.08
均值	21.81	17.38	19.14	16.62	12.76	19.19	22.09	14.92

资料来源：根据中经网统计数据库中云南省统计结果整理所得。

根据上述统计结果，可以先假设财政"省直管县"改革和"扩权强县"对部分地区一般公共预算收入的增长有促进作用，这些地区自身的经济发展潜力和经济绩效对"省直管县"改革预期目标的实现奠定了相对较好的经济基础。

（2）一般公共预算支出情况的调查结果。

根据表5.11的统计结果，2008~2017年，云南省一般公共预算支出的增速呈现出持续下降的趋势，2008年全市一般预算支出的增速接近30%，2008~2017年这一指标的均值为17.9%。但东川区例外，一般预算支出从2008年的4.08%上升到2017年9.50%，且只有2017年的增速突然加快，这与东川区成功脱贫和国家的扶贫资金支持必然是相关的。另外，富民县、安宁市、新平县、腾冲市、永胜县和云县一般公共预算支出的增长速度也慢于云南全省的平均水平，其中，新平、永胜和云县是贫困县，一般公共预算支付的变化不得不考虑国家精准扶贫政策的影响。安宁市和腾冲市是"省直管县"试点地区覆盖的范围，且自身经济发展潜力和经济发展绩效在云南全省来说都比较好。

表5.11　　　2008~2017年云南省样本县一般预算支出增速统计　　　单位：%

年份	东川区	富民县	石林自治县	嵩明县	安宁市	沾益区	马龙县	宣威市
2008	4.08	22.65	38.56	34.14	19.78	30.05	39.34	35.73
2009	13.45	13.98	27.83	26.00	9.91	21.31	24.14	24.20
2010	13.34	54.40	31.18	26.13	25.93	34.18	51.39	27.42
2011	21.98	19.79	19.70	38.64	31.43	20.19	11.24	21.17
2012	18.58	5.13	20.93	9.86	10.02	11.09	18.56	29.93
2013	-4.39	17.02	5.77	-2.80	11.30	13.17	15.22	5.82
2014	0.45	1.42	-1.47	11.64	-12.96	12.53	26.64	14.55
2015	11.39	5.22	8.59	11.69	8.11	-4.41	-1.07	3.58
2016	1.69	7.24	6.27	4.05	5.17	21.93	6.93	12.18
2017	9.50	1.33	25.15	15.81	17.94	3.30	7.10	11.29
均值	9.01	14.82	18.25	17.52	12.66	16.33	19.95	18.59

年份	新平自治县	腾冲市	镇雄县	永胜县	宁洱自治县	云县	易门县	云南省
2008	21.50	26.46	51.39	24.75	-46.49	18.67	15.80	29.51
2009	32.36	26.56	31.32	38.99	37.56	50.25	32.00	32.79
2010	26.28	32.70	30.95	15.15	25.66	18.47	15.51	17.08
2011	28.21	40.46	26.73	28.95	8.77	46.29	34.88	28.17
2012	10.01	17.64	39.26	20.14	29.00	27.55	25.40	21.95
2013	21.13	7.71	2.27	10.19	24.91	10.65	21.53	14.66
2014	-6.96	8.14	6.49	14.47	9.34	1.98	8.71	8.34

续表

年份	新平自治县	腾冲市	镇雄县	永胜县	宁洱自治县	云县	易门县	云南省
2015	7.66	8.39	17.34	18.85	-5.12	9.62	9.74	6.19
2016	14.66	17.52	22.55	-1.24	28.58	21.09	4.91	6.49
2017	3.03	3.41	12.41	20.76	10.02	1.09	3.30	13.83
均值	15.79	18.90	24.07	19.10	12.22	20.57	17.18	17.90

资料来源：根据中经网统计数据库中云南省统计结果整理所得。

一般预算支出的增长速度通常与行政单位的支出责任相关，只要支出责任没有发生变更和调整，随着经济社会的不断发展，财政支出的刚性增长这一规律将是一般公共预算支出增速的主要决定因素，因此，我们看到一般公共预算支出的增长趋势并没有受到改革的影响。

（3）财政自给能力的调查分析。

根据图5.5中各县财政自给率系数的趋势变化我们发现，安宁、嵩明、富民和新平四个县（市）在改革期间财政自给率系数呈现上升的趋势。其中，安宁、嵩明和新平在改革之初的2008年财政自给率系数也高于其他县（区）。安宁和嵩明尽管在滇中新区的范围之内，但这一改革始于2014年，但这两地财政自给率的提升在长期来看都比较稳定，只是2014年以后有一个更快的上升速度，因此，

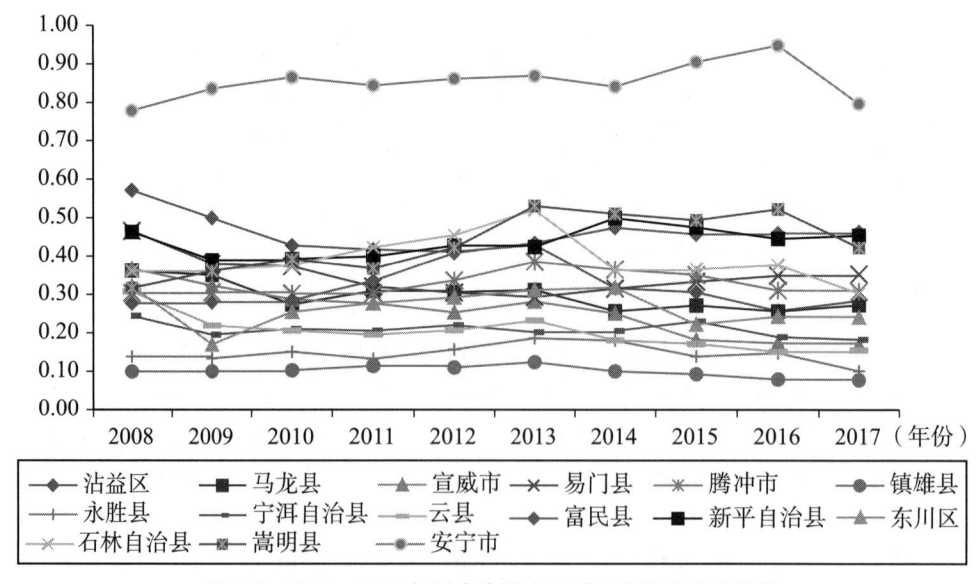

图5.5 2007~2017年云南省样本县财政自给率变化趋势

资料来源：根据中经网统计数据库中云南省统计结果整理所得。

可以初步认为经济功能区的特殊政策确实对两地财政能力的改善起到了促进作用，但是从长期来看，两地自身的经济发展潜力和绩效起着更重要的作用。富民县作为云南省内经济发展较快的非试点县，其财政自给能力的稳步上升也验证了这一结论。其余县（区）比较改革之初的 2008 年和 2017 年的数据，财政自给率系数都有不同程度的下降，因此，县域财政收支压力大，财政困难和财政自我发展的能力下降在欠发达地区是一个共性问题。"省直管县"改革缓解县乡财政困难这一改革预期目标，其实现程度与县级行政单位的经济发展实力密切相关。

2. 云南省"省直管县"改革的经济效应分析

将云南"省直管县"改革中，财政"省直管县"、扩权强县、跨区域经济功能区建设三类改革试点中的所有县级行政单位纳入经济效应的考察范围，并在非试点县中随机选择了 9 个县（区），共 4 个组别（如表 5.12 所示），样本县 2007 年的人均 GDP 从 2000 元到 40000 元不等，经济发展水平处于相对较好水平的县居多，选择这些县的原因是它们与试点县经济发展水平和构成比较相似。

云南省各个县级行政区 2007~2017 年 11 年间的人均 GDP 增长速度和改革期间不同组别的平均增长速度的统计结果显示，云南省样本县县域经济的增长速度快于全省的平均水平，各个组别之间人均 GDP 增长速度的趋势没有显著的差异。但从单个县的个体表现来看，财政"省直管县"改革试点的宣威市和腾冲市在改革期间经济增速相较于其他地方明显更快一些，马龙县（2013 年撤县设区）作为"扩权强县"改革的试点，经济效应中无法分离撤县设区的影响。东川区经济快速增长与国家精准扶贫政策息息相关，除此之外的其他"扩权强县"改革试点没有显现出与非试点县经济增速之间的差异，滇中新区 2014 年托管，2015 年正式设立国家级经济新区，在此之后确实显著体现出了快于其他县级行政单位的经济增长速度，但经济增长提速只是短期效应，且考察期小于 5 年，尚且不足以判断这一创新性改革举措的经济效应如何。因此，云南省"省直管县"改革的经济效应有待进一步检验。但是我们也看到，经济实力较强的县，改革期间普遍表现出了更为良好的经济增长趋势。

因此，有选择性地试行"省直管县"改革，让经济发展潜力较大、经济绩效较好的县级行政单位获得更大的发展空间，是提升县域经济发展能力的一个可行的思路。

表5.12 云南省样本县人均GDP增速统计

项目		2008年	2009年	2010年	2011年	2012年	2013年	2014年	2015年	2016年	2017年	县域均值	组别均值
财政省直管县	镇雄县	0.11	0.26	0.24	0.25	0.20	0.16	-0.13	0.07	0.09	0.07	0.13	0.14
	宣威市	—	0.06	0.08	0.10	0.20	0.36	0.18	0.19	0.20	0.09	0.16	
	腾冲市	—	0.06	0.07	0.09	0.13	0.21	0.14	0.16	0.21	0.13	0.13	
扩权强县	易门县	0.26	-0.05	0.15	0.17	0.15	0.14	0.28	0.15	0.15	0.18	0.14	0.15
	新平自治县	0.25	-0.01	0.31	0.34	0.18	0.08	0.11	0.08	0.10	0.12	0.15	
	石林自治县	0.23	0.14	0.19	0.21	0.27	0.19	-0.08	0.09	0.10	0.11	0.14	
	东川区	0.08	0.08	0.01	0.22	0.16	1.49	0.08	0.00	0.11	0.38	0.14	
	马龙区	—	—	—	—	—	0.11	0.21	0.21	0.15	0.30	0.20	
滇中新区	永胜县	0.18	0.15	0.22	0.26	0.24	0.20	0.14	0.07	0.03	0.11	0.15	0.15
	宁洱自治县	0.08	0.16	0.18	0.16	0.23	0.06	0.10	0.14	0.11	0.12	0.15	
	云县	0.12	0.10	0.05	0.17	0.34	0.19	0.02	0.07	0.08	0.08	0.15	
非试点县	嵩明县	0.22	0.40	0.09	0.19	0.27	0.15	0.23	0.06	0.05	0.10	0.15	0.16
	安宁市	0.17	0.05	0.11	0.25	0.27	0.08	0.11	0.01	0.03	0.14	0.15	
	澄江县	0.20	0.28	0.18	0.39	0.16	0.13	-0.08	0.11	0.12	0.29	0.15	
	通海县	0.22	0.07	0.15	0.15	0.18	0.12	0.09	0.12	0.09	0.11	0.16	
	盐津县	0.20	0.13	0.11	0.23	0.22	0.13	-0.01	0.08	0.10	0.05	0.16	
	彝良县	0.25	0.12	0.15	0.33	0.21	0.06	-0.09	0.03	0.07	0.09	0.15	
	建水县	0.17	0.12	0.13	0.17	0.19	0.18	0.07	0.08	0.10	0.11	0.15	

第5章 欠发达地区"省直管县"改革实践的调查

续表

项目		2008年	2009年	2010年	2011年	2012年	2013年	2014年	2015年	2016年	2017年	县域均值	组别均值
非试点县	马关县	0.08	0.06	0.16	0.19	0.23	0.05	0.18	0.09	0.10	0.07	0.15	0.16
	祥云县	0.20	0.13	0.22	0.23	0.20	0.10	0.02	0.07	0.09	0.11	0.15	
	富民县	0.43	0.10	0.19	0.20	0.24	0.16	0.12	0.07	0.10	0.13	0.16	
	宜良县	0.20	0.16	0.14	0.06	0.23	0.15	-0.03	0.08	0.09	0.12	0.16	

资料来源：根据中经统计数据库中2007~2017年云南省样本县数据整理所得。

3. 云南"省直管县"改革对城市的影响分析

我们对财政"省直管县"改革,"扩权强县"改革和经济功能区设置涉及的三个地级市,昆明(下辖安宁市、东川区),曲靖(下辖宣威市、马龙区)和保山(腾冲市)的一般公共预算收支数据和GDP数据进行了考察,统计结果如表5.13所示。

表5.13　　　　2009~2017年样本市财政与经济发展情况统计　　　　单位:%

	项目	2009年	2010年	2011年	2012年	2013年	2014年	2015年	2016年	2017年
昆明	一般公共预算收入增速	16.51	40.75	71.19	-10.20	19.65	-1.02	3.75	10.24	48.97
	一般公共预算支出增速	18.92	3.79	107.5	-10.81	15.14	-3.55	9.79	7.48	53.08
保山	一般公共预算收入增速	32.88	19.54	22.13	18.47	14.73	28.20	18.89	9.39	6.53
	一般公共预算支出增速	28.80	34.02	20.40	50.31	-3.87	8.14	23.40	5.79	22.69
曲靖	一般公共预算收入增速	20.24	21.06	39.34	30.93	21.01	-8.03	4.35	1.00	45.94
	一般公共预算支出增速	31.23	17.43	25.37	27.37	7.57	2.30	31.10	1.50	82.92
GDP增速	昆明	12.38	14.2	13.6	13.85	16.47	8.7	8.8	8.6	13
	曲靖	13.6	12.3	14	14.2	12.65	13	12.4	11.4	11.5
	保山	10.9	12.9	13.2	14.6	15.23	6.2	6.1	9.2	10.1

资料来源:根据中经网统计数据库中云南省相关年份统计数据整理所得。

根据表5.13的统计结果,滇中产业新区托管的2014年,昆明市的一般预算收支增速和人均GDP增速都显著的下降,但是这一年受国家宏观经济形势的影响,各项经济发展指标也都是下降的,更重要的是,滇中产业新区具备独立预算的权力,但决算并入昆明市,因此,从一般预算收支数据来看,不会对昆明产生显著的影响,财政收支指标的下降应该是中国转型期经济增长减速造成的。但在我们的调研过程中,原大板桥片区隶属的昆明市官渡区明确表示,滇中产业新区的托管导致官渡全区的经济发展战略和财政收支都受到较大影响。

曲靖和保山作为财政"省直管县"改革和"扩权强县"改革试点县隶属的设区市,从这两地的市县级经济发展的水平来看,曲靖和宣威为"市强+县弱"模式,保山和腾冲则刚好相反,为"市弱+县强"模式。2010年改革当年,曲靖市一般公共预算收支增速的变化趋势为:一般公共预算收入的增速比上年提高0.82%,一般公共预算支出增速比上年减少13.8%,宣威市财政的"省直管县"改革减轻了曲靖市的财政支出压力,而宣威市则失去了曲靖市的财力支持;保山市2010年,一般预算收入的增速比上年下降13.34%,一般预算支出的增速比上年提高了约14%。可以初步判断,腾冲市财政上划省级财政部门对保山市的财政收入有显著的负向影响。

但各类"省直管县"改革对经济的影响并没有体现出明显的规律性。

根据上述统计分析,我们能得到的初步结论是:

(1)"市强+县弱"的情况下,"省直管县"改革减轻了设区市的财政负担,但导致弱县失去了市级财政的支持;

(2)"市弱+县强"的情况下,"省直管县"改革能够保证县域地区将其经济优势转化为财力优势,有助于为县域经济发展创造更好的环境,但是,设区市的财政力量会受到削弱。

以上结论仍有待实证检验来证明。

试行"扩权强县"改革的县级行政单位中,东川区作为国家级贫困县,于2018年4月实现省级层面的脱贫。我们认为这主要是国家减贫计划和政策带来的成效,与"扩权强县"改革的关系并不显著。

安宁市凭借产业基础良好和区位等方面的优势,于2018年跻身全国百强县第63位,全国投资潜力前100县排名第15位。这一结果得益于安宁被纳入经济功能区的建设。建区以来云南滇中新区主要经济指标快速增长。地区生产总值由2016年的501.11亿元,增长到2018年的623.4亿元,年均增长11.5%;规模以上工业增加值年增长率由2016年的1.9%增长到2017年的26.2%、2018年的50.6%;一般公共预算收入由48.8亿元增长到76.1亿元,年均增长24.8%;累计完成固定资产投资2049亿元,其中,工业投资完成412.1亿元;招商引资实际到位内资1764.8亿元。2018年,在19个国家级新区中(雄安新区未核算数据),云南滇中新区地区生产总值增速排名第3,固定资产投资增速排名第9,规模以上工业增加值增速排名第1,一般公共预算收入增速排名第2。[①]

如果总结一下滇中新区的运行体制,本书认为应该这样定位:滇中新区的财

---

① 《新区"国家队"云南滇中新区多项经济指标名列前茅》,云南滇中新区,2019年9月6日,http://www.dzxq.gov.cn/html/2019/yaowen_0906/2846.html。

政和经济管理权限与昆明市同等级别，社会管理权限和人事管理权仍由昆明市统领。滇中新区的设立，跨越了县域行政区划，将两个县和一个街道合署、同时并行财政"省直管县"和"扩权强县"改革。对滇中新区来说，权力下放的力度与云南省的其他试点县相比要更大。除此之外，类似滇中新区这样的开发区每个省都会有，这种以经济功能区域性而非行政区划为基础的发展思路对"省直管县"体制改革来说是一种创新和升级。一方面，实现了权力下放对县域经济活力的释放；另一方面，突破了行政隶属束缚下的利益竞争格局，用经济区域，而非行政区域的概念来主导经济的发展。

研究的过程中还发现，在云南省所有"省直管县"试点改革的过程中，都存在不同程度的财政管理权和行政管理权，以及经济决策权和社会管理权限之间的不匹配和冲突。这些冲突的背后是不同管辖权之间针对各自利益范围的竞争和博弈。现行经济和行政体制改革的过程中，如何实现财权、经济决策权（事权的一部分）、行政权和人事管理权限的协调和匹配决定了"省直管县"改革成功与否。不同管理权限对利益和资源的争夺已经影响了试点县的行政效率和决策之间的协调。

另外，调研过程中与财税部门工作人员交谈了解到，官渡区空港新区托管滇中新区对官渡区财政收入的实现和未来经济发展的规划产生了重大的影响，直接导致托管当年官渡区财政收入增速明显下降，官渡区在之前规划的临空经济发展战略也不得不做新的考量。这说明分权改革确实对中心城市的发展造成了离心力。因此，改革推行的过程中，如何权衡改革的收益和成本，做到能够在区域经济发展的过程中实现统筹推进，以及区域间的协调与合作是一个很重要的问题。

5.4 贵州省"省直管县"改革的实践与调查

5.4.1 贵州省的基本情况介绍

贵州省地处中国西南腹地，是全国唯一一个没有平原支撑的山地大省，是国家生态文明试验区和内陆开放型经济试验区，同时也是我国经济最不发达的省份之一，贫困人口多，贫困程度深。全省17.6万平方公里，截至2018年末常住人口3600万人，农村地区常住人口超过50%。全省划分为6个地级市、3个自治州（共计9个地级行政区划单位），15个市辖区、7个县级市、54个县、

11个自治县、1个特区（共计88个县级行政区划单位）。2009年，全省生产总值为3893.51亿元，人均生产总值为10258元，在全国31个省级行政区划单位中排名第31位。三次产业结构比为14.2∶37.9∶47.9，第一产业占比高于全国平均水平，电力和煤炭是全省经济的主要拉动力。全省城镇居民人均可支配收入与农民人均纯收入之比为4.27倍，城乡收入差距较大。近年来，2016年以后贵州省经济增长速度明显快于全国的其他省份。2018年，全省地区生产总值14806.45亿元，比上年增长9.1%，三次产业结构与2009年相比几乎没有差异，人均生产总值41129元，在全国31个省级行政区划中排名29，超过了云南省和甘肃省。城镇常住居民人均可支配收入是农村常住居民人均可支配收入的3.25倍。可以看出，贵州省近年来在经济社会的发展过程中取得了显著的成绩。[①]

5.4.2 贵州省财政"省直管县"改革的措施和落实情况

1. 贵州省财政"省直管县"改革的具体措施和落实情况

（1）财政"省直管县"改革措施的具体内容。

从改革的模式选择来看，贵州省分别于2009年和2013年开启两轮财政"省直管县"改革的试点工作，之后于2013年推行"扩权强县"改革。

2009年开始的财政"省直管县"改革的主要内容包括[②]：

①市县既得利益、市对县的支持及其县级债权债务关系不变；

②收支预算、转移支付、资金调度、财务结算、工作部署由省级直接管理到县级。

改革内容体现了所谓的"三不变，五到位"，建立了省级财政直接对接市、县的转移支付、预决算报告、资金往来、财政结算和债务清偿等财政往来关系。

试点县的选择主要集中在粮油生产大县、三江源生态保护县和资源枯竭城市范围内的31个县（市、区）。我们从这31个县中随机选择了桐梓县、金沙县等17个试点县。考察上述17个试点县改革前（2008年）的财政能力状况发现（如图5.6所示）。

---

① 根据贵州省统计局发布的各年份《国民经济和社会发展统计公报》相关数据整理所得。
② 《关于实行省直接管理县财政改革的意见》。

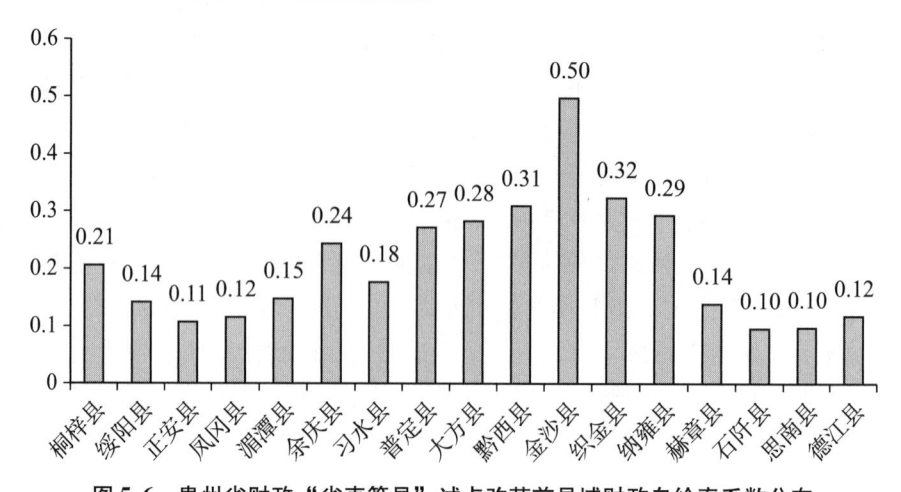

图5.6 贵州省财政"省直管县"试点改革前县域财政自给率系数分布

资料来源：根据中经网统计数据库中2008年贵州省一般预算收支统计数据整理所得。

贵州省第一批试点县的财政自给率系数（一般公共预算收入/一般公共预算支出）都在0.5以下，说明这些试点县一般预算支出中的50%以上部分要依赖上级转移支付或债务收入。这也是西部地区和欠发达地区财政能力的一个普遍特征。在这17个县中，财政自给率超过40%的仅有1个，超过30%的有2个，超过20%的县有5个，剩下9个县的财政自给率在10%~20%之间，县域财政自给能力严重不足。

自2013年1月1日起，贵州省财政"省直管县"改革的试点县扩大到42个①，并进一步明确，改革后市（州）与所辖试点县（市、特区）在财政管理体制上相互独立，市（州）不得集中所辖试点县（市、特区）的财政收入和财力，一般性转移支付和专项转移支付均直接由省分配下达到市（州）和试点县（市、特区）。文件当中所说的42个县，包括了第一批改革试点的县。其中，第一批改革试点中的毕节市和万山区因为"撤县设区"退出了财政"省直管县"的改革。撤县设区的原因，主要是县域财政上划导致区域内中心城市的整体发展规划受到了影响。第二批改革试点新增了赤水市、江口县等10个县，另外还有3个主动要求进行改革的三都、平塘和雷山县，共计42个试点县。

改革的具体措施方面，依然强调各级财政部门的既得利益不变，明确了改革对县域经济须起到支持作用，在充分调动县域经济发展积极性的同时，更要妥善处理省级及省级以下各级政府之间的利益分配关系，清晰界定各级财政的权责范围，在上述基础上实现市（州）与所辖试点县（市、特区）在财政管

---

① 《关于进一步完善省直接管理县财政改革的通知》，2012年9月。

理上的相互独立。

(2) 贵州省财政"省直管县"改革的落实情况。

贵州省财政"省直管县"改革,从改革内容来看,与其他省份最大的区别是以"市县既得利益不变"作为推行改革的前提。政府间的利益分配取决于权力结构的安排,财政"省直管县"改革调整的是市、县级政府的财政权力,取消市对县的财政领导权,赋予县级财政自主。因此,改革在财政权力(包括收益权和支出权)的配置上存在某种程度的"扬县抑市",通过权力配置结构的调整去实现财政利益分配格局,才能缓解县域财政困难的局面,否则就要求在整个省级行政区内,财力上有一个新的增量,这样才能在保证市级既得利益不变的前提下,缓解县乡财政困难。因此,保证市级既得利益不变与当前的财政"省直管县"改革是有冲突的。事实也证明,各级既得利益不变的情况下,改革的推进存在较大的障碍。这就能够解释为什么贵州省在改革推进的过程中,出现了撤县设区的行政区划调整,例如前述的毕节县和万山特区撤县设区。

在第二批试点工作的安排中①,在明确省级和县级财政管理的直接对接之外,还提到,"实施财政省直管县改革后,市(州)仍负责履行对所辖试点县财政业务的指导、工作衔接和监督管理等职能,省级财政部门可以根据工作需要委托或授权市(州)财政部门代行部分职能;市(州)财税部门要切实履行职责,加强对所属县的业务指导和监督管理"。因此贵州省从财政"省直管县"改革的第二批试点工作开始,省直管县演变为部分试点县由省委托地级市代管。

本研究在两期共42个试点县中随机选择了24个县作为调查组样本,在非试点县中随机选择的10个县作为对照组的样本,共计34个样本县。在选择的过程中,剔除了市辖区的数据,因为县和市辖区分属城市和农村政区,数据可比性较差。贵州省34个样本县改革前的2008年,各县人均GDP的分布如图5.7所示。

图5.7中样本县改革前的人均GDP分布情况显示,2008年,贵州省人均GDP的一般水平不足1万元,34个样本县中人均GDP高于贵州平均水平的县有4个,分别是息烽县、玉屏侗族自治县、开阳县和修文县。有15个县的人均GDP水平在4000~6000元,人均GDP 2000~3000元这一组别中有5个县。34个样本县的人均GDP均值是5852元,与全省接近万元的平均水平有较大差距,进一步验证了贵州省城乡经济发展水平差距较大这一事实。

---

① 《关于进一步完善省直接管理县财政改革的通知》。

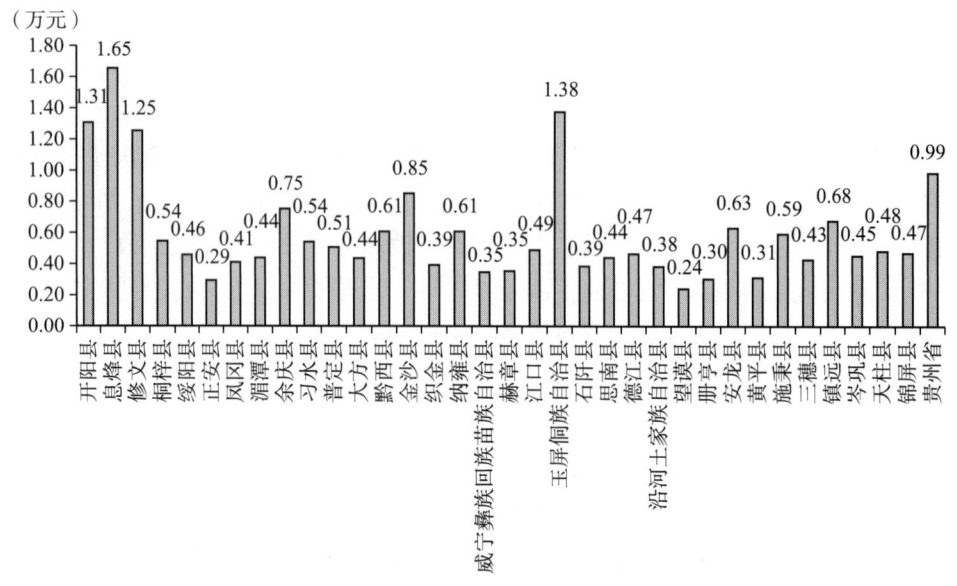

图 5.7 贵州省样本县 2008 年人均 GDP 分布

资料来源：根据中经网统计数据库中 2008 年贵州省人均 GDP 统计数据整理所得。

2. 贵州省"扩权强县"改革的具体措施

贵州省的"扩权强县"改革始于 2013 年，改革的主线围绕"加快发展、加快转型、推动跨越"来展开。涉及的文件包括：

①《中共贵州省委办公厅 贵州省人民政府办公厅关于扩大县（市、特区）经济管理权限的通知》；

②《中共贵州省委 贵州省人民政府关于进一步加快发展县域经济的意见》；

③《省人民政府办公厅关于进一步推进扩权强县工作的实施意见》；

④《省人民政府关于推进省直接管理县（市）体制改革试点工作的意见》；

⑤《省人民政府办公厅关于推进省直接管理县（市）合体制改革试点工作的实施意见》；

⑥《省人民政府关于印发贵州省提高县域经济比重五年行动计划》；

⑦《关于加快推进第四轮经济强县建设的实施意见》；

⑧《中共贵州省委贵州省人民政府关于强化分类指导加快县域经济发展的意见》；

⑨《中共贵州省委办公厅 贵州省人民政府办公厅关于支持县域经济又好又快发展若干政策措施的意见》。

在系列的改革过程中，贵州全省 88 个县按照资源禀赋、功能规划和经济发展水平分为三类，分别是经济强县、经济发展潜力较好县和生态保护区。经济强县是贵州省"扩权强县"的主要试点地区。这些县包括：开阳、清镇、盘县、遵义、湄潭、金沙、织金、玉屏、兴仁、福泉10县。改革的主要内容是加大简政放权，赋予县域地级市一级的经济管理权限。

3. 贵州省全面"省直管县"改革的具体措施

在"扩权强县"改革的基础上，贵州省进一步推进"省直管县"改革不同路径的试点工作。2013年，省政府《关于推进省直接管理县（市）体制改革试点工作的实施意见》明确仁怀市、威宁县、福泉市、镇远县、黎平县为全面"省直管县"试点。其中以威宁县和仁怀市作为先期的试点，于当年的7月1日起按"省直管"的新体制运行。这期间，按照试点改革计划，试点县（市）党委、政府直接向省委、省政府负责并报告工作。试点县（市）党委、政府的各工作部门依照法律、法规、规章和党章的规定，直接接受省委、省政府主管部门的业务指导或领导。

事实上，贵州省全面"省直管县"试点在2013年后没有进一步扩面，在2015年以前，仁怀市就已经由贵州省委托遵义市代为管理。2019年，遵义市委办、市政府办印发的《遵义市落实省委省人民政府调整省直管仁怀市体制的工作方案》中，要求按照贵州省委、省人民政府的部署，将怀仁市（县级市）由省直管，调整为由遵义市管理。2019年7月1日起仁怀市按市管县体制运行。目的是理顺机制，提高各类资源要素的配置效率，为精准脱贫和高质量发展激发区域发展活力。

仁怀市被称为"酒都"，2018年在贵州省全域的县级政区中，人均GDP达到128854元，位列第一，GDP总量722亿元。对于仁怀市行政隶属关系的调整，我们认为最重要的原因体现在资源配置的效率方面。对云南省的研究我们发现，县强的情况下，"省直管县"能够给县创造更为自主的财力空间和更为灵活的经济发展决策权，而不用受市级的掣肘。仁怀市的改革历程也揭示了一个市县关系处理的基本原则，当县与所属地级市在资源整合方面有较大的协调空间，两者的融合发展更有利于区域经济的协同和新增长极的形成，那么市、县分治可能造成市场分割和发展的碎片化，反而不利于整体效率的提高。

可以说，全面"省直管县"试点从一开始就没有严格的执行，到目前为止，贵州省唯一一个由省直接管理的县是人均GDP排名末位的威宁县。

5.4.3 贵州省"省直管县"改革成效的调查

1. 贵州省财政"省直管县"改革的财政效应分析

(1) 一般预算收入分析。

如表5.14所示,第一批试点县在改革的前3年间,财政一般预算收入表现出了比非试点县明显快速的增长,但这一趋势没能维持更长的时间。第二批试点开始的2013年,试点县与非试点县相比,试点县一般预算收入的增速普遍慢于非试点县,4个第二批纳入试点的县,更是在2013年当年出现了一般预算收入的负增长,这种趋势没有在以后年度延续。对比改革前后各县的一般预算收入增速我们发现,改革前的2008年,34个样本县中,有20个县一般预算收入的增速超过了全省平均水平,其中,试点县占了15个,非试点县中有5个;改革后,一般预算收入增速高于贵州全省平均水平的县的个数逐年减少。2018年,贵州全省一般预算收入的增速是7%,高于这一水平的样本县有8个,其中,试点县6个,非试点县2个。样本中,一半以上的试点县一般预算收入增速由改革前高于全省平均水平的状态变为低于全省平均水平,隶属于经济发展水平较高的地级市的试点县增速下降得更为明显。

如果再考察2009~2018年整个财政"省直管县"改革期间的话,24个试点县中,只有8个县的一般预算收入增速高于全省平均水平,与改革之前相比减少了12个,减少60%;10个非试点县中,一般预算收入增速高于全省的县有7个,与改革之前相比增加了两个,可见,在贵州省,财政"省直管县"改革对于县级一般公共预算收入来说,不利的一面占主导,试点县也比非试点县呈现出了更慢的一般公共预算收入增速,且无论改革前,试点县财力状况好坏,一般预算收入增速的放缓趋势都是趋同的。进一步分析我们还发现,第二批试点中的开阳县、息烽县和修文县是贵阳市的下辖县,改革前人均GDP值高于贵州省的平均水平,一般预算收入的增速也是所有样本县中最高的,但改革之后,一般预算收入的增速是下降速度最快的,2018年,3个县的一般预算收入增速呈现较高比例的负增长。

综上所述,可以初步判断,将财政从经济发展较好的市级上划到省级,可能导致县域因为失去了市级的支持而使财政能力削弱。这应该与贵州省较大的城乡发展差异高度相关。总体来看,试点县一般预算收入的增幅情况与非试点县相比,情况变坏了。从一般公共预算收入来说,贵州省的财政"省直管县"不是一个帕累托改进。

第5章 欠发达地区"省直管县"改革实践的调查

表5.14 贵州省财政"省直管县"改革样本县财政一般预算收入增长情况统计

	项目	2008年	2009年	2010年	2011年	2012年	2013年	2014年	2015年	2016年	2017年	2018年	改革期间年均增速
试点县	开阳县	0.20	0.18	0.16	0.42	0.80	-0.33	0.19	0.14	0.16	0.08	-0.19	0.16
	息烽县	0.22	0.15	0.20	0.43	0.37	-0.03	0.18	0.07	0.00	0.08	-0.42	0.10
	修文县	0.21	0.21	0.21	0.38	0.40	0.03	0.26	0.15	0.09	0.03	-0.21	0.15
	桐梓县	0.25	0.19	0.25	0.50	0.45	0.13	0.02	-0.22	0.08	0.10	0.12	0.16
	绥阳县	0.26	0.25	0.24	0.48	0.50	0.12	0.20	0.18	-0.03	0.10	-0.04	0.19
	正安县	0.29	0.23	0.35	0.43	0.46	0.08	0.22	0.10	0.16	0.59	-0.19	0.25
	凤冈县	0.36	0.13	0.31	0.46	0.44	0.07	0.18	0.13	-0.14	0.05	0.08	0.18
	湄潭县	0.25	0.25	0.36	0.40	0.40	0.04	0.25	0.16	-0.20	0.03	0.03	0.16
	余庆县	0.21	0.13	0.17	0.24	0.30	0.08	0.15	0.13	0.14	-0.02	-0.01	0.13
	习水县	0.30	0.24	0.39	0.45	0.42	0.17	0.11	-0.03	-0.02	0.15	0.22	0.21
	普定县	0.22	0.15	0.16	0.34	0.41	0.14	0.25	0.20	-0.06	0.09	-0.09	0.16
	大方县	0.25	0.31	0.42	0.23	0.45	0.10	0.05	-0.57	0.17	0.10	-0.17	0.09
	黔西县	0.46	0.24	0.14	0.27	0.41	0.16	-0.02	-0.28	0.01	0.11	0.00	0.09
	金沙县	0.43	0.53	0.34	0.45	0.39	-0.01	-0.27	-0.05	0.10	0.14	0.07	0.13
	织金县	0.34	0.27	0.31	0.42	0.32	0.10	-0.21	-0.12	-0.23	0.15	0.22	0.11
	纳雍县	0.28	0.22	0.65	0.44	0.39	0.06	-0.47	0.01	0.19	0.12	0.05	0.16
	威宁县	0.18	0.32	0.20	0.42	0.38	-0.03	0.05	0.12	0.13	0.12	0.09	0.16
	赫章县	0.03	0.10	0.35	0.19	0.49	0.12	-0.22	0.03	0.32	0.10	0.08	0.16

续表

项目		2008年	2009年	2010年	2011年	2012年	2013年	2014年	2015年	2016年	2017年	2018年	改革期间年均增速
试点县	江口县	0.23	0.20	0.46	0.26	0.33	-0.24	0.28	0.16	0.03	0.04	-0.06	0.14
	玉屏县	0.20	0.39	0.15	0.55	0.09	0.21	0.28	0.09	0.14	0.13	0.04	0.19
	石阡县	-0.10	0.20	0.40	0.39	0.49	0.02	0.20	0.05	0.13	0.09	0.05	0.20
	思南县	-0.12	0.18	0.40	0.43	0.38	0.06	0.26	0.16	0.04	0.00	0.02	0.19
	德江县	0.07	0.18	0.36	0.53	0.45	0.04	0.21	0.18	0.04	0.08	0.02	0.21
	沿河县	0.24	0.25	0.34	0.73	0.25	-0.11	-0.10	0.07	0.07	0.13	0.02	0.16
	望谟县	0.42	0.22	0.31	0.07	0.74	0.29	0.23	0.15	0.11	0.08	0.10	0.23
	册亨县	0.45	0.25	0.29	0.22	0.96	0.13	0.19	0.22	0.12	0.12	0.06	0.26
	安龙县	0.26	0.22	0.17	0.59	0.38	0.06	0.27	0.18	0.23	0.16	0.11	0.24
非试点县	黄平县	0.26	0.26	0.37	0.51	0.61	0.19	0.07	0.16	0.03	-0.08	-0.14	0.19
	施秉县	0.10	0.32	0.16	0.53	0.37	0.01	-0.23	0.40	0.04	-0.33	-0.12	0.09
	三穗县	0.15	0.27	0.44	0.72	0.51	0.34	0.09	0.16	0.12	-0.14	-0.33	0.21
	镇远县	0.23	0.10	0.04	0.81	0.37	0.16	0.31	0.36	0.19	-0.27	-0.51	0.16
	岑巩县	0.12	0.28	0.30	0.82	0.88	0.26	0.25	0.19	0.08	-0.20	-0.08	0.28
	天柱县	0.19	0.20	0.37	0.76	0.64	0.14	0.07	0.11	0.07	-0.05	-0.36	0.19
	锦屏县	0.19	0.08	0.55	0.53	0.39	0.01	-0.25	0.29	0.14	0.02	-0.05	0.18
贵州省		0.22	0.20	0.28	0.45	0.31	0.19	0.13	0.10	0.04	0.03	0.07	0.18

资料来源：根据中经网统计数据库中贵州省相关年份一般预算收支统计数据整理所得。

(2) 一般预算支出分析。

贵州省样本县的一般公共预算支出增速统计结果如表 5.15 所示，结果显示，从总体趋势来看，2008~2018 年，贵州省样本县一般预算支出的增速是逐年下降的，且下降的幅度较大。这可以由 2008 年一般预算支出的增速和财政"省直管县"改革以来，一般公共预算支出的年均增长速度对比情况得到证明。财政"省直管县"改革以前，34 个样本县一般公共预算支出的增长速度全部高于全省平均水平，无一例外；财政"省直管县"改革以后的 2009 年，我们发现，贵州全省一般公共预算支出的增速下降了 2 个百分点，而第一批试点改革的 16 个县中，改革的第一年，仅有大方、金沙和纳雍 3 个县的一般预算支出增速高于全省平均水平；10 个非试点县中，有 5 个县的一般公共预算支出增速高于全省平均值。

从 2009 年至 2018 年整个财政"省直管县"改革期间来看，24 个试点县中，16 个县一般公共预算支出增速高于全省平均水平；10 个非试点县中，仅有 4 个县的一般预算支出增速高于全省均值。这一方面说明，贵州省自 2009 年开始，县级一般预算支出的增速明显呈下降的趋势，这与贵州省的整体趋势保持一致；另一方面，一般预算支出对财政"省直管县"改革这一外部冲击的敏感度要比一般收入小得多。分析原因，这主要是由于财政支出刚性原理导致的，随着经济的不断发展，社会对公共产品和公共服务的需要是不断增长的，这与是否推行财政"省直管县"改革的关系并不大。

(3) 财政自给率系数分析。

如前所述，在我们的考察期间内，贵州省一般公共预算收支的增速都是下降的，从总体趋势来看，下降的速度基本保持同步，所以财政自给率水平的总体变化应该不会很大，我们需要考察个体样本的情况。

根据表 5.16 的统计结果我们可以看到，2008~2018 年，贵州省整体财政自给率的平均水平始终比较稳定地维持在 35% 左右，但县一级的财政自给能力则呈现出各自不同的变化趋势。财政"省直管县"改革以前，34 个样本县的财政自给率系数的平均水平为 24%，2018 年，这一系数的均值为 17%。第一批 16 个改革试点县中，有 9 个县的财政自给率系数下降了，非试点县中，有 7 个县的财政自给率系数下降。第二批试点县，在试点开始的第一年，大多数县的财政自给率系数都呈现出了接近或超过 20% 的下降，而非试点县中并没有发现这样的现象。截至 2018 年，34 个样本县中，仅有两个县的财政自给率高于贵州全省的平均水平，且改革以前的经济发展水平和财政能力都明显优于其他县域地区和全省的平均水平。

表 5.15　贵州省财政"省直管县"改革样本县财政一般预算支出增长情况统计

项目		2008年	2009年	2010年	2011年	2012年	2013年	2014年	2015年	2016年	2017年	2018年	改革期间年均增速
试点县	开阳县	0.45	0.19	0.19	0.34	0.42	-0.06	0.06	0.27	0.03	0.04	-0.03	0.15
	息烽县	0.44	0.16	0.14	0.33	0.35	0.14	0.17	0.12	0.05	0.06	-0.11	0.14
	修文县	0.31	0.32	0.24	0.23	0.25	0.22	0.19	0.09	0.14	0.01	0.00	0.17
	桐梓县	0.37	0.18	0.19	0.37	0.24	0.14	0.12	0.15	0.07	0.35	0.05	0.19
	绥阳县	0.40	0.15	0.19	0.23	0.21	0.25	0.11	0.14	0.07	0.26	0.02	0.16
	正安县	0.48	0.16	0.43	0.11	0.27	0.21	0.01	0.15	0.13	0.30	0.00	0.18
	凤冈县	0.47	0.15	0.22	0.26	0.31	0.14	0.07	0.22	0.10	0.24	0.03	0.17
	湄潭县	0.48	0.18	0.18	0.31	0.28	0.07	0.12	0.20	0.00	0.19	0.02	0.16
	余庆县	0.33	0.21	0.11	0.36	0.25	0.07	0.13	0.19	0.03	0.14	0.05	0.15
	习水县	0.43	0.28	0.16	0.32	0.27	0.12	0.24	0.14	0.06	0.18	0.06	0.18
	普定县	0.42	0.24	0.20	0.29	0.42	0.09	0.15	0.16	0.12	0.11	0.08	0.19
	大方县	0.41	0.36	0.37	0.19	0.35	-0.04	0.09	-0.02	0.19	0.10	0.01	0.16
	黔西县	0.60	0.25	0.08	0.26	0.35	0.10	0.11	-0.07	0.14	0.04	0.01	0.13
	金沙县	0.45	0.39	0.68	0.07	0.36	0.05	-0.08	0.08	0.23	0.07	0.10	0.19
	织金县	0.48	0.28	0.38	0.21	0.38	0.12	-0.06	0.22	0.06	0.09	0.09	0.18
	纳雍县	0.48	0.43	0.40	0.15	0.22	0.24	-0.09	0.27	0.09	0.13	0.06	0.19
	威宁县	0.52	0.41	0.51	0.36	0.15	0.07	0.08	0.20	0.08	0.06	0.04	0.20
	赫章县	0.50	0.40	0.32	0.20	0.28	0.19	0.00	0.20	-0.04	0.21	-0.05	0.17

续表

	项目	2008年	2009年	2010年	2011年	2012年	2013年	2014年	2015年	2016年	2017年	2018年	改革期间年均增速
试点县	江口县	0.53	0.12	0.37	0.30	0.28	-0.03	0.12	0.37	0.13	0.04	0.03	0.17
	玉屏县	0.52	0.20	0.27	0.50	0.21	0.02	0.18	0.20	0.23	0.25	0.12	0.22
	石阡县	0.52	0.29	0.36	0.29	0.10	0.13	0.23	0.07	0.25	0.03	-0.03	0.17
	思南县	0.50	0.14	0.39	0.23	0.21	0.17	0.18	0.18	0.08	0.18	0.04	0.18
	德江县	0.65	0.14	0.31	0.35	0.28	0.28	0.06	0.15	0.14	0.30	-0.09	0.19
	沿河县	0.50	0.13	0.32	0.30	0.32	0.11	0.13	0.24	0.09	0.19	0.00	0.18
	望谟县	0.58	0.40	0.49	0.25	0.38	0.07	0.15	0.04	0.06	0.17	0.12	0.21
	册亨县	0.57	0.35	0.19	0.30	0.27	0.15	0.06	0.18	0.02	0.33	0.28	0.21
	安龙县	1.03	0.03	0.60	0.08	0.27	0.08	0.25	0.34	0.17	0.02	0.14	0.20
	黄平县	0.53	0.18	0.28	0.36	0.15	0.09	0.16	0.14	0.03	0.23	0.01	0.16
非试点县	施秉县	0.55	0.15	0.41	0.29	0.22	0.06	0.02	0.23	0.16	0.02	-0.07	0.15
	三穗县	0.34	0.26	0.32	0.29	0.24	0.18	0.10	0.09	0.09	0.11	0.06	0.17
	镇远县	0.41	0.14	0.31	0.32	0.27	0.12	0.07	0.26	0.07	-0.02	-0.14	0.14
	岑巩县	0.72	0.07	0.31	0.31	0.34	0.15	0.11	0.12	0.08	0.21	-0.06	0.16
	天柱县	0.39	0.18	0.33	0.35	0.29	0.05	0.06	0.25	0.03	0.13	0.07	0.18
	锦屏县	0.38	0.07	0.42	0.21	0.21	0.06	0.07	0.20	0.09	0.09	-0.02	0.14
贵州省		0.32	0.30	0.19	0.38	0.23	0.12	0.15	0.11	0.08	0.08	0.09	0.17

资料来源：根据中经网统计数据库中贵州省相关年份一般预算收支统计数据整理所得。

表 5.16　贵州省财政"省直管县"改革样本县财政自给率系数统计

项目		2008年	2009年	2010年	2011年	2012年	2013年	2014年	2015年	2016年	2017年	2018年	改革期均值
试点县	开阳县	0.42	0.42	0.41	0.43	0.55	0.39	0.44	0.39	0.45	0.46	0.39	0.43
	息烽县	0.34	0.34	0.35	0.38	0.39	0.33	0.33	0.32	0.30	0.30	0.20	0.32
	修文县	0.35	0.32	0.31	0.35	0.39	0.33	0.35	0.37	0.35	0.36	0.29	0.34
	桐梓县	0.21	0.21	0.22	0.24	0.28	0.27	0.25	0.17	0.17	0.14	0.15	0.21
	绥阳县	0.14	0.15	0.16	0.19	0.24	0.21	0.23	0.24	0.22	0.19	0.18	0.20
	正安县	0.11	0.11	0.11	0.14	0.16	0.14	0.17	0.16	0.17	0.21	0.17	0.15
	凤冈县	0.12	0.11	0.12	0.14	0.16	0.15	0.16	0.15	0.12	0.10	0.10	0.13
	湄潭县	0.15	0.16	0.18	0.19	0.21	0.20	0.23	0.22	0.17	0.15	0.15	0.19
	余庆县	0.24	0.23	0.24	0.22	0.23	0.23	0.23	0.22	0.24	0.21	0.20	0.23
	习水县	0.18	0.17	0.21	0.23	0.25	0.26	0.24	0.20	0.19	0.18	0.21	0.21
	普定县	0.27	0.25	0.24	0.25	0.25	0.26	0.28	0.29	0.25	0.24	0.20	0.25
	大方县	0.28	0.27	0.28	0.29	0.31	0.36	0.34	0.15	0.15	0.15	0.12	0.24
	黔西县	0.31	0.31	0.33	0.33	0.35	0.36	0.32	0.25	0.22	0.23	0.23	0.29
	金沙县	0.50	0.55	0.43	0.59	0.60	0.57	0.46	0.40	0.36	0.38	0.37	0.47
	织金县	0.32	0.32	0.31	0.36	0.34	0.34	0.28	0.20	0.15	0.16	0.17	0.26
	纳雍县	0.29	0.25	0.30	0.37	0.42	0.36	0.21	0.17	0.18	0.18	0.18	0.26
	威宁县	0.18	0.17	0.14	0.14	0.17	0.16	0.15	0.14	0.15	0.16	0.16	0.16
	赫章县	0.14	0.11	0.11	0.11	0.13	0.12	0.10	0.08	0.11	0.10	0.12	0.11

第5章 欠发达地区"省直管县"改革实践的调查

续表

	项目	2008年	2009年	2010年	2011年	2012年	2013年	2014年	2015年	2016年	2017年	2018年	改革期均值
试点县	江口县	0.11	0.12	0.13	0.13	0.13	0.10	0.12	0.10	0.09	0.09	0.08	0.11
	玉屏县	0.22	0.26	0.23	0.24	0.22	0.26	0.28	0.25	0.23	0.21	0.19	0.24
	石阡县	0.10	0.09	0.09	0.10	0.14	0.12	0.12	0.12	0.11	0.11	0.12	0.11
	思南县	0.10	0.10	0.10	0.12	0.13	0.12	0.13	0.13	0.12	0.10	0.10	0.12
	德江县	0.12	0.12	0.13	0.14	0.16	0.13	0.15	0.16	0.14	0.12	0.13	0.14
	沿河县	0.14	0.15	0.15	0.20	0.19	0.16	0.12	0.11	0.10	0.10	0.10	0.14
非试点县	望谟县	0.10	0.09	0.08	0.07	0.08	0.10	0.11	0.12	0.12	0.11	0.11	0.10
	册亨县	0.09	0.09	0.09	0.09	0.14	0.13	0.15	0.15	0.17	0.14	0.12	0.13
	安龙县	0.19	0.23	0.17	0.24	0.27	0.26	0.27	0.24	0.25	0.28	0.27	0.25
	黄平县	0.10	0.10	0.11	0.12	0.17	0.19	0.17	0.17	0.17	0.13	0.11	0.14
	施秉县	0.21	0.24	0.19	0.23	0.26	0.25	0.19	0.21	0.19	0.13	0.12	0.20
	三穗县	0.10	0.10	0.11	0.15	0.18	0.21	0.21	0.22	0.23	0.18	0.11	0.17
	镇远县	0.24	0.23	0.18	0.25	0.27	0.28	0.34	0.37	0.41	0.30	0.17	0.28
	岑巩县	0.08	0.09	0.09	0.13	0.18	0.20	0.22	0.24	0.24	0.16	0.16	0.17
	天柱县	0.14	0.14	0.14	0.18	0.23	0.25	0.25	0.23	0.23	0.20	0.12	0.20
	锦屏县	0.11	0.11	0.12	0.15	0.17	0.16	0.11	0.12	0.13	0.12	0.11	0.13
	贵州省	0.33	0.30	0.33	0.34	0.37	0.39	0.39	0.38	0.37	0.35	0.34	0.36

资料来源：根据中经网统计数据库中贵州省相关年份统计数据整理所得。

因此，通过财政自给率系数进一步验证了一个初步的判断，那就是在贵州省，财政"省直管县"改革对缓解县域财政困难的作用非但不明显，而且对绝大多数经济发展水平相对较弱的县来说，改革成效很可能是负面的。

2. 贵州省财政"省直管县"改革的经济效应分析

根据表5.17的统计结果，改革前的2008年，24个试点县中有14个试点县人均GDP增速超过贵州省平均值，10个非试点县中有7个；财政"省直管县"改革以后，从长期趋势来看，各个行政区划单位的人均GDP增长速度都呈现逐年放缓的趋势，这与我国宏观经济的长期发展趋势是一致的，特别是2014年以后，新常态下的宏观经济增长速度明显趋缓，尽管如此，但最近几年，贵州省的经济增长速度排名全国前列，达到8%以上。我们选取的34个样本县中，2009～2018年财政"省直管县"改革期间，人均GDP超过贵州全省平均水平的有11个县，其中，24个试点县中占6个，10个非试点县中占5席。

从人均GDP的增速来看，贵州省各县的经济增速与全省的总体趋势保持基本一致，大多数县域经济呈现出两位数的增长。县域经济占比逐年提高。2012～2018年是贵州省县域经济增长速度有史以来最快的一段时期，人均GDP的年平均增速超过15%。2010年，贵州省县均生产总值35.3亿元人民币，其中4个县生产总值不足10亿元。2018年，贵州省排名最末的丹寨县，年生产总值32.95亿元；排名第一的水城县（排名不包括县级市和市辖区），年生产总值288亿元。从人均GDP的增长速度来看，贵州省各县的经济增长状况并没有显著地表现出"试点县"和"非试点县"之间的差异。

3. "扩权强县"改革效应的分析

贵州省的"扩权强县"改革开始于2013年，旨在通过经济管理权限的下放释放县域经济的增长活力，因此，贵州省在试点县的选择上，选取了经济发展水平较高的开阳、清镇、盘州、遵义、湄潭、金沙、织金、玉屏、兴仁、福泉10个县。这一改革的标志性文件：《省人民政府办公厅关于进一步推进扩权强县工作的实施意见》于2017年12月27号宣布失效，意味着"扩权强县"改革的终止。因此，这一改革在贵州省实际只推行了4年。

将"扩权强县"改革试点中9个县的人均GDP增长速度与贵州全省的人均GDP增速做了一个比较，如图5.8所示。

第5章 欠发达地区"省直管县"改革实践的调查

表 5.17 贵州省财政"省直管县"改革样本县人均 GDP 增速统计

项目		2008年	2009年	2010年	2011年	2012年	2013年	2014年	2015年	2016年	2017年	2018年	改革期间均值
试点县	开阳县	0.30	-0.01	0.09	0.32	0.25	0.22	0.27	0.15	0.11	0.13	0.06	0.16
	息烽县	0.26	0.18	0.03	0.24	0.32	0.22	0.22	0.14	0.10	0.12	-0.01	0.16
	修文县	0.33	0.04	0.14	0.25	0.25	0.25	0.34	0.13	0.17	0.12	0.02	0.17
	桐梓县	0.13	0.03	0.28	0.23	0.17	0.19	0.19	0.15	0.11	0.16	0.05	0.16
	绥阳县	-0.01	0.19	0.16	0.20	0.19	0.20	0.23	0.17	0.13	0.16	0.10	0.17
	正安县	0.00	0.15	0.15	0.19	0.20	0.22	0.36	0.18	0.20	0.17	0.05	0.19
	凤冈县	0.09	0.08	0.20	0.15	0.22	0.22	0.25	0.19	0.13	0.13	0.06	0.16
	湄潭县	0.13	0.18	0.19	0.20	0.21	0.22	0.22	0.15	0.16	0.16	0.04	0.17
	余庆县	0.15	0.05	0.22	0.06	0.21	0.22	0.22	0.17	0.16	0.07	0.07	0.14
	习水县	0.16	0.21	0.11	0.18	0.21	0.21	0.20	0.13	0.11	0.17	0.09	0.16
	普定县	0.12	0.13	0.16	0.19	0.34	0.18	0.18	0.16	0.17	0.12	0.09	0.17
	大方县	0.22	0.40	0.15	0.18	0.19	0.17	0.20	0.08	0.10	0.12	0.05	0.16
	黔西县	0.12	0.29	0.12	0.10	0.22	0.15	0.21	0.09	0.08	0.11	0.07	0.14
	金沙县	0.18	0.33	0.14	0.23	0.24	0.17	0.20	0.06	0.09	0.12	0.03	0.16
	织金县	0.21	0.25	0.15	0.17	0.20	0.17	0.28	0.08	0.11	0.12	0.04	0.16
	纳雍县	0.12	0.12	0.11	0.22	0.14	0.17	0.18	0.12	0.07	0.15	0.03	0.13
	威宁县	0.17	0.14	0.11	0.25	0.27	0.21	0.21	0.25	0.11	0.15	0.03	0.17
	赫章县	0.11	0.18	0.15	0.18	0.22	0.20	0.34	0.19	0.10	0.14	0.03	0.17

115

续表

项目		2008年	2009年	2010年	2011年	2012年	2013年	2014年	2015年	2016年	2017年	2018年	改革期间均值
试点县	江口县	0.20	0.10	0.12	0.23	0.29	0.20	0.18	0.23	0.18	0.14	0.05	0.17
	玉屏县	0.19	0.07	0.14	0.21	0.27	0.16	0.21	0.11	0.10	0.14	0.03	0.14
	石阡县	0.12	0.14	0.14	0.22	0.28	0.18	0.25	0.26	0.12	0.18	0.20	0.20
	思南县	0.10	0.14	0.19	0.21	0.28	0.18	0.19	0.14	0.14	0.13	0.07	0.17
	德江县	0.15	0.15	0.16	0.20	0.28	0.18	0.20	0.14	0.09	0.15	0.14	0.17
	沿河县	0.08	0.13	0.14	0.20	0.26	0.18	0.23	0.15	0.09	0.11	0.06	0.15
	望谟县	0.12	0.39	0.25	0.16	0.37	0.31	0.31	0.28	0.22	0.14	0.08	0.25
	册亨县	0.13	0.51	0.07	0.21	0.34	0.22	0.25	0.26	0.21	0.14	0.08	0.23
	安龙县	0.23	0.10	0.19	0.08	0.29	0.18	0.13	0.20	0.16	0.14	0.08	0.16
	黄平县	0.24	0.24	0.11	0.18	0.32	0.21	0.21	0.15	0.17	0.13	0.04	0.18
非试点县	施秉县	0.15	0.39	0.02	0.09	0.28	0.16	0.17	0.11	0.13	0.08	0.04	0.15
	三穗县	0.10	0.17	0.19	0.22	0.28	0.20	0.22	0.13	0.18	0.04	0.11	0.17
	镇远县	0.18	0.10	0.22	0.24	0.27	0.17	0.18	0.11	0.17	-0.05	0.04	0.15
	岑巩县	0.10	0.18	0.17	0.24	0.26	0.19	0.19	0.12	0.16	0.09	0.04	0.17
	天柱县	0.28	0.15	0.21	0.20	0.27	0.18	0.20	0.12	0.15	0.02	0.02	0.15
	锦屏县	0.19	0.26	0.02	0.21	0.27	0.19	0.20	0.12	0.17	0.06	0.04	0.15
贵州省		0.13	0.13	0.15	0.16	0.14	0.12	0.10	0.10	0.10	0.09	0.08	0.17

资料来源：根据中经网统计数据库中贵州省相关年份统计数据整理所得。

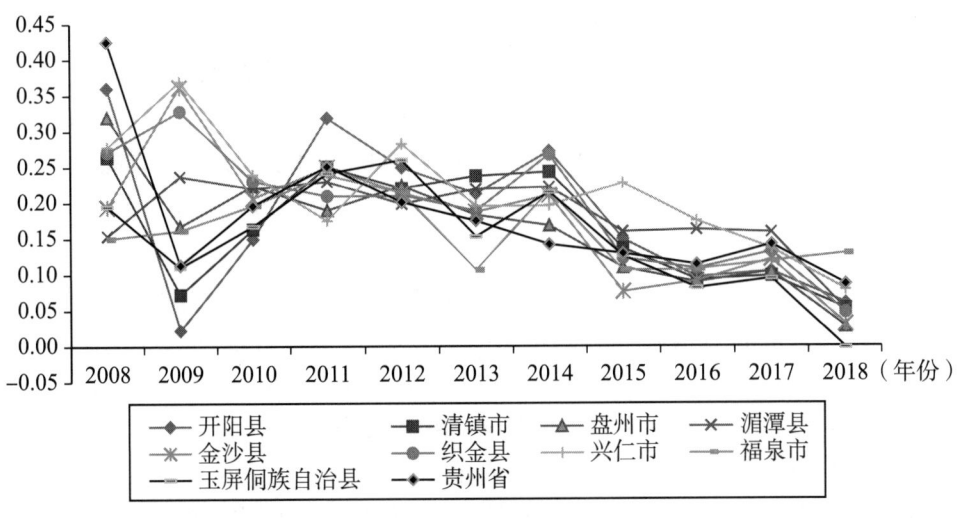

图 5.8　2008~2018 年"扩权强县"改革试点县人均 GDP 增速变化趋势

资料来源：根据中经网统计数据库中贵州省相关年份统计数据整理所得。

根据 2008~2018 年"扩权强县"试点县人均 GDP 增速与贵州省人均 GDP 增速趋势的相对变化对比发现（见图 5.8），2013 年改革推行以前，多数试点县人均 GDP 的增速都高于贵州省的整体水平，改革的头两年，即 2013~2014 年，试点县的人均 GDP 增速呈现出显著的提升，且远高于贵州省整体水平，但从 2015 年开始，在全省人均 GDP 水平平稳增长的趋势下，改革试点县呈现出了 GDP 增速整体性的显著下降，截至 2017 年，仅有一个县的人均 GDP 增速高于贵州的整体水平。这些县在改革酝酿之初，所以被选择作为试点，主要是因为经济发展水平较高，能够更好地体现"扩权强县"助推县域经济发展的改革效应，这也可以从图 5.8 中 2013 年以前各县人均 GDP 的增速趋势线均高于贵州省整体水平得以验证。因此，可以认为，试点县在"扩权强县"改革推行期间并不理想的经济绩效是贵州省终止此项改革的原因。贵州省的"扩权强县"改革可以说是一个失败的经验。

4. 贵州省"省直管县"改革对城市的影响分析

贵州省下辖 6 个地级市。其中，毕节市和铜仁市于 2011 年经国务院批准才撤销地区，设立地级市，因此，这两市的经济财政统计数据是从 2011 年开始的。

各个市的试点县分布情况：贵阳市：开阳县、修文县、息烽县；六盘水市：盘县；遵义市：桐梓县、绥阳县、正安县、凤冈县、湄潭县、余庆县、习水县、仁怀市；安顺市：普定县；毕节市：大方县、黔西县、金沙县、织金县、纳雍县、威宁县、赫章县；铜仁市：思南县、德江县、沿河县、江口县、玉屏县、石阡县。

由表5.18的统计情况可知，贵州省各个地级市的经济增长速度都略高于全省的平均水平。对比城市政区的情况发现，贵州的县域经济与市级政区有较大的差距，城市的发展速度更快，这一特征，同样体现在财政收支和财政能力方面，市级的一般预算收支增速远远高于全省的平均水平。从财政自给率系数来看，贵州所有样本县近年来年均财政自给率系数不足30%，占较大比例的县级行政单位，财政自给率不超过15%。但市级政区的财政自给率系数要比县域显著高出很多。财政自给能力最高的贵阳市，2008年为68%，且这一系数逐年增长，2014年达到最高的83%，2018年为67%；财政自给率系数最低的铜仁市，2011年撤销地区建立地级市时，财政自给率系数为26%，到2016年，这一系数提高到34%，其他市级政区的财政自给率系数在2008~2017年也呈现出持续提高的趋势，这意味着市级政区的财政发展能力是不断提升的，且提升的幅度较大。

表5.18　　　　贵州地级市财政与经济相关指标增速统计

项目		2008年	2009年	2010年	2011年	2012年	2013年	2014年	2015年	2016年	2017年
贵阳市	人均GDP增速	0.16	-0.09	-0.05	0.27	0.20	0.67	-0.17	0.18	0.06	0.09
	一般预算收入增速	0.17	0.19	0.31	0.37	0.24	0.21	0.20	-0.31	-0.01	0.03
	一般预算支出增速	0.32	0.18	0.20	0.37	0.25	0.13	0.14	-0.26	0.03	0.13
	财政自给率	0.68	0.68	0.74	0.74	0.74	0.78	0.83	0.77	0.74	0.67
六盘水市	人均GDP增速	0.12	0.06	—	—	0.17	0.53	-0.09	0.12	0.09	0.10
	一般预算收入增速	0.33	0.17	0.40	-0.47	0.39	0.03	0.06	0.19	0.17	0.02
	一般预算支出增速	0.34	0.32	0.23	-0.46	0.30	0.16	-0.10	0.33	0.04	0.00
	财政自给率	0.58	0.51	0.59	0.58	0.63	0.56	0.65	0.58	0.66	0.68

续表

	项目	2008年	2009年	2010年	2011年	2012年	2013年	2014年	2015年	2016年	2017年
遵义市	人均GDP增速	0.06	1.10	-0.48	0.20	0.14	0.46	-0.09	0.11	-0.11	0.18
	一般预算收入增速	0.21	0.14	0.30	0.35	0.36	0.22	0.26	0.12	0.49	0.10
	一般预算支出增速	0.25	0.21	0.37	0.27	0.31	0.26	0.10	0.26	0.98	0.14
	财政自给率	0.58	0.54	0.52	0.55	0.57	0.55	0.63	0.56	0.42	0.41
安顺市	人均GDP增速	0.16	0.11	—	—	0.19	0.03	0.38	0.24	0.10	0.14
	一般预算收入增速	0.03	0.32	0.20	1.02	0.38	-0.16	0.23	0.70	0.02	0.52
	一般预算支出增速	0.32	0.34	0.39	1.06	0.28	-0.29	0.20	0.87	0.12	0.49
	财政自给率	0.42	0.42	0.36	0.35	0.38	0.44	0.46	0.42	0.38	0.39
毕节市	人均GDP增速	—	—	—	—	0.21	-0.13	0.61	0.12	0.13	0.11
	一般预算收入增速	—	—	—	—	0.29	0.64	0.20	0.17	0.06	0.05
	一般预算支出增速	—	—	—	—	0.29	0.16	-0.02	0.19	0.11	0.10
	财政自给率	—	—	—	0.24	0.24	0.33	0.41	0.40	0.38	0.36
铜仁市	人均GDP增速	—	—	—	—	0.00	0.34	0.31	0.16	0.10	0.10
	一般预算收入增速	—	—	—	—	0.34	0.45	0.17	0.06	1.10	-0.42
	一般预算支出增速	—	—	—	—	0.35	0.20	0.11	0.16	0.86	-0.36
	财政自给率	—	—	—	0.26	0.26	0.31	0.33	0.30	0.34	0.31

资料来源：根据中经网统计数据库中贵州省相关年份统计数据整理所得。

可以得出这样的结论，贵州省市县之间的关系普遍表现为市强县弱，财政

"省直管县"改革可能导致县域失去市级政区在财力,甚至在经济发展过程中的支持和助力。这也可以从财力较强的市级政区财政自给率的变化中发现一二。例如贵阳市有三个县被纳入第二批试点,从第二批试点开始的2013年,贵阳市的财政自给率系数呈现了显著的增长,2014年比2012年增长了9%,比2013年增长了5%,而且这一增长是在人均GDP负增长,一般公共预算收支增速都相对稳定的情况下实现的。财政"省直管县"改革试点较多的毕节市和铜仁市的财政自给率也表现出了相类似的变化特征。因此,可以初步判断,在贵州省这样一个城乡发展差距较大的省份,财政"省直管县"改革有利于市级政区减轻针对县域的财政支出负担,而县级财政则失去了城市的支持。这与在调研过程中了解到的,贵州各级财政部门和学者对这一改革的评价是基本一致的。为了解决这一个问题,从2013年开始,允许"省直管县"改革试点县由省级委托市级代管。

从试点县由省级委托市级代管,到"扩权强县"改革被终止,再到仁怀市全面省直管恢复到由遵义市管理,再结合本节的统计数据分析和我们对相关政府部门工作人员所做的访谈,贵州省的"省直管县"改革在当地是被普遍否定的。

事实上,终止或者取消"省直管县"改革的做法,贵州省并不是"独一份"。从2015年开始,陆续有省份取消部分县的省直管模式,恢复到以市统县的行政管理框架,例如河北取消8个县的直管,辽宁、河南、广东也都出现了类似的情况。就连浙江省,作为"省直管县"改革的先驱和示范,从"十三五"规划开始,也把城市圈和中心城市的发展作为推进区域经济工作的重要战略。

贵州省政府发展研究中心主任徐东良(2018)认为,贵州推动经济高质量发展的优势在于集聚,这一点可以从十八大以来贵州获得的来自中央的政策优势得以证明。截至目前,贵州获批国家级试验区3个,国家级高新区1个,还设立了贵安新区和3个综合保税区。2018年全省地区生产总值达到1.48万亿元,连续16年实现两位数的增长,这在我国进入经济发展"新常态"阶段之后是非常引人注目的增长速度。对于绝大多数发展潜力较弱的县级政区来说,如何更好地融入中心城市的发展,如何更好地发挥中心城市辐射带动周边的效应,是贵州省县域经济发展的一个重要课题。

5.5 广西壮族自治区"自治区直管县"改革的实践与调查

5.5.1 广西壮族自治区的基本情况介绍

广西壮族自治区是中国的五个少数民族自治区之一,面积23.67万平方公里，有 1628.6 千米的海岸线，域内山地地区占比较大，截至 2018 年，人口 5659 万人。行政区划方面，全区辖 14 个地级市，111 个县级行政单位（40 个市辖区、7 个县级市、52 个县、12 个自治县）。截至 2018 全区生产总值 20352.51 亿元，比上年增长 6.8%，人均 GDP 水平略好于贵州省和云南省。第一、第二、第三产业增加值占地区生产总值的比重分别为 14.8∶39.7∶45.5，第一产业占比高于全国平均水平，与 2009 年相比，产业结构的高度化有了明显的改善。2018 年全区居民人均可支配收入 21485 元，其中，城镇居民人均可支配收入 32436 元，为农村居民人均可支配收入的 2.6 倍。2018 年，广西壮族自治区财政收入比上年增长 7.1%，一般公共预算收入增长 4.1%，其中，税收收入增长 6.1%。一般公共预算支出比上年增长 8.2%，民生重点领域支出占一般公共预算支出的比重为 80.5%。① 因为特殊的地理位置，广西壮族自治区是中国西南地区最便捷的出海通道，在中国与东南亚的经济交往中占有重要的位置，区域内的南宁、柳州和桂林是经济增长的核心区域，柳州是广西壮族自治区的工业制造业集聚区，经济基础较好。全区经济发展对自然资源的依赖程度较高。

5.5.2　广西壮族自治区"自治区直管县"改革的措施和落实情况

1. 广西壮族自治区"自治区直管县"改革的具体措施

广西壮族自治区"自治区直管县"改革模式采取的是财政"自治区直管县"试点先行，条件成熟后再在全域范围内推开，并同时搭配全自治区推广的"扩权强县"改革，从改革政策的制定来看，应该是欠发达地区改革覆盖范围最广的一个省级政区。

广西壮族自治区的财政"自治区直管县"改革始于 2009 年②，在各市人民政府推荐的基础上，经自治区财政部门审核，自治区人民政府确定了 14 个财政自治区直管县改革试点，具体为：南宁市上林县、柳州市融水县、桂林市龙胜县、梧州市蒙山县、北海市合浦县、防城港市上思县、钦州市浦北县、贵港市平南县、玉林市博白县、百色市田林县、贺州市昭平县、河池市都安县、来宾市象州县、崇左市天等县，即在每个地级市选择了一个试点县。

改革试点两年后，2011 年，财政"自治区直管县"模式在全区推行③。

也是在 2009 年，为了扩大县域经济社会管理权限，增强县域经济发展活力，

---

① 根据广西壮族自治区统计局发布的各年份《国民经济和社会发展统计公报》相关数据整理所得。
② 《广西壮族自治区人民政府关于实行自治区直管县财政体制改革试点工作的通知》。
③ 《广西壮族自治区人民政府关于全面推行自治区直管县财政管理方式改革的通知》。

促进城镇化跨越发展，广西壮族自治区开始"扩权强县"改革。《广西壮族自治区人民政府关于开展扩权强县工作的意见》中提出，全面开展扩权强县工作，"扩权强县"的具体路径是：

第一，凡是没有法律、行政法规、国务院决定和地方性法规作为设定依据的行政许可项目，一律取消；凡是没有法律、行政法规、地方性法规、国务院文件、国务院部门规章及文件、自治区人民政府规章及文件作为设定依据的非行政许可审批项目，原则上予以取消。

第二，以能放都放为原则，对法律、法规、规章规定自治区、设区市、县都有管理权但对管理权未作明确划分的，应当直接扩大县级的管理权；法律、法规、规章明确规定管理权属自治区、设区市的管理权限，可以通过委托下放的方式赋予县级行使。

第三，以权责一致原则对下放到县级管理的事项，建立严格的管理制度和责任机制，坚持放管结合、权责一致，做到职责明确，责任落实，有责可查。

根据《广西壮族自治区人民政府关于开展扩权强县工作的意见》的相关规定，"扩权"的范围涉及两个方面：首先，包括农村集体经济组织使用乡（镇）土地利用总体规划规定的建设用地兴办企业或者与其他单位、个人以土地使用权入股、联营等形式共同举办企业以及乡（镇）村公共设施、公益事业建设需要使用土地的审批、开发未确定使用权的国有未利用土地审批等在内的行政和非行政审批和许可565项。其次，涉及包括外国人入境就业许可、安全生产许可证核发及烟草专卖品准运证核发等在内的委托下放县级管理事项156项。

从上述两个决定实施财政"自治区直管县"和"扩权强县"改革的政府文件要求来看，广西壮族自治区的"自治区直管县"改革，从区域范围来讲可谓是最彻底和全面的，实现了广西壮族自治区全域的普遍推开。

2. 广西壮族自治区"自治区直管县"改革措施的落实情况

（1）财政"自治区直管县"改革的财政效应分析。

如表5.19所示，通过对比广西壮族自治区第一批财政"自治区直管县"改革的14个试点县的一般公共预算收入增速我们发现：改革前的2008年，14个试点县中有4个县的一般公共预算收入增速超过了全区的整体水平，2009年改革第一年，14个试点县中，9个县的一般公共预算收入增速超过了自治区一般公共预算收入增速的平均值，改革的第二年，这一数字变为6个，第三年，也就是财政"自治区直管县"改革在自治区所有县域全面推广的当年，这一数字变为3个。2016年，在自治区一般公共预算收入增速为3%，14个县中，只有2个县的一般公共预算收入是增长的，余下的全都是负增长。我们可以初步判断，财政"自治区直管县"改革,对于试点县来说,只在非常短的时间内能够改善区域内一般公共预算收入的规模。

表5.19 广西壮族自治区财政"自治区直管县"改革试点县一般预算收入增速统计

改革试点县	2008年	2009年	2010年	2011年	2012年	2013年	2014年	2015年	2016年	2017年
上林县	0.30	0.23	0.11	0.16	0.44	0.09	-0.06	0.16	-0.10	0.00
融水县	0.21	0.05	0.52	0.13	0.37	0.14	0.09	0.18	0.04	0.08
龙胜县	0.20	0.34	0.28	0.18	0.50	0.16	0.14	0.73	-0.42	-0.22
蒙山县	0.17	0.25	0.36	0.30	0.57	0.22	-0.27	0.09	-0.27	-0.02
合浦县	0.22	0.29	0.28	0.47	0.14	0.25	0.05	0.09	-0.03	0.05
上思县	0.16	0.48	0.20	-0.02	0.35	0.38	0.69	-0.22	0.12	-0.05
浦北县	0.20	0.25	-0.24	0.06	0.14	0.25	0.15	0.72	-0.40	0.07
平南县	0.14	0.40	0.05	0.13	0.19	0.10	0.30	0.92	-0.23	0.05
博白县	0.11	0.20	0.21	0.35	0.35	0.14	0.14	0.38	-0.16	0.03
田林县	0.14	0.17	0.12	-0.14	0.35	-0.24	0.14	0.13	0.10	0.15
昭平县	-0.34	0.27	0.27	0.12	0.17	0.12	0.17	0.58	-0.27	-0.06
都安县	0.37	0.09	0.19	-0.12	0.17	0.15	0.87	0.11	-0.40	0.06
象州县	0.61	0.27	0.30	0.11	0.28	0.05	0.14	0.09	-0.41	0.05
宁明县	0.46	0.18	0.19	0.13	0.45	0.14	0.06	0.42	-0.39	-0.29
全区	0.24	0.20	0.24	0.23	0.23	0.13	0.08	0.07	0.03	0.04

资料来源:根据中经网统计数据库中广西壮族自治区相关年份统计数据整理所得。

对县域财政能力的总体影响可以通过县域财政的自给率系数来衡量。如图5.9所示,统计了第一批所有财政"自治区直管县"改革试点县的财政自给率,将其与全区2007~2017年的财政自给率进行比较。根据各行政单位财政自给率系数的变化趋势图发现,2007~2017年这11年间,全区的财政自给率系数由42%下降到了33%,年平均降幅2.2%,县域财政自给率系数的下降速度则更快,从各县2007~2017年财政自给率系数的均值来看,降幅达到5%,县域财政自给率的平均值在15%左右,这已经远远低于西部地区30%的平均水平。图5.9中表现为各县财政自给率的趋势线与自治区的趋势线距离逐年拉大。根据上述调查结果可以得出的结论是,在广西壮族自治区,财政"自治区直管县"改革没有能改善县域的财政能力和县域财政困难的局面。

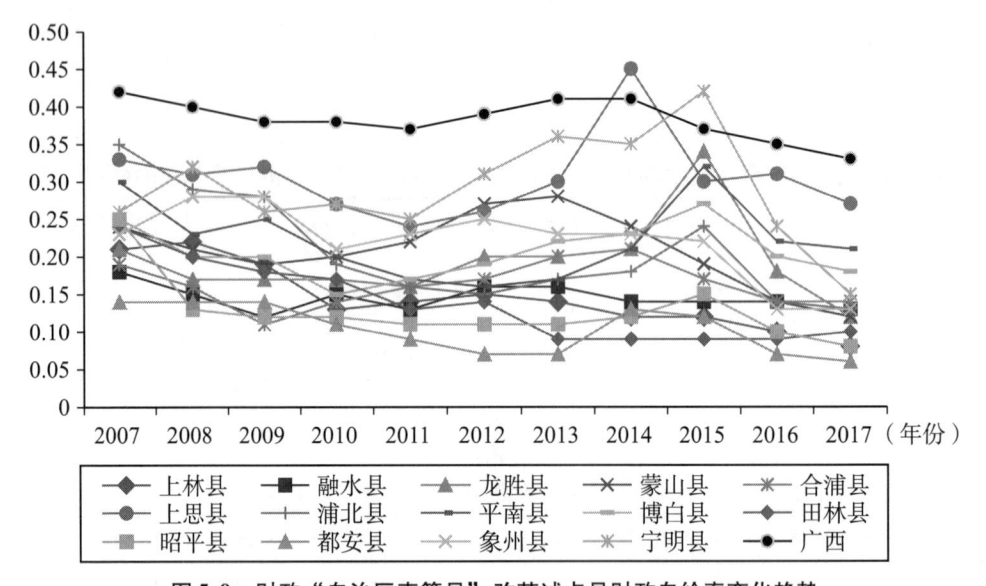

图 5.9　财政"自治区直管县"改革试点县财政自给率变化趋势

资料来源：根据中经网统计数据库中广西壮族自治区相关年份统计数据整理所得。

（2）广西壮族自治区"自治区直管县"改革的经济效应分析。

自 2011 年起，财政"自治区直管县"改革和"扩权强县"改革在全区全面推开①。为了考察"自治区直管县"改革的经济效应，根据广西壮族自治区所有 63 个县（不含区和县级市）、14 个地级市，2008～2017 年的 GDP 总量分别计算了县域 GDP 和地级市 GDP 的增长率，自治区、市、县（不含区和县级市）三级行政单位 GDP 增长速度的趋势如图 5.10 所示，从长期趋势来看，县域经济增长

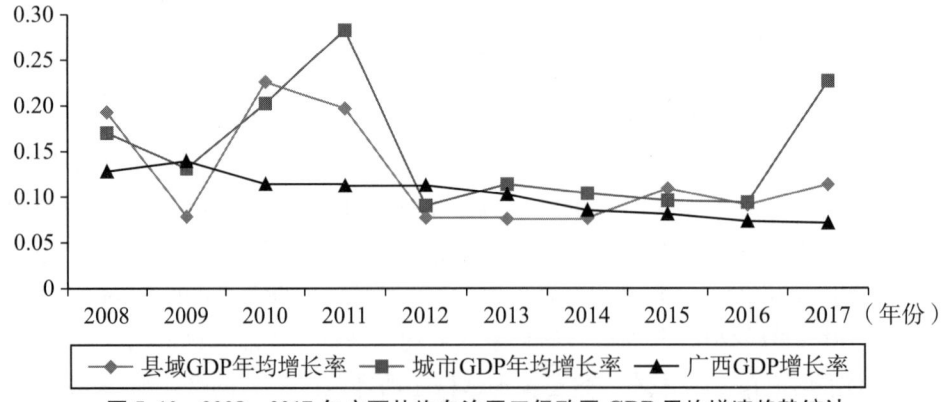

图 5.10　2008～2017 年广西壮族自治区三级政区 GDP 平均增速趋势统计

资料来源：根据中经网统计数据库中广西壮族自治区相关年份统计数据整理所得。

---

① 《广西壮族自治区人民政府关于全面推行自治区直管县财政管理方式改革的通知》，《广西壮族自治区人民政府关于开展扩权强县工作的意见》。

的平均速度始终慢于城市政区 GDP 的平均增速，2012~2014年，这一指标甚至低于全区的平均水平，2016年以后，县域与城市经济增长速度的差异进一步拉大。

在对各个县2008~2017年的GDP及其增长数据进行进一步分析发现，广西的经济发展在县域之间也存在较大差异，2017年，各县中GDP增速的最大值是22%，最小值为2%，还有部分县域为负增长。从长期趋势来看，改革后各个县的经济增长都与改革前的经济增长能力和经济绩效高度相关，县域经济的发展有较强的惯性，与是否试行"自治区直管县"改革的相关性并不明显。

在对广西壮族自治区"自治区直管县"改革的各类意见进行收集和整理的过程中发现，2011年，就在广西壮族自治区全面推进"自治区直管县"改革进程开始的时候，《广西日报》刊登的一项调查研究报告的基本观点是："自治区直管县"改革不仅是要让县级拥有更大的经济自主权，更是要通过财政体制的"扁平化"渐进带来行政体制的"扁平化"，但"一刀切"的全盘展开改革的方式并不可取，可能会人为地阻断城市化进程，最终难以发挥城市规模集聚效应。在现有的市管县体制下，城市拥有辖区内的绝对政策优势，人流、物流向中心城市靠拢，中心城市容易形成。而"自治区直管县"可能阻断中心城市发展成长的血液，阻碍城市化进程。中心城市不振兴，集聚经济难形成，规模效应难发挥。

2017年，《广西壮族自治区人民政府办公厅关于改革完善自治区对县财政体制促进县域经济发展的实施意见》决定，建立自治区财政直管县和市管县分类管理机制，即在之前广西壮族自治区全域推行财政体制自治区直接管理县的基础上，取消全部县由自治区财政直管的办法，改为部分县级财政由自治区直管和部分县级财政由设区市管理。这意味着广西壮族自治区的财政体制自治区直管这一全域改革措施被部分否定了。文件中对部分县退出财政体制自治区直管县改革试点的原因是这样解释的："随着形势发展，自治区直管县财政体制执行中也出现了一些新情况、新问题，例如，自治区与设区市对县级的管理衔接不够顺畅，自治区管理对象过多，设区市管理及监督责任弱化，积极性有待增强；政策过于强调平均公平，激励机制有待强化；设区市对所辖县的财政扶持力度减弱，财政事权和支出责任不匹配；中心城市对周边县辐射和带动作用发挥不够，发展条件好的县发展不够快，县域经济发展缺少排头兵。"

上述原因都是改革之初部分学者和实践部门对"省直管县"改革的担忧，至少在广西壮族自治区的部分县域地区，这样的担忧已被证实确实存在。部分被自治区直管的县不仅丧失了地级市的财力支持，同时也不能很好地融入城市政区的发展当中。广西壮族自治区的经验至少说明，财政"自治区直管县"改革的推行不能盲目推广，它对市、县级经济发展，财力保障机制和区域间的协调能力是有要求的，否则，这一改革可能扰乱已经建立起来的财政秩序和各级行政部门之间的良性互动。

至于哪些县应该退出财政体制自治区直管的运行框架、回归由地级市进行管理，广西壮族自治区重点考虑与中心城市距离近、适宜统一规划布局、利于经济社会一体化发展的县，以期能够加速县域经济融入城市经济步伐。因此，广西壮族自治区政府决定对经济辐射能力较强的南宁市、柳州市以及纳入北部湾城市群规划的北海市、钦州市和防城港市，全部实行市管县，以增强城市统筹发展能力。

这一做法体现了对中心城市辐射带动作用的肯定，也反映出"自治区直管县"体制下可能存在的一个很重要的问题：当设区市经济发展能力较好的时候，下辖的县能够得益于城市发展的引领和辐射，而且作为中心城市，往往具备综合服务功能、产业集群功能、物流枢纽功能、开放高地功能和人文凝聚功能，如果县域地区不能融入这样的社会化大生产基地及其全产业链的整合，无疑是失去了很好的发展机遇。另外，县域地区优质资源的集聚对于中心城市的发展也是至关重要的，"自治区直管县"体制造成的任何形式和程度的市县分治都可能使得各个县与中心城市之间产生非良性的资源竞争，进而割裂统一市场的形成。广西的经验证明了区域经济一体化的过程中，"自治区直管县"改革不是一个好的制度安排。

5.5.3 广西壮族自治区"自治区直管县"改革过程中存在的问题

通过数据分析，资料查阅和电话访谈（主要对象是政府部门的工作人员）等多种渠道了解到，在广西壮族自治区"自治区直管县"改革的过程中，存在以下几个方面的问题：

（1）在财政体制上，由自治区直接管理县，导致自治区财政部门的管理幅度加大，2011年在试点一年的基础上在全域推行了财政体制的"自治区直管县"改革，导致自治区的财政管理部门改革之前管理14个地级市，两年内管理幅度达到了之前的5倍，项目报批，预算监督管理和资金分配及下达的工作任务增加、工作难度也因为信息不对称等原因而加大了。

（2）尽管在推行"自治区直管县"改革的政府文件中，每一次都就地级市对试点县的财政责任进行强调，但也都是规范性的表述，对地级市的财政和政府其他部门的行为并不具有明确的约束效力，因此，对于试点县来说，来自地级市的财力支持明显减少了。这是我们调研的多数样本县都普遍存在的问题。

（3）"自治区直管县"改革模式下，县一级在财政体制上隶属于广西壮族自治区，财政资金的上解、拨付，预算申请和财政运行的监督管理等都由自治区财政部门直接负责，但在行政体制上，县依然隶属于地级市，这导致县级要同时应对两个上级，例如，很多会议要重复参加两次、文件报表报送两次等，行政管理的资金成本和时间成本都会增加。在财政体系内，市县分治导致它们成为两个平等的行为主体，使得本来协同发展的市县之间产生了为财政资源展开竞争的可能。

（4）财政体制和行政体系不同层级隶属结构扭曲了权力的配置和执行。例如，县域财政上划自治区后，地级市对县不再承担转移支付的职责，但是社会管理工作的履行过程中，县域工作任务的下达依然是由地级市来负责的，而自治区的财政预算安排中并没有相关项目，导致了新的事权、支出责任和财力之间的不匹配。

5.6 陕西省"省直管县"改革的实践与调查

5.6.1 陕西省的基本情况介绍

陕西省位于中国西北部，是中国西北、西南、华北、华中之间的门户和生产要素流动的站点。省域面积20.56万平方公里。截至2018年人口3864万人。全省辖10个地级市，109个县级行政区划单位，其中，29个市辖区、3个县级市、75个县。"省直管县"改革之前的2008年，陕西省的GDP总量在全国排名第17位，2018年上升到第15位，全年实现生产总值24438.32亿元，比上年增长8.3%。三次产业结构占比为7.5∶49.7∶42.8，在我们所选的欠发达地区样本中，产业的高度化程度是最好的，非公有制经济占比54.2%，这一比例呈现出逐年上升的趋势。人均生产总值63477元，比上年增长7.5%。2018年城镇居民人均可支配收入33319元，比上年增加2509元，增长8.1%。城镇居民人均可支配收入为农村居民人均可支配收入的2.97倍。①

陕西省无论从地理位置的优越性，经济社会的发展水平，还是地区综合实力等方面都要强于其他欠发达地区的样本省份。2008年至今，陕西省的经济增长速度明显加快，如果说"省直管县"改革以前，陕西省可以被纳入欠发达地区的样本进行考虑的话，时至今日，陕西省已和本报告中的其他欠发达地区拉开了较为明显的差距。从GDP总量来看，2008年陕西省的GDP总量是广西的1.04倍、云南省的1.28倍、贵州省的2.05倍；同年，陕西省的人均GDP水平是青海省的1.1倍、广西壮族自治区的1.3倍、云南省和甘肃省的1.6倍、贵州省的1.9倍。

---

① 根据陕西省统计局发布的各年份《国民经济和社会发展统计公报》相关数据整理所得。

而到了2018年，陕西省的人均GDP是广西壮族自治区和贵州省的1.5倍、云南省的1.7倍、甘肃省的2.02倍。①

陕西省样本的入选，丰富了样本的层次性，与其他样本省份相比，是一个经济发展水平和实力都相对较好的典型对照，也不会因为改革的外部条件差异太大而导致没有可比性，它能够较好地展示经济社会本身的发展水平和经济绩效会对"省直管县"改革的效应产生什么样的影响。

5.6.2 陕西省"省直管县"改革的具体措施和落实情况

陕西省的"省直管县"改革由财政"省直管县"改革（Ⅰ类）、"扩权强县"改革（Ⅱ类）、"省内计划单列市"（Ⅲ类）和全面"省直管县"改革（Ⅳ类）四类改革实践构成。

1. 财政"省直管县"改革（Ⅰ类）

陕西省的财政"省直管县"改革始于2006年。改革内容以"六到县，五不变"为原则，即财政资金的管理权限全部到县，行政建制和债权债务关系不变。改革的目的是化解县域财政困难，促进县域经济长效发展。改革以试点先行的方式开始。2006年确定的第一批试点县包括蓝田和宜君等15县；第二批试点于2009年开始，纳入了周至和扶风等12县。② 通过财政管理体制的"市县分治"为县域经济发展松绑、加强财政系统内的审查和监督，是陕西省两批试点财政"省直管县"改革的核心内容。

2. "扩权强县"改革（Ⅱ类）

陕西省的"扩权强县"改革于2007年开始，试点县包括岐山县、凤翔县、神木县和韩城市在内的15个县（市）。③ 改革要求这15个试点县的计划和统计管理、政府投融资项目、财政性资金中的转移支付、基金和行政性收费相关的补助金管理、税收管理、用地和矿权管理、证照管理及价格管理等权限都由市下放到试点县，并建立省与试点县之间的权力管辖关系，"扩权强县"改革从经济管理权限来讲实现了市县平级，但行政建制上，试点县仍隶属于地级市。

---

① 根据中经网统计数据库相关数据整理所得。
② 《关于实施省直管县财政体制改革试点的通知》；《关于扩大省直管县财政体制改革试点范围的通知》。
③ 《关于扩大部分县（市）经济管理权限的决定》。

3. "省内计划单列市"（Ⅲ类）

"计划单列市"是陕西省在"省直管县"改革实践中，结合区域经济社会发展的现实情况进行的一项制度创新。

计划单列市，原专门指国家社会与经济发展计划单列市，即在国家的"账本"中，将计划单列市与各省级同列，最早出现于20世纪50年代，第一批计划单列市包括北京市、上海市在内的11个城市，设立于新中国成立初期。改革开放初期，国家将武汉、重庆、青岛等城市设立为计划单列市，学界用"经济上的中央直辖市、行政上的省辖市"来概括计划单列市的特征，计划单列市被赋予了相当于省一级的经济管理权限，通过中心城市的建设辐射区域经济的发展，实际就是要通过经济增长极的建设形成网络型的经济区。直到今天，我国有5个计划单列市：大连、青岛、宁波、厦门和深圳。计划单列市的设置是为了让一些大城市在国家的经济计划中独立于其所隶属的省份，享有省一级的经济管理权限，计划单列市的财政收支有直接与中央挂钩的部分，收入由中央财政、省级财政和计划单列市共同分享，或直接与中央分享而无须上缴省级财政，如深圳就是唯一一个各项财政收支从所属的省份划出，财政报表、金库等直接对接中央的计划单列市。计划单列市的设置，从地方经济决策和发展来说，意在解决条块分割、城乡分割等体制性弊端带来的问题，探索出一条以大城市为依托、行政隶属管理与经济发展相对分离的区域经济发展思路。

2012年，陕西省在"省直管县"改革的实践中引入了这一发展思路，当年2月明确提出"支持韩城市加快中心城市建设步伐，实行省内'计划单列城市'试点"①。自此，县级市——韩城，在行政建制不变的情况下在省级计划中单列，并赋予它相当于地级市的经济管理权限，在政策上和省级专项转移支付上予以支持，计划3~5年内将韩城发展成为黄河沿岸中等规模的区域性中心城市，工业强市和国家级循环经济示范基地。改革的具体措施包括：

首先，在空间发展规划中，韩城市实施主城区"北进、南伸、西延、东靠"战略，完善城市功能，拓展城市空间，增强人口和产业的聚集能力。

其次，产业发展方面，加快煤炭、钢铁、电力等传统产业升级改造，引进一批辐射带动作用强的大项目、大企业，以轻工业园区为载体，积极培育战略性新兴产业，大力发展金融、物流等生产性服务业，构建地域特色鲜明、富有竞争力的现代产业体系，建设新型工业城市。同时依托韩城的历史文化旅游资源打造国家级旅游目的地。

---

① 《关于支持渭南加快建设陕西东大门的若干意见》。

最后，赋权方面，赋予韩城相当于地级市的经济管理权限，财政收支与省级财税部门直接对接。还明确赋予韩城建设用地倾斜、项目布局和资金安排的倾斜、省级煤炭价格调节基金直接返还等六项政策支持，并加强生态文明建设和公共服务能力的提升。

4. 全面"省直管县"改革（Ⅳ类）

2014年陕西省委、省政府全面部署神木县和府谷县的"省直管县"改革试点工作。[①] 其根本目的在于增强县域经济增长的活力，保障手段是赋予两个试点县与地级市同等的经济管理权限，所有政府审批事项，按照行政权责的划分由试点县和省级主管部门负责审批，对试点县隶属的榆林市只需报备。财政关系方面，两个试点县直接与省级财税部门对接，除行政区划、统计口径、组织人事和司法体制依然维持市统县之外，其他的经济和社会管理权限都下放到县。并在重大项目建设、专项转移支付和用地指标方面予以试点县政策倾斜。

我们将4类"省直管县"改革的时间表、范围和主要措施以表5.20的形式列出。

表5.20　　　　　陕西省"省直管县"改革实践情况

改革类别	年份	范围	内容
Ⅰ类	2007 2009	蓝田、宜君等15县 周至、扶风等12县	财政收入、支出责任划分，财政预算编审、财政结算、转移支付、收入报解、资金调度、债务监管等直接与省级财政对接
Ⅱ类	2007	神木、韩城等15县	下放计划和统计管理，项目管理，资金管理，税收管理，用地和矿权管理等权限
Ⅲ类	2012	韩城市	1. 建立省与韩城市之间的财政资金直接往来关系，实行省直接对韩城市的财政管理体制。其中，对韩城市的转移支付、税收返还等由省级财政直接核定并支付； 2. 在经济管理上赋予韩城市与设区市同等的经济社会管理权限； 3. 确立了韩城省内计划单列市的副市级建制
Ⅳ类	2014	神木县、府谷县	1. 赋予神木县、府谷县与设区市同等的经济社会管理权限； 2. 财政税收管理与省级财政直接对接与倾斜性的转移支付政策； 对两县实行省直管县体制，同时接受榆林市领导，行政区划、统计口径、组织人事、司法体制等维持原渠道不变； 3. 神木于2017年撤县设区，由榆林市代管

资料来源：《关于实行省直管县财政体制改革试点的通知》《关于扩大部分县（市）经济管理权限的决定》《关于在韩城市开展省内计划单列市试点的意见》等。

[①] 《关于在神木县府谷县开展省直管县试点的意见》。

5.6.3 陕西省"省直管县"改革的统计调查

在对陕西省"省直管县"改革进行统计调查的过程中，本书在30个Ⅰ类改革试点县中随机选择了19个（第一批12个；第二批7个）；在15个Ⅱ类改革试点县中随机选择了6个；Ⅲ类和Ⅳ类改革试点共3个县（市）全部入选，并随机选取了10个非试点县作为参照，共计37个样本县。所有样本县人均GDP改革初期的分布情况如图5.11所示，由于改革前相关年份的数据缺失，我们使用了改革初期2009年的数据。

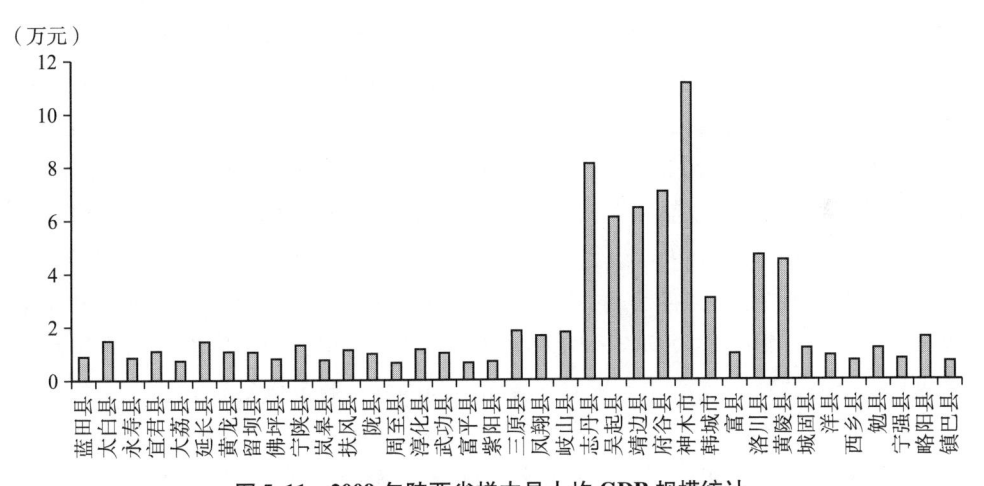

图 5.11 2009年陕西省样本县人均GDP规模统计

资料来源：根据中经网统计数据库中陕西省样本县数据整理所得。

图5.11中的数据表明，陕西省在"省直管县"改革的过程中，对试点县的选择和布局是针对各类改革举措的功能来设计的。Ⅰ类改革试点选择的是经济发展水平相对较弱的县，因为这些县的财政自我保障能力更弱，因此可以检验财政"省直管县"改革缓解县域财政困难这一效果的实现程度。Ⅱ类、Ⅲ类和Ⅳ类改革实质上都属于"扩权强县"改革，只是程度不同而已。可以发现这三类改革所选择的试点县，都是经济发展水平较高的县。县域经济发展的基础较好，有利于扩权之后经济发展潜力的释放，如果县域本身经济绩效并不理想，更多依赖地级市的话，扩权强县的政策效应可能无法体现。所以神木市和府谷县，不仅是"扩权强县"改革的试点，也是全面"省直管县"改革的两个试点县。这样的试点县选择举措体现了明显的扶持强县经济发展的战略。韩城市列为省内计划单列市的发展目标也是要建成区域内的中心城市。

1. "省直管县"改革的财政效应分析

陕西省"省直管县"改革的财政效应分析同样以一般公共预算收支和财政自给率的相关数据作为主要依据。

如表5.21所示，我们将37个样本地区按照4类改革试点县和非试点县进行划分，财政"省直管县"改革区分为第一期和第二期，由于2009年以前的数据缺失，因此，第一批改革试点的相关数据只能从改革的第三年开始统计，这一年也刚好是第二批财政"省直管县"改革的第一年。根据统计数据发现，第二批试点县改革的第一年，即2009年，过半的样本县一般公共预算收入呈现出快于本县前一年和其他样本县当年的增长速度，但这一加速增长的趋势同样在改革的第2年、第3年消失，这一趋势特征也在财政"省直管县"改革第一批试点县的部分样本中呈现，几乎是所有欠发达地区财政"省直管县"改革的样本都呈现出的一般预算收入增速的变化特征。对比不同改革类型的分组数据发现，"扩权强县"改革组的样本，一般公共预算收入的增速明显较慢，即使相对非试点县也是如此，按理说这些县在入选改革试点之前都是经济发展水平较高的县级政区，因此，一般公共预算收入增长放缓的具体原因，本书将在结合财政自给率和经济效应的测算和分析结果后再展开讨论。在四类改革的6个组别中发现，Ⅲ类和Ⅳ类改革试点县的一般公共预算收入增速明显快于其他各组，初步判断这与省级政府赋予当地特殊的财力支持和经济发展决策方面的各项政策倾斜有关。

支出方面，根据表5.22中，对所有样本县2008~2018年一般公共预算支出增速的统计结果我们可以看到，除Ⅱ类改革试点县的增速明显偏低外，其他各类改革类型组别中，样本县一般预算支出增速的总体趋势是大致相当的。这主要是受公共支出刚性所支配的。

从表5.23财政自给率系数的统计情况来看，各类不同改革类型组别，其财政能力的变化呈现出了较大的差异。首先，Ⅱ类改革试点县的财政自给率系数明显高于其他组，这一方面是因为其支出增速较慢；其次，Ⅱ类改革试点县都是经济发展水平较高的县，财源的丰沛度较好，改革前，财政自给率系数就远高出其他组别20%~30%，但目前这种差距在缩小，因此，这一个组别的财政自给率水平实际是相对降低的，这种趋势我们判断更大概率是"新常态"下，财政收入增速的下降导致的。另外，Ⅰ类改革组别的财政自给率系数整体水平呈现出极小幅度的下降，可以初步判断是财政"省直管县"改革减缓了财政自给能力的下滑。财政自给率下降最快的是非试点县。Ⅲ类和Ⅳ类改革试点县的财政自给率系数有明显的改善，财政自给率系数的一般水平超过了60%，这对于西部地区县域平

第5章 欠发达地区"省直管县"改革实践的调查

表 5.21 2008~2018 年陕西省"省直管县"改革样本县一般公共预算收入增长率统计

改革类型	地区	2008年	2009年	2010年	2011年	2012年	2013年	2014年	2015年	2016年	2017年	2018年	县域均值	组别均值
Ⅰ类第一批	蓝田县	0.28	0.33	0.45	0.38	0.26	0.22	0.17	0.11	0.01	-0.34	0.07	0.18	0.18
	太白县	0.42	0.28	0.32	0.85	0.29	0.18	0.22	0.21	-0.17	0.10	0.08	0.25	
	永寿县	0.50	0.23	0.34	0.40	0.31	0.24	0.08	0.05	-0.44	0.08	0.08	0.17	
	宜君县	0.33	0.28	0.33	0.47	0.43	0.34	0.09	0.05	-0.06	-0.12	0.14	0.21	
	大荔县	0.12	0.35	0.31	0.45	0.27	0.25	0.15	0.10	-0.07	-0.07	0.04	0.17	
	延长县	0.15	0.07	0.10	0.10	0.08	0.08	0.04	-0.05	-0.25	-0.01	0.09	0.04	
	黄龙县	0.16	0.15	0.24	0.40	0.33	0.34	0.31	0.12	0.20	0.27	0.19	0.25	
	留坝县	-0.20	0.56	0.64	0.32	0.42	0.22	0.23	0.58	0.14	-0.09	-0.41	0.22	
	佛坪县	-0.35	0.29	0.35	0.35	0.30	0.28	0.39	0.25	0.13	-0.18	0.09	0.17	
	宁陕县	0.27	0.47	0.37	0.25	0.38	0.20	0.13	0.14	0.05	0.02	-0.17	0.19	
	岚皋县	0.30	0.50	0.28	0.25	0.35	0.18	0.13	0.05	-0.11	-0.12	0.14	0.18	
Ⅰ类第二批	扶风县	0.21	0.71	0.48	0.40	0.25	0.22	0.13	0.15	-0.16	0.13	0.03	0.23	0.20
	陇县	0.28	0.46	0.31	0.32	0.32	0.21	0.16	0.13	-0.38	0.07	-0.12	0.16	
	周至县	0.18	0.22	0.68	0.53	0.35	0.36	0.23	0.11	-0.07	-0.31	0.07	0.21	
	淳化县	0.32	0.18	0.50	0.41	0.32	0.19	-0.36	0.16	-0.11	0.07	0.11	0.16	
	武功县	0.34	0.29	0.29	0.29	0.26	0.21	0.15	0.08	-0.34	0.38	0.23	0.20	
	富平县	0.37	0.54	0.34	0.53	0.29	0.26	0.11	0.11	0.01	0.08	0.11	0.25	
	紫阳县	0.84	0.34	0.26	0.32	0.38	0.01	0.15	0.00	-0.22	-0.27	-0.10	0.15	

续表

改革类型	地区	2008年	2009年	2010年	2011年	2012年	2013年	2014年	2015年	2016年	2017年	2018年	县域均值	组别均值
Ⅱ类	三原县	0.30	0.30	0.34	0.35	0.32	0.22	0.18	0.12	-0.38	0.09	0.09	0.18	0.13
	凤翔县	0.28	0.34	0.32	0.18	0.18	0.18	0.10	0.06	-0.05	0.06	0.11	0.16	
	岐山县	0.23	0.20	0.19	0.24	0.15	0.19	0.18	0.18	-0.04	0.07	0.09	0.15	
	志丹县	0.10	0.13	0.10	0.15	0.13	0.12	0.13	-0.09	-0.29	0.08	-0.01	0.05	
	吴起县	0.08	0.08	0.13	0.15	0.27	0.18	0.14	-0.19	-0.39	0.10	-0.02	0.05	
	靖边县	0.73	0.60	0.20	0.09	0.16	0.22	0.08	-0.07	-0.35	0.15	0.32	0.19	
Ⅲ类	韩城市	0.37	0.28	0.26	0.25	0.76	0.24	-0.11	0.10	0.15	0.39	0.34	0.28	0.27
	神木市	0.64	0.31	0.24	0.56	0.27	-0.06	0.08	0.08	-0.09	0.35	0.23	0.24	
	府谷县	0.88	0.59	0.67	0.34	0.16	-0.16	0.00	-0.29	-0.15	0.64	0.41	0.28	
Ⅳ类	富县	0.19	0.22	0.80	0.45	0.32	0.19	0.15	-0.10	-0.23	0.08	0.24	0.21	0.17
	洛川县	0.12	0.32	0.30	0.14	0.24	0.16	0.07	-0.05	0.00	-0.31	0.19	0.11	
	黄陵县	0.27	0.91	0.30	0.32	0.19	0.09	-0.15	-0.03	0.05	0.70	0.23	0.26	
	城固县	0.21	0.18	0.38	0.31	0.36	0.23	0.17	0.21	0.07	-0.05	0.09	0.20	
非试点县	洋县	0.33	0.27	0.43	0.37	0.26	-0.08	0.22	0.21	0.02	-0.03	0.12	0.19	
	西乡县	0.40	0.38	0.49	0.25	0.27	0.17	0.18	0.15	0.01	-0.07	-0.05	0.20	
	勉县	0.27	0.02	0.35	0.24	0.17	0.16	0.04	0.01	-0.11	0.13	0.26	0.14	
	宁强县	-0.42	0.27	0.27	0.24	0.28	0.18	0.16	0.08	-0.11	-0.21	-0.02	0.07	
	略阳县	0.20	0.27	0.07	0.20	0.22	0.05	-0.11	-0.35	0.08	0.07	0.15	0.08	
	镇巴县	0.30	0.37	0.48	0.36	0.32	0.20	0.16	0.12	-0.16	0.05	0.08	0.21	

资料来源：根据中经网统计数据库中陕西省相关年份试点县统计数据整理所得。

表 5.22　2008～2018 年陕西省"省直管县"改革样本县一般公共预算支出增长率统计

改革类型	地区	2008年	2009年	2010年	2011年	2012年	2013年	2014年	2015年	2016年	2017年	2018年	县域均值	组别均值
I类第一批	蓝田县	0.68	0.27	0.37	0.17	0.24	0.22	0.07	0.20	0.18	0.00	0.08	0.23	0.21
	太白县	0.33	0.26	0.36	0.13	0.48	0.14	0.08	0.26	0.04	-0.01	0.18	0.21	
	宜君县	0.79	0.05	0.35	0.29	0.18	0.17	0.00	0.09	0.10	0.22	0.07	0.21	
	永寿县	0.36	0.25	0.43	0.17	0.32	0.14	0.02	0.05	0.11	0.20	0.15	0.20	
	大荔县	0.45	0.47	0.19	0.26	0.29	0.17	0.05	0.15	0.08	0.14	0.10	0.21	
	延长县	0.35	0.16	0.41	0.15	0.15	0.13	0.16	0.01	0.12	0.28	0.08	0.18	
	黄龙县	0.32	0.37	0.46	0.13	0.31	0.27	0.05	0.02	-0.08	0.11	0.15	0.19	
	留坝县	0.60	0.30	0.52	0.43	0.20	0.03	0.15	0.14	0.08	0.10	0.11	0.24	
	佛坪县	0.39	0.20	0.62	0.32	0.30	0.14	0.05	0.19	0.16	0.05	-0.01	0.22	
	宁陕县	0.56	0.34	0.41	0.13	0.37	0.16	0.00	0.12	0.06	0.19	0.07	0.22	
	岚皋县	0.46	0.23	0.69	0.00	0.25	0.24	0.05	0.13	0.14	0.13	0.11	0.22	
I类第二批	扶风县	0.35	0.35	0.44	0.31	0.22	0.06	0.09	0.14	0.08	0.02	0.06	0.19	0.22
	陇县	0.27	0.59	0.37	0.21	0.40	0.05	0.07	0.11	0.12	0.06	0.17	0.22	
	周至县	0.40	0.42	0.45	0.27	0.39	-0.01	0.14	0.20	0.11	0.05	0.15	0.23	
	淳化县	0.62	0.15	0.76	0.09	0.28	0.05	0.03	0.18	0.18	0.09	0.16	0.24	
	武功县	0.39	0.24	0.47	0.25	0.29	0.17	0.04	0.13	0.07	0.08	0.10	0.20	
	富平县	0.71	0.33	0.32	0.27	0.24	0.12	0.09	0.14	0.06	0.23	0.06	0.23	
	紫阳县	0.74	0.28	0.63	-0.01	0.40	0.15	0.08	0.09	0.08	0.17	0.13	0.25	

续表

改革类型	地区	2008年	2009年	2010年	2011年	2012年	2013年	2014年	2015年	2016年	2017年	2018年	县域均值	组别均值
II类	三原县	0.41	0.18	0.41	0.26	0.26	0.16	0.02	0.13	0.03	0.09	0.07	0.18	0.14
	凤翔县	0.40	0.46	0.17	0.37	0.17	0.11	0.07	0.16	0.11	-0.20	0.07	0.17	
	岐山县	0.26	0.34	0.19	0.21	0.40	0.17	0.05	0.23	0.15	-0.06	0.14	0.19	
	志丹县	0.00	0.03	0.13	0.21	0.14	0.13	0.07	-0.03	-0.21	-0.03	-0.10	0.03	
	吴起县	0.18	0.27	0.13	0.11	0.20	0.18	0.11	-0.15	-0.22	-0.02	-0.09	0.07	
	靖边县	0.43	0.34	0.50	0.13	0.20	0.11	0.05	0.01	-0.06	0.05	0.17	0.18	
III类	韩城市	0.39	0.34	0.41	0.25	0.12	0.33	0.10	0.12	0.12	0.25	0.14	0.23	0.23
	府谷县	0.88	0.25	0.87	0.17	0.20	-0.09	-0.08	-0.16	0.12	0.29	0.28	0.25	
IV类	神木市	0.51	0.17	0.42	0.35	0.28	-0.06	0.08	0.17	-0.04	0.13	0.21	0.20	
	富县	0.60	0.14	0.44	0.20	0.09	0.13	-0.01	0.20	0.05	0.07	0.10	0.18	0.23
	洛川县	0.83	0.02	0.43	0.14	0.23	0.19	-0.07	0.24	-0.06	0.08	0.12	0.19	
	黄陵县	0.55	0.37	0.36	0.19	0.21	0.06	-0.18	0.15	0.06	0.38	0.18	0.21	
	城固县	0.66	0.21	0.41	0.37	0.19	0.16	0.08	0.23	0.10	0.11	0.10	0.24	
非试点县	洋县	0.56	0.36	0.32	0.43	0.20	0.11	0.17	0.12	0.12	0.11	0.03	0.23	
	西乡县	0.65	0.28	0.31	0.48	0.21	0.09	0.11	0.12	0.08	0.07	0.02	0.22	
	勉县	1.40	0.41	-0.11	0.13	0.22	0.14	0.04	0.14	0.18	0.04	0.10	0.24	
	宁强县	1.27	1.02	-0.16	-0.06	0.41	-0.04	0.12	0.10	0.07	0.14	0.16	0.27	
	略阳县	1.19	1.13	-0.34	0.10	0.32	0.08	0.01	0.07	0.29	0.06	0.16	0.28	
	镇巴县	0.36	0.44	0.65	0.07	0.30	0.15	0.06	0.14	0.07	0.27	0.18	0.24	

资料来源：根据中经网统计数据库中陕西省相关年份试点县统计数据整理所得。

表 5.23　2008~2018 年陕西省"省直管县"改革样本县财政自给率系数统计

改革类型	地区	2007年	2008年	2009年	2010年	2011年	2012年	2013年	2014年	2015年	2016年	2017年	2018年	县域均值	组别均值
I类第一批	蓝田县	0.14	0.10	0.11	0.12	0.14	0.14	0.14	0.15	0.14	0.12	0.08	0.08	0.12	0.10
	太白县	0.07	0.08	0.08	0.07	0.12	0.11	0.11	0.12	0.12	0.09	0.10	0.10	0.10	
	宜君县	0.11	0.09	0.11	0.11	0.11	0.13	0.13	0.15	0.14	0.07	0.06	0.06	0.11	
	永寿县	0.11	0.11	0.11	0.10	0.13	0.14	0.17	0.18	0.18	0.15	0.11	0.11	0.13	
	大荔县	0.07	0.05	0.05	0.06	0.06	0.06	0.07	0.07	0.07	0.06	0.05	0.05	0.06	
	延长县	0.53	0.45	0.42	0.32	0.31	0.29	0.28	0.25	0.24	0.16	0.12	0.12	0.29	
	黄龙县	0.04	0.04	0.03	0.03	0.03	0.03	0.03	0.04	0.05	0.06	0.07	0.07	0.04	
	留坝县	0.08	0.04	0.05	0.05	0.05	0.06	0.07	0.07	0.10	0.10	0.08	0.04	0.07	
	佛坪县	0.09	0.04	0.04	0.04	0.04	0.04	0.04	0.06	0.06	0.06	0.04	0.05	0.05	
	宁陕县	0.08	0.06	0.07	0.07	0.08	0.08	0.08	0.09	0.09	0.09	0.08	0.06	0.08	
	岚皋县	0.07	0.06	0.08	0.06	0.07	0.08	0.07	0.08	0.07	0.06	0.04	0.05	0.07	
	扶风县	0.10	0.09	0.12	0.12	0.13	0.13	0.15	0.16	0.16	0.12	0.14	0.13	0.13	
	陇县	0.17	0.17	0.16	0.15	0.16	0.15	0.18	0.19	0.20	0.11	0.11	0.08	0.15	
	周至县	0.08	0.07	0.06	0.07	0.09	0.08	0.11	0.12	0.11	0.10	0.06	0.06	0.09	
I类第二批	淳化县	0.08	0.06	0.07	0.06	0.07	0.07	0.08	0.05	0.05	0.04	0.04	0.04	0.06	0.10
	武功县	0.09	0.08	0.09	0.08	0.08	0.08	0.08	0.09	0.08	0.05	0.07	0.08	0.08	
	富平县	0.10	0.08	0.09	0.09	0.11	0.11	0.13	0.13	0.13	0.12	0.11	0.11	0.11	
	紫阳县	0.10	0.11	0.12	0.09	0.12	0.12	0.10	0.11	0.10	0.07	0.05	0.04	0.09	

续表

改革类型	地区	2007年	2008年	2009年	2010年	2011年	2012年	2013年	2014年	2015年	2016年	2017年	2018年	县域均值	组别均值
II类	三原县	0.17	0.16	0.18	0.17	0.18	0.19	0.20	0.23	0.23	0.14	0.14	0.14	0.18	0.28
	凤翔县	0.27	0.24	0.22	0.25	0.22	0.22	0.23	0.24	0.22	0.18	0.24	0.25	0.23	
	岐山县	0.22	0.22	0.19	0.20	0.20	0.16	0.17	0.19	0.18	0.15	0.17	0.16	0.18	
	志丹县	0.78	0.85	0.93	0.90	0.85	0.85	0.85	0.90	0.84	0.76	0.84	0.92	0.86	
	吴起县	1.10	1.01	0.87	0.86	0.88	0.93	0.93	0.96	0.91	0.71	0.79	0.86	0.90	
	靖边县	0.50	0.60	0.72	0.58	0.56	0.54	0.59	0.61	0.56	0.39	0.43	0.48	0.55	
III类	韩城市	0.55	0.54	0.51	0.46	0.46	0.72	0.68	0.55	0.54	0.56	0.62	0.73	0.58	0.67
	府谷县	0.61	0.61	0.77	0.69	0.80	0.77	0.71	0.77	0.65	0.49	0.63	0.69	0.68	
	神木市	0.64	0.70	0.78	0.68	0.80	0.79	0.79	0.78	0.72	0.69	0.82	0.83	0.75	
IV类	富县	0.15	0.11	0.12	0.15	0.18	0.22	0.23	0.27	0.20	0.15	0.15	0.17	0.18	0.17
	洛川县	0.22	0.14	0.18	0.16	0.16	0.16	0.16	0.19	0.14	0.15	0.10	0.10	0.16	
	黄陵县	0.54	0.44	0.62	0.59	0.66	0.64	0.66	0.69	0.58	0.58	0.71	0.74	0.62	
	城固县	0.12	0.09	0.08	0.08	0.08	0.09	0.10	0.10	0.10	0.10	0.09	0.09	0.09	
非试点县	洋县	0.12	0.10	0.10	0.10	0.10	0.11	0.09	0.09	0.10	0.09	0.08	0.08	0.10	
	西乡县	0.11	0.09	0.10	0.11	0.09	0.10	0.10	0.11	0.11	0.11	0.09	0.09	0.10	
	勉县	0.25	0.13	0.10	0.15	0.16	0.16	0.16	0.16	0.14	0.11	0.12	0.13	0.15	
	宁强县	0.25	0.06	0.04	0.06	0.08	0.07	0.09	0.09	0.09	0.08	0.05	0.05	0.09	
	略阳县	0.28	0.15	0.09	0.15	0.16	0.15	0.15	0.13	0.08	0.07	0.07	0.07	0.13	
	镇巴县	0.06	0.06	0.05	0.05	0.06	0.06	0.07	0.07	0.07	0.06	0.05	0.04	0.06	

资料来源：根据中经网统计数据库中陕西省相关年份试点县统计数据整理所得。

均财政自给率30%的一般水平来说，神木市、府谷县和韩城市财政的可持续能力是非常好的。可以判断这与政策倾斜和随之而来的经济增长提速有关。如果对陕西省"省直管县"改革的财政效应做一个总结，结论是：

（1）有选择性的财政"省直管县"改革试点确实能够在一定程度上改善县域财政困难，但这种作用非常有限，且与试点县本身的财政能力高度相关，对改革前财政能力就较弱的县，改革可能呈现负面的效应。

（2）无论是哪类改革举措，财政"省直管县"，或者"扩权强县"，试点县的经济基础直接决定了改革预期成效的实现程度，可以从一个侧面证实，经济发展水平较高的县级行政单位才能够体现"省直管县"预设的改革效应。

（3）试点县的经济实力是决定任何一项"省直管县"改革成效的重要因素，因此，改革只能选择性地试点，而不能全面推开，因为相对于政策倾斜带来的改革成效，如财政支持的倾斜，一旦全面推开，政策性优势也就不复存在了。

2. "省直管县"改革的经济效应分析

根据表5.24统计的2010~2018年陕西省样本县人均GDP的增速来看，"扩权强县"改革试点县的人均GDP增速明显慢于其他组别，甚至慢于非试点县人均GDP的一般增长水平，也慢于陕西省人均GDP的整体增速，财政"省直管县"、省内计划单列市及全面"省直管县"的试点地区，人均GDP增速达到了全省平均水平，因此，到目前为止，"省直管县"改革对试点地区的经济效应并不十分明确，但从数据来看，旨在下放经济管理权限的"扩权强县"改革试点县人均GDP增速最慢，人均GDP增速最快的是财政"省直管县"改革的第一批试点县，其次是财政"省直管县"改革的第二批试点县。因此，如果把图5.11和图5.12进行比较会发现，各个样本县之间人均GDP的差异变小了。对于神木市、府谷县和韩城市，分别是全面"省直管县"和省内计划单列市的试点，经济增速相较财政"省直管县"改革试点县组低，这其中经济增长的收敛性是必须考虑的一个因素，与"省直管县"改革具体措施之间的关系，还有待进一步考察。

表 5.24　　2010~2018 年陕西省样本县人均 GDP 增速统计

改革类型	地区	2010年	2011年	2012年	2013年	2014年	2015年	2016年	2017年	2018年
Ⅰ类第一批	蓝田县	0.23	0.16	0.17	0.11	0.10	-0.04	0.08	0.17	0.06
	太白县	0.20	0.25	0.24	0.15	0.10	0.15	0.07	0.08	0.25
	永寿县	0.32	0.20	0.24	0.17	0.11	0.11	0.17	0.25	0.18
	宜君县	0.31	0.28	0.23	0.21	0.17	0.10	0.02	0.16	-0.18
	大荔县	0.22	0.27	0.23	0.08	0.02	-0.07	0.11	0.16	0.14
	延长县	0.13	0.15	0.14	0.11	0.11	0.04	-0.12	0.22	0.19
	黄龙县	0.16	0.20	0.16	0.14	0.13	0.20	0.05	0.11	0.13
	留坝县	0.25	0.26	0.22	0.14	0.16	0.12	0.11	0.12	0.09
	佛坪县	0.22	0.26	0.17	0.19	0.16	0.11	0.17	0.15	0.12
	宁陕县	0.19	0.26	0.29	0.12	0.05	0.11	0.11	0.14	0.17
	岚皋县	0.26	0.22	0.30	0.20	0.16	0.14	0.13	0.15	0.14
Ⅰ类第二批	扶风县	0.15	0.20	0.18	0.15	0.05	-0.03	0.11	0.16	0.14
	陇县	0.13	0.24	0.17	0.14	0.14	0.04	0.13	0.25	0.15
	周至县	0.24	0.23	0.19	0.10	0.10	0.08	0.10	0.16	0.09
	淳化县	0.38	0.14	0.19	0.16	0.13	0.05	0.13	0.16	0.03
	武功县	0.22	0.13	0.16	0.29	0.19	0.02	0.10	0.15	0.02
	富平县	0.20	0.31	0.25	0.19	0.13	-0.03	0.04	0.05	0.16
	紫阳县	0.19	0.26	0.32	0.16	0.20	0.16	0.09	0.13	0.15
Ⅱ类	三原县	0.17	0.13	0.17	0.16	0.17	0.11	0.09	0.22	0.04
	凤翔县	0.21	0.17	0.18	0.13	0.13	0.03	0.07	0.04	0.05
	岐山县	0.16	0.16	0.18	0.07	0.03	-0.04	0.09	0.22	0.04
	志丹县	0.12	0.18	0.03	-0.06	0.01	-0.20	-0.20	0.23	0.14
	吴起县	0.45	0.41	0.16	0.01	0.02	-0.34	-0.24	0.24	0.12
	靖边县	0.14	0.18	0.07	0.11	0.03	-0.28	-0.11	0.23	0.22
Ⅲ类	韩城市	0.19	0.34	0.18	0.21	0.08	0.04	0.02	0.09	0.07
Ⅳ类	府谷县	0.58	0.51	0.10	-0.05	0.02	-0.13	0.02	0.23	0.12
	神木市	0.32	0.25	0.29	-0.09	0.04	-0.17	0.09	0.21	0.16
非试点县	富县	0.31	0.29	0.17	0.06	0.23	0.04	0.08	0.19	0.20
	洛川县	0.27	0.36	0.19	0.14	-0.05	-0.20	-0.19	-0.01	0.67
	黄陵县	0.22	0.19	0.23	0.05	0.06	-0.23	0.11	0.26	0.32
	城固县	0.25	0.30	0.18	0.14	0.23	0.13	0.12	0.13	0.06

续表

改革类型	地区	2010年	2011年	2012年	2013年	2014年	2015年	2016年	2017年	2018年
非试点县	洋县	0.22	0.27	0.18	0.15	0.11	0.06	0.06	0.14	0.16
	西乡县	0.23	0.23	0.23	0.18	0.16	0.07	0.13	0.12	0.09
	勉县	0.21	0.31	0.13	0.09	0.06	−0.05	−0.04	0.32	0.15
	宁强县	0.23	0.30	0.17	0.15	0.13	0.04	0.12	0.17	0.07
	略阳县	0.22	0.27	0.10	0.00	−0.20	0.12	0.22	0.09	
	镇巴县	0.26	0.35	0.20	0.18	0.20	0.03	0.12	0.21	0.08

资料来源：根据中经网统计数据库中陕西省相关年份试点县统计数据整理所得。

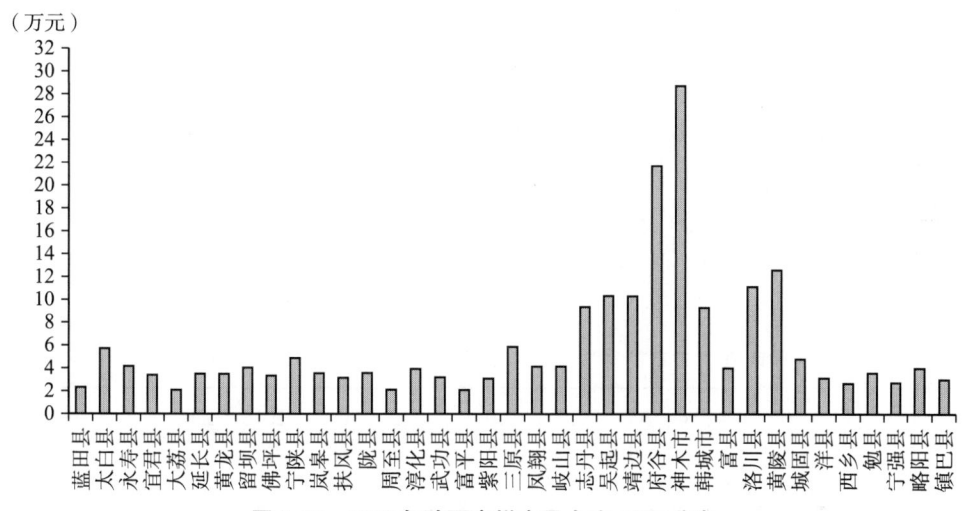

图 5.12 2018 年陕西省样本县人均 GDP 分布

资料来源：根据中经网统计数据库中 2008～2017 年陕西省样本城市相关统计数据整理所得。

3. 陕西省"省直管县"改革对城市的影响效应分析

按照通常的逻辑，经济强县的省直管可能导致其隶属的地级市在经济和财政能力方面都受到负面影响，而弱县的省直管将减轻其所隶属的地级市的财政支出负担。根据陕西省"省直管县"试点县及其地级市经济强弱对比和改革类型选取了榆林市、延安市和渭南市三个地级市作为样本，来分析"省直管县"对设区市经济和财政的影响效应。

（1）"省直管县"改革对榆林市的影响效应分析。

根据表 5.25 的数据，榆林市无论从人均 GDP 的增长速度，还是从财政自给能力来看，都是陕西省所有地级市行政单位中最好的。地处陕西省的最北部，是陕西省的杂粮主产区，有世界七大煤田之一的神府煤田和中国陆上探明的最大整装气田——陕甘宁气田。截至2017年，榆林市GDP增速与陕西省持平，财政自给率系数达到63%，比山西省财政自给率的整体水平高21%。榆林市下辖的靖边县、神木市、府谷县同样是陕西省的经济强县，神木作为县级市，其GDP水平堪比陕西省宝鸡市，2019年中国百强县中排名56位。靖边县也是仅次于神木市和府谷县的经济大县。靖边县是财政"省直管县"第二批改革试点县，神木市同时是"扩权强县"（2009年）和全面"省直管县"（2014年）的试点。从数据统计结果的长期趋势来看，3大经济强县的省直管并没有影响榆林市的经济增长和财政负担能力，与2008年相比，仅市辖区的数据显示，2017年榆林市财政自给率系数增长了16%，经济增速也较为平稳。进一步分析各年数据发现，神木、府谷两地是2014年宣布由省直管的，当年，榆林市的人均GDP增长速度从上年的34%大幅下降为-5%，2015年和2016年的增速也非常缓慢，是榆林市历史上人均GDP增速最慢的时期，2017年，经国务院批准，民政部下发了《关于同意陕西省撤销神木县设立县级神木市的批复》，神木撤县设市。神木市由陕西省直辖，但由榆林市代管。根据表5.25的数据，神木市由榆林市代管的当年，人均GDP增速从上年的2%重新回到两位数的增长，上升到24%，同年，榆林市的财政自给率系数从上年的48%上升到63%。

表5.25 陕西省"省直管县"改革样本城市财政与经济发展趋势统计

	项目	2008年	2009年	2010年	2011年	2012年	2013年	2014年	2015年	2016年	2017年
榆林市	一般预算收入增速	0.39	0.52	0.41	0.49	0.24	0.22	0.13	0.02	-0.11	0.53
	一般预算支出增速	0.41	0.51	0.32	0.47	0.16	0.07	0.21	0.01	0.10	0.17
	人均GDP增速	0.38	0.00	1.18	0.07	0.23	0.34	-0.05	0.05	0.02	0.24
	财政自给率系数	0.47	0.47	0.50	0.51	0.55	0.63	0.59	0.59	0.48	0.63
延安市	一般预算收入增速	0.08	0.07	0.12	0.10	0.13	0.11	0.12	0.09	-0.25	1.00
	一般预算支出增速	0.40	0.09	0.10	0.20	0.25	0.19	0.30	-0.11	0.15	0.74
	人均GDP增速	0.06	0.00	0.03	0.06	0.32	0.05	0.09	0.12	-0.06	-0.11
	财政自给率系数	0.70	0.69	0.70	0.65	0.58	0.54	0.47	0.58	0.38	0.43

续表

	项目	2008年	2009年	2010年	2011年	2012年	2013年	2014年	2015年	2016年	2017年
渭南市	一般预算收入增速	0.43	0.45	0.37	0.28	0.21	0.33	0.12	0.12	-0.08	0.14
	一般预算支出增速	0.42	0.30	0.31	0.40	0.23	0.23	0.13	0.14	-0.02	0.12
	人均GDP增速	0.23	0.24	0.22	0.33	0.19	-0.07	0.18	0.05	0.08	0.11
	财政自给率系数	0.18	0.18	0.16	0.16	0.17	0.17	0.16	0.16	0.16	0.18

资料来源：根据中经统计数据库中陕西省样本城市相关年份统计数据整理所得。

更值得提及的是神木市，作为陕西省第一大经济强县，2014年成为陕西省全面"省直管县"改革的试点，2013~2016年：神木市经历了史上人均GDP增速最低的一段时期，2015年，人均GDP出现了-17%的增长，其他年份也都是个位数的增长速度。2017年7月，神木撤县设市由榆林代管的当年，人均GDP增速达到21%，次年为16%。

（2）"省直管县"改革对延安市的影响效应分析。

延安市在陕西省的10个地级市中综合实力排名第7。其下辖的延长县是财政"省直管县"第一批改革试点县，2009年，吴起县和志丹县成为"扩权强县"的试点，与其他大多数"扩权强县"改革试点县一样，这两个县可以被定义为经济强县，2010年，吴起县又因率先在全国实施15年免费教育而名享全国，是中国西部经济发展强县。在三个试点县中，延长县的经济增速在改革期间快于吴起县和志丹县，两个经济强县经济增速的放缓对延安市的影响是肯定的，数据显示，在一般预算收支速度保持稳定的同时，延安县的财政自给能力逐年下降，截至2017年，与全省平均水平基本持平。因此，就陕西省的样本来看，"扩权强县"改革非但没有表现出对县域经济的促进作用，还拖累了市一级的经济绩效。

（3）"省直管县"改革对渭南市的影响效应分析。

截至2017年，渭南市在陕西省10个地级市的综合排名中位居第5，如果只看人均GDP的话，排名还要靠后一些。韩城市2012年被设为陕西省内计划单列市之前，隶属于渭南市。表5.25中渭南市的数据显示，2012年，渭南市的一般公共预算收支增速和人均GDP增速都有显著的下降，渭南县本身财政自给能力就偏低，严重低于西部地区县级行政单位30%的平均水平。近年来，渭南市大有被延安和宝鸡超越的趋势。渭南市的工业基础相对较弱，是传统的农业大市，是全国重要的商品粮基地，工业主要以原煤等传统能源为主，县域经济普遍不强，经济增长缺乏有力的新产能支撑。韩城市作为陕西省文化旅游强市，工业重镇，省十强县市前三名，渭南重要的工业支撑和经济力量。2017年，韩城市的地方财政收入达30亿元，渭南市为67.7亿元。因此，这样一个县由市管上划为省管，对于渭南市的经济和财力发展来说可当得上釜底抽薪，因此，统计数据显示，韩城市列为省内计划单列市的2012年，渭南市的一般公共预算收支增速、人均GDP增速都呈现出了明显的下降，一般公共预算支出增速下降42.5%，一般公共预算收入增速下降42%，人均GDP增速下降42%。

2012年，韩城市被列为省内计划单列市时，省市县三级关系的定位是：经济社会发展的重大决策和重大项目，韩城市在向省上报请示的同时，要向渭南市汇报，请求支持。目前，韩城市由渭南市代管。加上前面所说的神木市，陕西省两大经济强县在经过一个阶段的省直管后，开始由市代为管理，这样的选择与区域经济发展战略有着莫大的关联，地区经济发展的碎片化是无法形成聚集效应的，这与陕西省着力打造区域特色发展引领区、"一带一路"沿线有国际竞争力的新型城市群等战略相冲突。对县域经济的发展，陕西省当前的定位是市域副中心城市，因此，市县之间的协同与整合是必然的选择。

5.7 小结

通过对样本省份各类"省直管县"改革不同时期试点县市的经济和财政数据进行统计分析发现：

（1）从总体趋势来看，"省直管县"改革的两项预期目标，财政效应和经济效应都不是很理想。从财政效应来看，最显著的是青海省，但青海省只在省级转移支付层面实现了对县的直管，县与市的财政隶属关系一直存在，且发挥着主导的作用。这很难形成有说服力的经验。绝大部分试点县，在财政"省直管县"改革的早期，财政能力呈现出向好的趋势，但这种效应仅是短期的。

经济效应方面，"省直管县"改革的成效与试点县本身的经济发展水平高度相关。经济弱县并没有因为改革而表现出更好的经济增长绩效。

（2）从改革对市县关系的影响来看，县的分治对市的影响取决于市县力量的对比，这其中存在显著的棘轮效应。弱市会因为"省直管县"而失去强市的支撑，经济和财政两个方面都受到削弱。强市的分立会因为摆脱了市级的束缚而表现出更好的财政和经济方面的绩效。

（3）陕西省的样本说明，"省直管县"改革中，"强市+强县"的组合样本出现了双方财政和经济数据的下滑。我们判断这有可能仅是统计口径变化引起的。

（4）与大面积的"省直管县"改革试点成效不显著相比，有选择性地对区域中心城市赋权，是发展地区经济的一个更为有效的办法，这是分析"省直管县"改革创新样本得出的结论。

第 6 章

欠发达地区"省直管县"改革效应的实证检验

6.1 双重差分方法的适用性

双重差分法（differences-in-differences，DID），也叫倍差法，其本质就是面板数据的固定效应估计。是目前使用最为广泛的一类对公共政策效果进行评估的办法。最早在20世纪70年代末由学者将DID方法引入经济学研究领域中（Ashenfelter，1978）。比较有代表性的文献包括：有学者运用双重差分方法进行研究发现，美国1986年的税制改革提高了单身母亲的劳动参工率（Eissaand & Liebman，1996）。有学者则用DID方法研究了儿童福利补贴对母亲劳动供给的影响（Bakeretal，2008）。在国内文献方面，最早将DID方法引入国内经济学研究领域的是周黎安和陈烨（2005），DID方法被用于研究税费改革如何影响农民的收入。徐现祥等（2007）运用该方法评估了省级领导的交流制度与经济增长之间的关系。史宇鹏、周黎安（2007）利用DID模型考察了计划单列市这一设置对地区经济增长的影响，研究结果表明中央计划单列市对市经济增长有显著的促进作用，省级计划单列市这一效果不明显。赵海利（2011）运用DID模型证明了浙江省"扩权强县"对县域经济增长的促进作用。毛捷（2012）通过DID模型分析2000~2007年中国多个省份的县级数据发现，"省直管县"改革能够促进试点县的经济增长和财力增长，但在地区间存在效应的差异，因此，这一改革的实施应该体现地区差异而非"一刀切"。王（Wang，2013）则用同样的方法评估我国设立的经济开发区增长效应，证明了早期的这一制度设计通过吸引更多的外资加速了经济的增长，但设置时间较晚的话，这一作用有减弱的趋势。目前，与双重差分方法相关的学术期刊论文检索有超过2万条记录，研究范围遍及贸易政策、金融政策、税收政策、公共卫生政策、财政货币政策等几乎所有政府公共政策效果的评估和评价。

双重差分方法的优势在于能够在很大程度上避免内生性问题，这是公共政策评估过程中最常遇到的障碍。前述的统计分析中，通过变量在考察期的均值来衡量和对比改革的效应，因此会造成对个体差异的忽视，双重差分方法能够较好地弥补这个问题。另外，固定效应模型也能够在一定程度上减轻变量遗漏造成的影响。在对"省直管县"改革的效应进行评估过程中，涉及改革的财政效应和经济效应的评价，但是在10年的改革过程中，诸多除改革之外的因素可能对政府的财政能力和经济绩效造成影响，而很多原因可能是我们没有察觉到的，特别是针对中国欠发达县域经济发展这样一个复杂的问题。欠发达地区"省直管县"改革的过程中，多数样本省份都是采取试点先行的做法，因此，我们能有效地确定实验组和对照组，并通过二者的比较来确定改革的实际效果。另外，按照"省直管县"改革的目标将改革的效应分为市县经济增长的效应和县级财政解困的效应。经济增长一定带来财政收入的增长，同时，如果因为"省直管县"改革为县级财政带来了规模更大的上级财政资金支持的话，那么对地方经济也会有促进作用，因此，需要一个能够有效克服内生性问题的实证检验方法，在这一点上双重差分方法能够很好的胜任。

6.2 指标的选择和模型设定

6.2.1 指标选择

双重差分模型设置的具体方法为：根据"省直管县"改革的试点范围，构造"处理组"（试点县）和"控制组"（非试点县）。通过控制其他因素，对比"省直管县"改革推行前后，"处理组"和"控制组"在财政自给率、人均 GDP 增长率两个指标改革前后变化情况的差异对改革的效果进行评估。在虚拟变量的设置上，处理组：Treated = 1，控制组：Treated = 0，"省直管县"改革前：d = 0，"省直管县"改革当年和之后：d = 1，DID 体现为 Treated 和 d 的交互项。应变量为考察对象的人均 GDP 增长率（pgdp）和财政自给率系数（FinRatio）。本书将考察地区人口数量作为控制变量（lnPOP）。

如前所述，欠发达地区包括青海省、甘肃省、云南省、贵州省、广西壮族自治区和陕西省。通过对各省份改革的具体情况进行分析发现，青海省的改革并不彻底，省级对县级的财政管理只涉及省级财政对县级的转移支付，除此之外，市县级之间的财政往来关系并没有发生改变，并不是真正意义上的财政"省直管县"改革，因此，将其排除在运用双重差分检验改革效果之外。广西由于在全域内开展了"省直管县"改革,包括财政"省直管县"改革和"扩权强县"改革,因此无法引入非试点县构造对照组,无法引入双重差分方法。

对于甘肃以外的地区,选取多期 DID 模型来验证改革效果。多期 DID 模型设置的具体方法为:根据"省直管县"改革的试点范围,构造"处理组"(试点县)和"控制组"(非试点县)。其中控制组选取从未实施过改革的县和改革年份之前的地区本身作为改革处理组的对照样本。通过控制人口、地区、年份效应,对比"省直管县"改革推行前后,"处理组"和"控制组"在财政自给率和人均 GDP 增长率两个指标改革前后变化情况的差异,对改革的效果进行评估。在虚拟变量的设置上,处理组:treat = 1,控制组 treat = 0;对于多期 DID 虚拟变量 d 来说,如果是从未实施过改革的控制组或者处在改革年份之前的处理组,则 d = 0,如果处在改革年份之后的处理组,则 d = 1。

6.2.2 模型设定

本书运用随机效应模型开展甘肃省样本县"省直管县"改革效应的双重差分回归,模型的设定具体如下:

$$pgdp_{it} = a_0 + a_1 \times Treated_{it} + a_1 \times policy_{it} + a_2 \times DID_{it} + a_3 \times lnpop_{it} + e_{it}$$

$$finratio_{it} = a_0 + a_1 \times Treated_{it} + a_1 \times policy_{it} + a_2 \times DID_{it} + a_3 \times lnpop_{it} + e_{it}$$

对于其他省份,采用 F 检验和豪斯曼检验来分析应该选择哪个模型来分析多期 DID,如果没有通过 F 检验或者豪斯曼检验无结果,则选取混合 OLS 模型;如果通过了 F 检验,没有通过豪斯曼检验,则选取随机效应模型;如果既通过了 F 检验,又通过了豪斯曼检验,则选取固定效应模型。多期 DID 模型的设定具体如下:

$$pgdp_{it} = a_0 + a_1 \times d + a_2 \times lnpop_{it} + v_i + u_t + e_{it}$$

$$finratio_{it} = a_0 + a_1 \times d + a_2 \times lnpop_{it} + v_i + u_t + e_{it}$$

其中,pgdp 是人均 gdp,finratio 是财政自给率系数,d 是多期 did 的虚拟变量,lnpop 是人口总数的对数,v 是地区固定效应,u 是时间固定效应,e 是误差项。

为了研究改革政策对各省份影响的时间变化趋势,引进了时间变化趋势模型,具体模型设定如下:

$$pgdp_{it} = a_0 + \sum_{t=2007}^{2018} a_t \times d_{it} \times (year = t) + a_2 \times lnpop_{it} + v_i + u_t + e_{it}$$

$$finratio_{it} = a_0 + \sum_{t=2007}^{2018} a_t \times d_{it} \times (year = t) + a_2 \times lnpop_{it} + v_i + u_t + e_{it}$$

其中,(year = t) 的含义是,如果 t = 2016 时,年份等于 2016,则该变量的值为1，否则就为0，其他年份也是如此。

6.3 数据来源和描述统计

6.3.1 数据来源

样本数据来自4个样本省份的175个样本县的财政一般公共预算收支规模、GDP规模和人口数量。数据观测的时间范围，根据数据可得的权威渠道，为改革之前的2006~2017年。

所有数据均来源于各个观测样本2006~2017年经济与社会发展统计公报和中经网统计数据库中的分省宏观年度库、县域年度库、城市年度库中的统计结果。

6.3.2 描述统计与t检验结果

1. 甘肃省数据描述统计结果

甘肃省数据描述统计结果如表6.1所示。

表6.1 甘肃省数据描述统计结果

组别	变量	含义	观测值	均值	中位数	最大值	最小值	标准差
对照组	pgdp	人均GDP	156	1.505	1.221	4.813	0.170	0.976
	finratio	财政自给率	156	0.126	0.110	0.351	0.042	0.064
	lnpop	人口对数值	156	3.556	3.661	4.622	2.365	0.536
处理组	pgdp	人均GDP	120	2.206	1.122	9.509	0.245	2.324
	finratio	财政自给率	120	0.143	0.111	0.354	0.020	0.094
	lnpop	人口对数值	120	2.894	2.944	4.065	1.577	0.624
总体	pgdp	人均GDP	276	1.810	1.166	9.509	0.170	1.731
	finratio	财政自给率	276	0.133	0.110	0.354	0.020	0.079
	lnpop	人口对数值	276	3.268	3.267	4.622	1.577	0.662

2. 甘肃省 T 检验结果

（1）对对照组和处理组的三个指标进行独立样本 t 检验，得到结果如表 6.2 所示。

表 6.2　　　对对照组和处理组的三个指标进行独立样本 t 检验结果

变量	对照组	处理组	差值	p 值
pgdp	1.505	2.206	-0.7011	0.0008
finratio	0.126	0.143	-0.0170	0.0754
lnpop	3.556	2.894	0.6619	0.0000

（2）甘肃省对政策实施前后的三个指标进行配对样本 t 检验，得到结果如表 6.3 所示。

表 6.3　　　甘肃省对政策实施前后的三个指标进行配对样本 t 检验结果

变量	政策前	政策后	差值	p 值
pgdp	1.490	2.149	-0.6586	0.0015
finratio	0.131	0.135	-0.0042	0.6620
lnpop	3.435	3.091	0.3438	0.0000

通过甘肃省的对照组和处理组三个指标的独立样本 t 检验结果可以知道，pgdp 在对照组和处理组之间差值是 -0.7011，且该差值的 p 值小于 0.01，说明 pgdp 均值差异是至少在 1% 的水平上显著；finratio 在对照组和处理组之间的差值为 -0.0170，且该差值的 p 值小于 0.1，说明 finratio 均值差异是至少在 10% 的水平上是显著的；lnpop 在对照组和处理组之间的差值为 0.6619，且该差值的 p 值小于 0.1，说明在 1% 的显著性水平下无法拒绝 lnpop 均值在处理组和对照组之间的差异。通过甘肃省的对照组和处理组三个指标的独立样本 t 检验可以知道，改革后的 pgdp 均值比政策前的要小 -0.6586，且该差异的 p 值是小于 0.01 的，说明在 1% 的显著性水平下是无法拒绝 pgdp 均值在处理组和对照组之间的差异；finratio 在政策前和政策后的差值为 -0.0042，但该差值的 p 值是远大于 0.1 的，说明它们之间的差异是不显著的；政策后的 lnpop 均值与政策前的差值为 0.3438，且该差值的 p 值小于 0.01，说明在 1% 的显著性水平下是无法拒绝 lnpop 均值在处理组和对照组之间的差异。

3. 云南省数据的描述统计结果

云南省数据描述统计如表6.4所示。

表6.4 云南省数据描述统计

组别	Variable	Obs	Mean	Std. Dev.	Min	Max
对照组	lnpop	352	3.464	0.512	2.639	4.663
	pgdp	310	0.139	0.0951	−0.324	0.581
	finratio	384	0.211	0.106	0.0438	0.563
处理组	lnpop	121	3.709	0.715	2.833	5.118
	pgdp	110	0.143	0.0893	−0.134	0.398
	finratio	132	0.368	0.199	0.078	0.949
总体	lnpop	473	3.526	0.58	2.639	5.118
	pgdp	420	0.14	0.0935	−0.324	0.581
	finratio	516	0.251	0.152	0.0438	0.949

4. 云南省T检验结果

（1）对对照组和处理组的三个指标进行独立样本t检验，得到结果如表6.5所示。

表6.5 对对照组和处理组的三个指标进行独立样本t检验结果

变量	对照组	处理组	差值	p值
pgdp	0.1391471	0.1400271	−0.0033599	0.3733
lnpop	3.463658	3.708671	−0.2450133	0.0000
finratio	0.2112491	0.3676725	−0.1564234	0.0000

（2）对政策实施前后的三个指标进行配对样本t检验，得到结果如表6.6所示。

表 6.6　　　　对政策实施前后的三个指标进行配对样本 t 检验结果

变量	政策前	政策后	差值	p 值
pgdp	0.1426381	0.1305871	-0.012051	0.1385
lnpop	3.474552	3.743716	-0.2691646	0.0000
finratio	0.2316227	0.3407273	-0.1091046	0.0000

通过云南省的对照组和处理组三个指标的独立样本 t 检验结果可以知道，pgdp 在对照组和处理组之间差值是 -0.0033599，且该差值的 p 值远大于 0.01，说明 pgdp 均值差异是不显著的；lnpop 在对照组和处理组之间的差值为 -0.2450133，且该差值的 p 值小于 0.01，说明 lnpop 均值差异是至少在 1% 的水平上是显著的；finratio 在对照组和处理组之间的差值为 -0.1564234，且该差值的 p 值小于 0.01，说明在 1% 的显著性水平下无法拒绝 finratio 均值在处理组和对照组之间的差异。通过云南省的对照组和处理组三个指标的独立样本 t 检验可以知道，政策后的 pgdp 均值与政策前的差值为 -0.012051，且该差异的 p 值是 0.1385，大于 0.1，说明 pgdp 均值在处理组和对照组之间的差异不显著；lnpop 在政策前和政策后的差值为 -0.2691646，但该差值的 p 值是小于 0.01 的，说明在 1% 的显著性水平下无法拒绝 lnpop 均值在处理组和对照组之间的差异；政策后的 finratio 均值与政策前的差值为 -0.1091046，且该差值的 p 值小于 0.01，说明政策的实施，会显著减少财政自给率。

5. 贵州省数据的描述统计结果

贵州省数据描述统计如表 6.7 所示。

表 6.7　　　　　　　　贵州省数据描述统计

组别	Variable	Obs	Mean	Std. Dev.	Min	Max
对照组	lnpop	120	3.327	0.31	2.639	3.894
	pgdp	99	0.167	0.086	-0.0462	0.505
	finratio	120	0.173	0.0692	0.0659	0.407
处理组	lnpop	288	4.009	0.531	2.695	5.043
	pgdp	264	0.166	0.0752	-0.00926	0.405
	finratio	288	0.225	0.108	0.0823	0.603
总体	lnpop	408	3.808	0.569	2.639	5.043
	pgdp	363	0.166	0.0781	-0.0462	0.505
	finratio	408	0.21	0.101	0.0659	0.603

6. 贵州省 T 检验结果

(1) 对对照组和处理组的三个指标进行独立样本 t 检验,得到结果如表 6.8 所示。

表 6.8　　　对对照组和处理组的三个指标进行独立样本 t 检验结果

变量	对照组	处理组	差值	p 值
pgdp	0.1660291	0.1674687	0.0014396	0.8760
lnpop	3.32737	4.008918	-0.6815482	0.0000
finratio	0.1726246	0.2250382	-0.0524136	0.0000

(2) 对政策实施前后的三个指标进行配对样本 t 检验,得到结果如表 6.9 所示。

表 6.9　　　对政策实施前后的三个指标进行配对样本 t 检验结果

变量	政策前	政策后	差值	p 值
pgdp	0.1697669	0.1640391	0.0057278	0.4920
lnpop	3.522533	4.072812	-0.5502788	0.0000
finratio	0.202722	0.216002	-0.0132801	0.1834

通过贵州省的对照组和处理组三个指标的独立样本 t 检验结果可以知道,pgdp 在对照组和处理组之间差值是 0.0014396,且该差值的 p 值远大于 0.01,说明 pgdp 均值差异是不显著的;lnpop 在对照组和处理组之间的差值为 -0.6815482,且该差值的 p 值小于 0.01,说明 lnpop 均值差异是至少在 1% 的水平上是显著的;finratio 在对照组和处理组之间的差值为 -0.0524136,且该差值的 p 值小于 0.01,说明在 1% 的显著性水平下无法拒绝 finratio 均值在处理组和对照组之间存在差异。通过贵州省的对照组和处理组三个指标的独立样本 t 检验可以知道,政策后的 pgdp 均值比政策前的要小 0.0057278,且该差异的 p 值是 0.4920,大于 0.1,说明 pgdp 均值在处理组和对照组之间的差异是不显著的;lnpop 在政策前和政策后的差值为 -0.5502788,但该差值的 p 值是小于 0.01 的,说明在 1% 的显著性水平下是无法拒绝 lnpop 均值在处理组和对照组之间存在差异;政策后的 finratio 均值与政策前的差值为 -0.0132801,且该差值的 p 值为 0.1834,说明 finratio 均值在处理组和对照组之间的差异是不显著的。

7. 陕西省数据的描述统计结果

陕西省数据描述统计如表 6.10 所示。

表 6.10 　　　　　　　　陕西省数据描述统计

组别	变量	Obs	Mean	Std. Dev.	Min	Max
对照组	lnpop	120	12.55	0.469	11.7	13.21
	pgdp	90	0.151	0.131	-0.229	0.666
	finratio	120	0.166	0.162	0.0405	0.741
处理组	lnpop	324	12.33	0.913	10.39	13.6
	pgdp	243	0.136	0.115	-0.342	0.579
	finratio	324	0.249	0.269	0.0259	1.104
总体	lnpop	444	12.39	0.823	10.39	13.6
	pgdp	333	0.14	0.12	-0.342	0.666
	finratio	444	0.227	0.248	0.0259	1.104

8. 陕西省 t 检验结果

（1）对对照组和处理组的三个指标进行独立样本 t 检验，得到结果如表 6.11 所示。

表 6.11　　对对照组和处理组的三个指标进行独立样本 t 检验结果

变量	对照组	处理组	差值	p 值
pgdp	0.1513983	0.1359765	0.1401445	0.2967
lnpop	12.552	12.33075	0.2212577	0.0117
finratio	0.1659955	0.2492167	-0.0832212	0.0016

（2）对政策实施前后的三个指标进行配对样本 t 检验，得到结果如表 6.12 所示。

表6.12　对政策实施前后的三个指标进行配对样本 t 检验结果

变量	政策前	政策后	差值	p 值
pgdp	0.1607364	0.1313068	0.0294296	0.0394
lnpop	12.60525	12.27766	0.3275985	0.0001
finratio	0.2219547	0.2292323	-0.0072776	0.7688

通过陕西省的对照组和处理组三个指标的独立样本 t 检验结果可以知道，pgdp 在对照组和处理组之间差值是 0.1401445，且该差值的 p 值为 0.2967，远大于 0.01，说明 pgdp 均值差异是不显著的；lnpop 在对照组和处理组之间的差值为 0.2212577，且该差值的 p 值小于 0.05，说明 lnpop 均值差异是至少在 5% 的水平上是显著的；finratio 在对照组和处理组之间的差值为 -0.0832212，且该差值的 p 值小于 0.01，说明在 1% 的显著性水平下无法拒绝 finratio 均值在处理组和对照组之间存在差异。通过陕西省的对照组和处理组三个指标的独立样本 t 检验可以知道，政策后的 pgdp 均值比政策前的要小 0.0294296，且该差异的 p 值是 0.0394，小于 0.05，说明 pgdp 均值在处理组和对照组之间的差异至少在 5% 的水平上显著；lnpop 在政策前和政策后的差值为 0.3275985，但该差值的 p 值是小于 0.01 的，说明在 1% 的显著性水平下无法拒绝 lnpop 均值在处理组和对照组之间存在差异；政策后的 finratio 均值与政策前的差值为 -0.0072776，且该差值的 p 值为 0.7688，远大于 0.1，说明 finratio 均值在处理组和对照组之间的差异是不显著的。

6.4 "省直管县"改革效果的双重差分回归

由于欠发达地区在经济社会的发展水平、资源环境和资源禀赋以及人文环境方面都有显著的差异，改革效果检验是分省份进行的，主要是为了避免地区差异造成数据的异质性对检验结果的可信度带来影响。对于甘肃以外的省份，本书采取多期 DID 模型和时间变化趋势模型来分析改革政策效果。

6.4.1 甘肃省财政"省直管县"改革效果的检验

（1）平行趋势。

从图 6.1 的人均 GDP 增速平行趋势可以看出，在 2008~2015 年，处理组的人均 GDP 均值比控制组的都要大，它们之间的差距是先增大后减少到 0，从 2015

年到 2017 年，控制组的人均 GDP 均值开始超越处理组的，该差值大幅增加然后大幅下降。从图 6.2 的财政自给率平行趋势可以看出，在 2007~2014 年，处理组的财政自给率比控制组的财政自给率要高，在 2014 年之后，控制组的财政自给率开始超过处理组，并逐渐趋同。

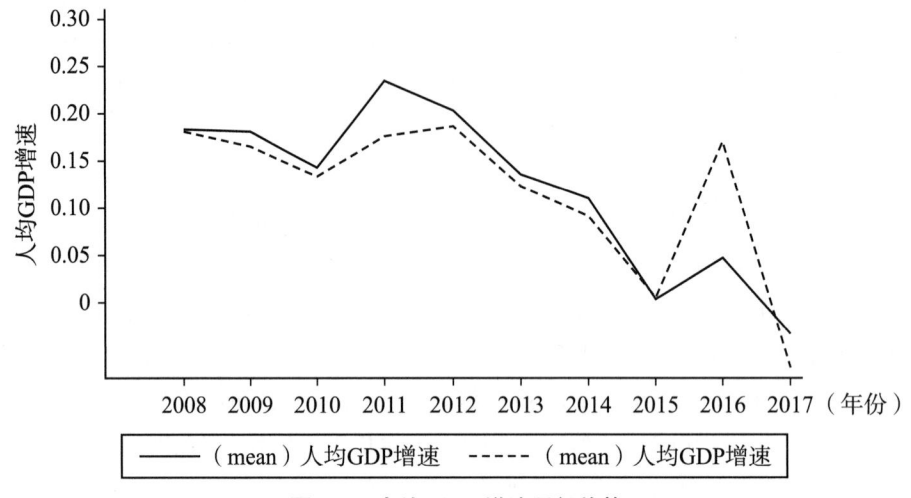

图 6.1 人均 GDP 增速平行趋势

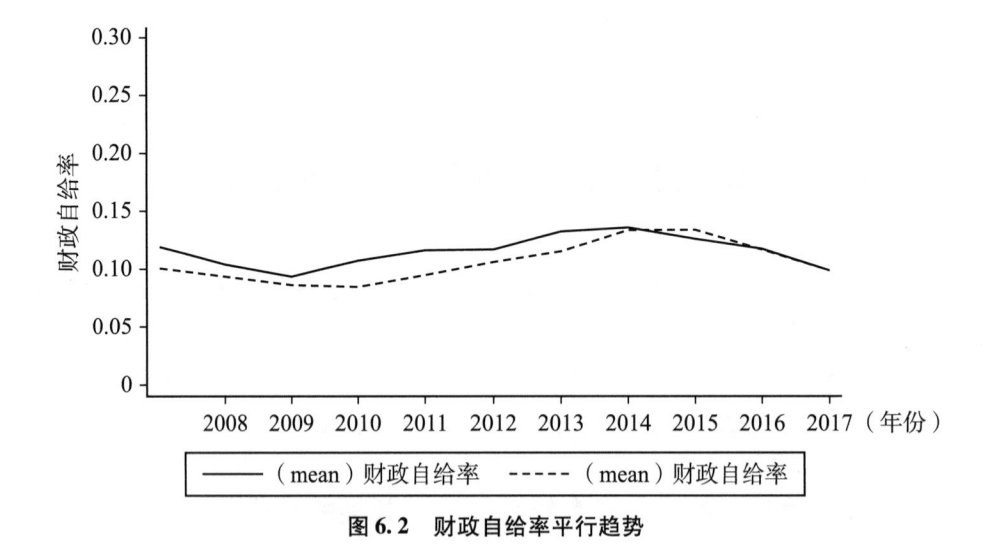

图 6.2 财政自给率平行趋势

（2）DID 回归结果——财政效应如表 6.13 所示。

表6.13　　　　　　　　DID回归结果——财政效应

被解释变量：finratio	（1）全部样本	（2）设区市	（3）县
Treated	-0.0480 (0.0351)	0.1330 (0.1146)	-0.0675 (0.0449)
policy	-0.0133 (0.0178)	0.0231 (0.0425)	-0.0246 (0.0188)
DID	0.0478** (0.0196)	0.0162 (0.0436)	0.0502* (0.0277)
lnpop	-0.0535** (0.0216)	0.0466 (0.0478)	-0.0865*** (0.0228)
_cons	0.3199*** (0.0802)	-0.1341 (0.2097)	0.4420*** (0.0833)
R^2	0.0859	0.2802	0.2468
Wald X^2	25.48***	16.26***	17.00***
N	276	96	180

注：*表示在10%水平显著，**表示在5%水平显著，***表示在1%水平显著。括号内为标准误。

（3）DID回归结果——经济效应如表6.14所示。

表6.14　　　　　　　　DID回归结果——经济效应

被解释变量：pgdp	（1）全部样本	（2）设区市	（3）县
Treated	-2.8444*** (0.8258)	-8.9240** (3.7907)	-1.4931** (0.5856)
policy	0.4735 (0.3697)	-0.1885 (0.9358)	0.5230* (0.3058)
DID	0.6708* (0.4057)	1.2363 (0.9593)	0.2375 (0.4807)
lnpop	-4.2620*** (0.4849)	-9.2300*** (1.3081)	-1.6522*** (0.2948)

续表

被解释变量：pgdp	（1）全部样本	（2）设区市	（3）县
_cons	16.5275 *** (1.8051)	36.2282 *** (6.0687)	7.3076 *** (1.0732)
R^2	0.1103	0.0139	0.2782
Wald X2	139.27 ***	88.33 ***	43.42 ***
N	276	96	180

注：* 表示在10%水平显著，** 表示在5%水平显著，*** 表示在1%水平显著。括号内为标准误。

财政效应的回归结果显示，财政"省直管县"改革对甘肃省试点县的财政自给能力有微弱的改善效应。但是，如果考虑到近10年来，甘肃省各县的财政自给率系数都呈现普遍降低的趋势，试点县能够维持之前的水平并有小幅的增加，可以肯定财政"省直管县"改革对缓解甘肃省试点县县域财政困境是有正面作用的。

经济效应方面，财政"省直管县"改革对试点县及其所隶属的市的经济增长都不存在显著影响。由于改革之初有意识地选择了财政困难程度较深的县，因此，控制组的经济增长速度高于处理组也就可以理解了。

结论是，在甘肃省，财政"省直管县"改革对试点县的经济增长没有显著的影响，促进县域经济发展的预期目标没有实现。

（4）DID回归结果及系数——经济效应如表6.15和图6.3所示。

表6.15　　　　　　　　DID回归结果及系数——经济效应

项目	（1）pgdp	（2）pgdp	（3）pgdp	（4）pgdp	（5）pgdp	（6）pgdp
d2008	0.0655 *** (3.05)	0.0151 (0.51)	0.0231 (0.83)	0.0199 (0.53)	0.0655 *** (3.08)	0.0199 (0.40)
d2009	0.0376 (1.32)	-0.0107 (-0.31)	0.0000799 (0.00)	-0.00768 (-0.22)	0.0376 (1.33)	-0.00768 (-0.15)
d2010	0.0279 (1.19)	0.0208 (0.74)	0.00658 (0.21)	0.0166 (0.55)	0.0279 (1.20)	0.0166 (0.33)

续表

项目	(1) pgdp	(2) pgdp	(3) pgdp	(4) pgdp	(5) pgdp	(6) pgdp
d2011	0.105*** (4.69)	0.0557* (1.91)	0.0842*** (3.25)	0.0454 (1.17)	0.105*** (5.42)	0.0454 (0.97)
d2012	0.0731*** (3.57)	0.0124 (0.28)	0.0557** (2.17)	-0.0135 (-0.34)	0.0731*** (4.42)	-0.0135 (-0.29)
d2013	0.00499 (0.33)	0.00793 (0.65)	-0.00770 (-0.31)	-0.0171 (-0.57)	0.00499 (0.44)	-0.0171 (-0.37)
d2014	-0.0190 (-0.82)	0.0154 (0.64)	-0.0304 (-1.07)	-0.00695 (-0.20)	-0.0190 (-0.88)	-0.00695 (-0.15)
d2015	-0.128*** (-5.97)	-0.00737 (-0.33)	-0.138*** (-4.69)	-0.0328 (-0.96)	-0.128*** (-6.00)	-0.0328 (-0.70)
d2016	-0.0817*** (-4.82)	-0.124 (-1.08)	-0.0873*** (-2.96)	-0.117 (-1.23)	-0.0817*** (-4.98)	-0.117** (-2.52)
d2017	-0.162*** (-7.98)	0.0333 (1.07)	-0.167*** (-5.37)	0.0415 (0.80)	-0.162*** (-8.23)	0.0415 (0.89)
lnpop	-0.0250 (-1.20)	-0.0224 (-1.07)	-0.621* (-1.89)	-0.609* (-1.80)	-0.0250* (-1.84)	-0.609*** (-8.68)
_cons	0.436 (1.64)	0.454* (1.76)	6.862* (1.94)	6.734* (1.85)	0.436** (2.56)	7.634*** (8.89)
area	No	No	Yes	Yes	No	Yes
year	No	Yes	No	Yes	No	Yes
N	600	600	600	600	600	600
R^2	0.149	0.244	0.296	0.375	—	0.340
F	24.03	20.81	5.539	6.391	—	13.39
Model	mix	mix	mix	mix	re	fe
hausman			—			

注：*表示在10%水平显著，**表示在5%水平显著，***表示在1%水平显著。括号内为标准误。

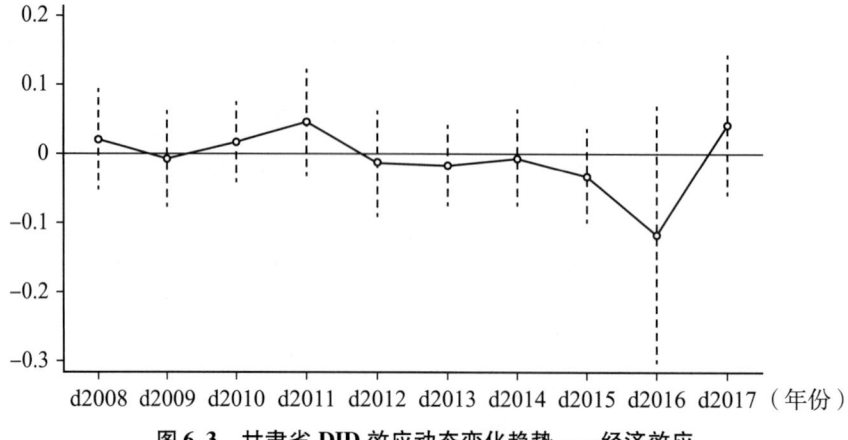

图 6.3　甘肃省 DID 效应动态变化趋势——经济效应

从甘肃省的经济效应 DID 回归结果及系数可以看出,豪斯曼检验是没有结果的,说明应该选取混合 OLS 模型来实证分析甘肃省的 DID 动态变化趋势。对比表 6.15 中(3)列和(4)列,在控制年份效应之后,大部分年份 DID 都要小于未控制年份之前,说明甘肃的经济增长效应中包含时间增长效应。在 2012~2016 年,DID 系数的值均为负,2016~2017 年,DID 系数大幅度增长,并且变正,但结果不显著,由此说明,政策对人均 GDP 增速有着较微弱的促进作用。

(5) DID 回归结果及系数——财政效应如表 6.16 和图 6.4 所示。

表 6.16　　　　　　　　DID 回归结果及系数——财政效应

变量	(1) finratio	(2) finratio	(3) finratio	(4) finratio	(5) finratio	(6) finratio
d2007	0.0244 (1.09)	0.0269 (1.08)	0.0101 (0.90)	0.00153 (0.13)	0.0112 (0.76)	0.00153 (0.14)
d2008	0.00454 (0.24)	0.0159 (0.71)	-0.00977 (-1.05)	-0.00947 (-0.82)	-0.00866 (-0.68)	-0.00947 (-0.85)
d2009	-0.00494 (-0.28)	0.0154 (0.75)	-0.0196** (-2.55)	-0.00990 (-1.08)	-0.0182* (-1.68)	-0.00990 (-0.89)
d2010	0.000647 (0.03)	0.0108 (0.53)	-0.0152* (-1.83)	-0.0142 (-1.51)	-0.0130 (-1.11)	-0.0142 (-1.28)

续表

变量	(1) finratio	(2) finratio	(3) finratio	(4) finratio	(5) finratio	(6) finratio
d2011	0.00806 (0.62)	0.0155 (0.97)	0.00639 (1.00)	0.00316 (0.41)	0.00784 (0.98)	0.00316 (0.32)
d2012	0.00955 (0.75)	0.00592 (0.34)	0.00760 (1.19)	−0.00580 (−0.60)	0.00926 (1.26)	−0.00580 (−0.58)
d2013	0.0253* (1.80)	0.0110 (0.61)	0.0230*** (3.23)	−0.000803 (−0.09)	0.0249*** (3.26)	−0.000803 (−0.08)
d2014	0.0289** (2.38)	−0.00298 (−0.18)	0.0265*** (4.15)	−0.0148* (−1.70)	0.0285*** (3.26)	−0.0148 (−1.49)
d2015	0.0188 (1.64)	−0.0136 (−0.73)	0.0163** (2.09)	−0.0254** (−2.28)	0.0184 (1.64)	−0.0254** (−2.54)
d2016	0.0101 (0.98)	−0.00251 (−0.17)	0.00728 (0.82)	−0.0155 (−1.40)	0.00958 (0.80)	−0.0155 (−1.55)
d2017	−0.00840 (−0.78)	−0.00419 (−0.26)	−0.0113 (−1.27)	−0.0172 (−1.46)	−0.00894 (−0.74)	−0.0172* (−1.72)
lnpop	−0.0304*** (−6.44)	−0.0315*** (−6.61)	0.0139 (0.68)	−0.00929 (−0.52)	−0.0187 (−1.24)	−0.00929 (−0.62)
_cons	0.480*** (8.07)	0.490*** (8.28)	−0.103 (−0.46)	0.156 (0.82)	0.337* (1.77)	0.225 (1.22)
area	No	No	Yes	Yes	No	Yes
year	No	Yes	No	Yes	No	Yes
N	660	660	660	660	660	660
R²	0.149	0.174	0.811	0.830	—	0.181
F	4.719	3.966	51.32	57.10	—	5.809
Model	mix	mix	mix	mix	re	fe
hausman	—					

注：* 表示在10%水平显著，** 表示在5%水平显著，*** 表示在1%水平显著。括号内为标准误。

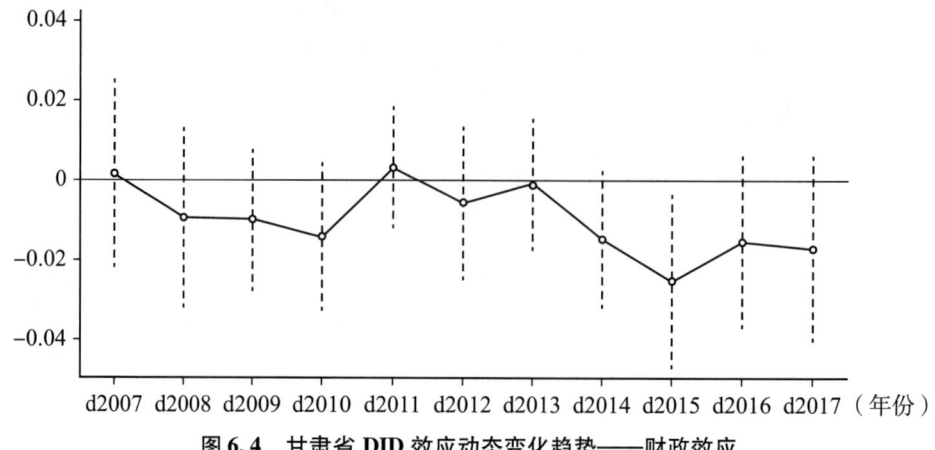

图 6.4 甘肃省 DID 效应动态变化趋势——财政效应

从甘肃省的财政效应 DID 回归动态结果及系数可以看出，豪斯曼检验是没有结果的，说明应该选取混合 OLS 模型来实证分析甘肃省的 DID 动态变化趋势。在同时控制地区效应和年份效应时，DID 的系数整体上呈现下降的趋势，尤其在 2015 年，DID 系数至少在 5% 的水平上显著为负，而且该负向作用在后续年份也一直保持着。模型的 R^2 也高达 0.830，说明模型的拟合优度比较好。综上所述，政策对甘肃省的财政自给能力有着负向的促进作用。

6.4.2 云南省"省直管县"改革效果的检验

（1）DID 回归结果——经济效应如表 6.17 所示。

表 6.17　　　　　　　　DID 回归结果——经济效应

变量	(1) pgdp	(2) pgdp	(3) pgdp	(4) pgdp	(5) pgdp	(6) pgdp
d	-0.00482 (-0.46)	0.00904 (1.03)	-0.0612*** (-2.83)	-0.00878 (-0.38)	-0.00482 (-0.58)	-0.00878 (-0.40)
lnpop	-0.0277*** (-3.29)	-0.0282*** (-4.36)	-0.861*** (-4.80)	-0.453** (-2.33)	-0.0277*** (-4.37)	-0.453*** (-3.22)
_cons	0.239*** (7.91)	0.294*** (11.42)	3.432*** (5.09)	1.887** (2.57)	0.239*** (10.58)	1.789*** (3.61)
area	No	No	Yes	Yes	No	Yes
year	No	Yes	No	Yes	No	Yes

续表

变量	(1) pgdp	(2) pgdp	(3) pgdp	(4) pgdp	(5) pgdp	(6) pgdp
N	420	420	420	420	420	420
R^2	0.0318	0.418	0.166	0.480	—	0.437
F	5.641	28.99	1.846	8.767	—	25.85
Model	mix	mix	mix	mix	re	fe
hausman	—					

注：* 表示在 10% 水平显著，** 表示在 5% 水平显著，*** 表示在 1% 水平显著。括号内为标准误。

(2) DID 回归结果——财政效应如表 6.18 所示。

表 6.18　　　　　　　　DID 回归结果——财政效应

变量	(1) finratio	(2) finratio	(3) finratio	(4) finratio	(5) finratio	(6) finratio
d	0.119*** (6.01)	0.132*** (6.72)	-0.0199 (-0.93)	-0.0153 (-0.72)	-0.0203 (-0.59)	-0.0153 (-1.26)
lnpop	-0.0371*** (-2.97)	-0.0379*** (-3.09)	-0.409*** (-4.56)	-0.408*** (-3.98)	-0.0927** (-2.19)	-0.408*** (-4.82)
_cons	0.361*** (8.30)	0.414*** (8.73)	1.774*** (5.21)	1.783*** (4.58)	0.584*** (3.91)	1.709*** (5.77)
area	No	No	Yes	Yes	No	Yes
year	No	Yes	No	Yes	No	Yes
N	473	473	473	473	473	473
R^2	0.0980	0.119	0.906	0.910	—	0.119
F	19.59	5.373	142.3	107.0	—	4.700
Model	mix	mix	mix	mix	re	fe
hausman	14.621***					

注：* 表示在 10% 水平显著，** 表示在 5% 水平显著，*** 表示在 1% 水平显著。括号内为标准误。

财政效应的回归结果显示，通过豪斯曼检验和 F 检验，应该选取固定效应模型。从固定效应模型那一列可以看出，财政"省直管县"对云南省试点县的财政效应是负向。

经济效应方面,"省直管县"改革对试点县及其所隶属的市的经济增长存在不显著的负向影响。由于改革之初有意识地选择了财政困难程度较深的县,因此,控制组的经济增长速度高于处理组是合理的。

结论是,在云南省,"省直管县"改革从整体来看对试点县的经济增长没有显著的影响,促进县域经济发展的预期目标没有实现。

(3) 多期 DID 回归结果及系数——经济效应如表 6.19 和图 6.5 所示。

表 6.19　　　　　　　多期 DID 回归结果及系数——经济效应

变量	(1) pgdp	(2) pgdp	(3) pgdp	(4) pgdp	(5) pgdp	(6) pgdp
d2009	-0.0281 (-0.83)	-0.0115 (-0.32)	-0.0984*** (-2.76)	-0.0339 (-0.83)	-0.0281 (-0.83)	-0.0339 (-0.98)
d2010	0.0580** (2.29)	0.0356 (1.37)	-0.00670 (-0.24)	0.0122 (0.38)	0.0580** (2.33)	0.0122 (0.35)
d2011	0.0813*** (3.43)	-0.00912 (-0.33)	0.0259 (0.98)	-0.0295 (-0.94)	0.0813*** (3.47)	-0.0295 (-0.85)
d2012	0.0743*** (3.28)	-0.00312 (-0.12)	0.0189 (0.60)	-0.0218 (-0.64)	0.0743*** (3.26)	-0.0218 (-0.63)
d2013	0.0132 (0.88)	0.0207 (1.18)	-0.0366 (-1.56)	0.00364 (0.13)	0.0132 (0.90)	0.00364 (0.11)
d2014	-0.0722** (-2.02)	0.0268 (0.60)	-0.118*** (-2.94)	0.00785 (0.16)	-0.0722** (-2.01)	0.00785 (0.24)
d2015	-0.0533*** (-4.54)	0.00688 (0.46)	-0.0984*** (-4.14)	-0.00957 (-0.36)	-0.0533*** (-4.74)	-0.00957 (-0.30)
d2016	-0.0512*** (-3.95)	0.00243 (0.16)	-0.0886*** (-3.70)	-0.0151 (-0.56)	-0.0512*** (-4.05)	-0.0151 (-0.47)
d2017	-0.0264*** (-3.35)	0.00932 (1.09)	-0.0588** (-2.56)	-0.00583 (-0.24)	-0.0264*** (-3.73)	-0.00583 (-0.18)
lnpop	-0.0285*** (-3.58)	-0.0281*** (-4.30)	-0.812*** (-4.43)	-0.454** (-2.30)	-0.0285*** (-4.63)	-0.454*** (-3.19)
_cons	0.242*** (8.42)	0.294*** (11.29)	3.240*** (4.69)	1.888** (2.54)	0.242*** (10.94)	1.789*** (3.58)

续表

变量	(1) pgdp	(2) pgdp	(3) pgdp	(4) pgdp	(5) pgdp	(6) pgdp
area	No	No	Yes	Yes	No	Yes
year	No	Yes	No	Yes	No	Yes
N	420	420	420	420	420	420
R^2	0.106	0.423	0.226	0.484	—	0.441
F	9.904	17.41	4.153	8.058	—	14.92
Model	mix	mix	mix	mix	re	fe
hausman			—			

注：* 表示在 10% 水平显著，** 表示在 5% 水平显著，*** 表示在 1% 水平显著。括号内为标准误。

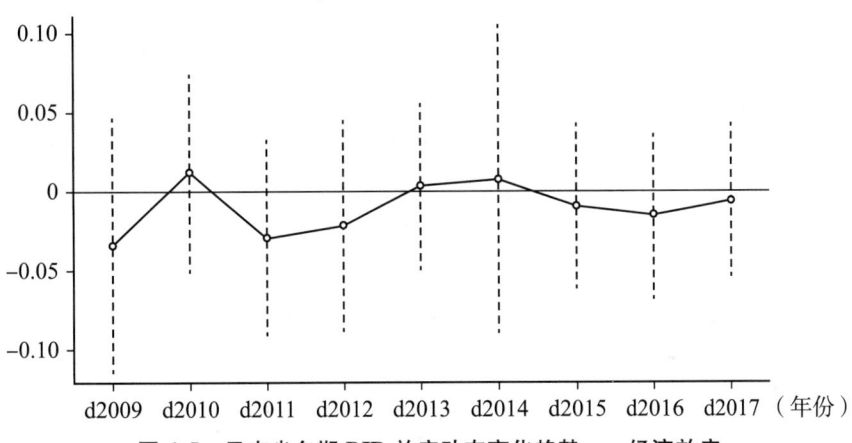

图 6.5 云南省多期 DID 效应动态变化趋势——经济效应

从云南省的经济效应 DID 回归结果及系数可以看出，豪斯曼检验是没有结果的，说明应该选取混合 OLS 模型来实证分析甘肃省的 DID 动态变化趋势。对比表 6.19 中（3）和（4）列，在控制年份效应之后，大部分年份 DID 都要小于未控制年份之前，说明云南的经济增长效应中包含时间增长效应。近些年份的 DID 系数均保持在负数，由此说明，改革对人均 GDP 增速有着较微弱的负向促进作用。但不排除政策实施初期的不适应性因素。

（4）多期 DID 回归结果及系数——财政效应如表 6.20 和图 6.6 所示。

表 6.20　　多期 DID 回归结果及系数——财政效应

变量	(1) finratio	(2) finratio	(3) finratio	(4) finratio	(5) finratio	(6) finratio
d2009	0.0869** (2.19)	0.0921* (1.91)	-0.0306 (-1.27)	-0.0109 (-0.44)	-0.0209 (-0.80)	-0.0109 (-0.51)
d2010	0.0773** (2.19)	0.0779* (1.76)	-0.0375 (-1.55)	-0.0258 (-1.04)	-0.0302 (-1.01)	-0.0258 (-1.20)
d2011	0.0616* (1.78)	0.0638 (1.51)	-0.0487* (-1.92)	-0.0372 (-1.45)	-0.0455 (-1.30)	-0.0372* (-1.73)
d2012	0.0736** (2.06)	0.0737* (1.69)	-0.0367 (-1.40)	-0.0254 (-0.96)	-0.0335 (-0.91)	-0.0254 (-1.18)
d2013	0.156*** (2.61)	0.160** (2.55)	-0.00589 (-0.21)	-0.0187 (-0.63)	-0.00327 (-0.08)	-0.0187 (-0.93)
d2014	0.154*** (2.63)	0.171*** (2.77)	-0.00601 (-0.25)	-0.00927 (-0.37)	-0.00528 (-0.15)	-0.00927 (-0.46)
d2015	0.159** (2.54)	0.189*** (2.90)	-0.000508 (-0.02)	0.0110 (0.45)	0.0000175 (0.00)	0.0110 (0.55)
d2016	0.155** (2.34)	0.181*** (2.63)	-0.001000 (-0.04)	0.00166 (0.06)	-0.00387 (-0.10)	0.00166 (0.08)
d2017	0.114** (2.06)	0.144** (2.49)	-0.0396* (-1.77)	-0.0334 (-1.38)	-0.0446 (-1.46)	-0.0334* (-1.66)
lnpop	-0.0365*** (-2.90)	-0.0371*** (-3.00)	-0.422*** (-4.57)	-0.407*** (-3.97)	-0.0751* (-1.87)	-0.407*** (-4.79)
_cons	0.358*** (8.19)	0.411*** (8.61)	1.826*** (5.20)	1.781*** (4.57)	0.521*** (3.69)	1.707*** (5.74)
area	No	No	Yes	Yes	No	Yes
year	No	Yes	No	Yes	No	Yes
N	473	473	473	473	473	473
R^2	0.110	0.133	0.908	0.911	—	0.133
F	4.223	3.439	133.3	97.06	—	3.143
Model	mix	mix	mix	mix	re	fe
hausman	—					

注：* 表示在 10% 水平显著，** 表示在 5% 水平显著，*** 表示在 1% 水平显著。括号内为标准误。

图 6.6　云南省多期 DID 效应动态变化趋势——财政效应

从云南省的财政效应 DID 回归动态结果及系数可以看出，豪斯曼检验是没有结果的，说明应该选取混合 OLS 模型来实证分析云南省的 DID 动态变化趋势。在同时控制地区效应和年份效应时，DID 的系数整体上在 0 轴以下，尤其在 2017 年，DID 系数从 2016 年的正变为负。模型的 R^2 也高达 0.911，说明模型的拟合优度比较好。综上所述，政策对云南省的财政自给能力有着微弱的负效应。

6.4.3　贵州省"省直管县"改革效果的检验

（1）DID 回归结果——经济效应如表 6.21 所示。

表 6.21　DID 回归结果——经济效应

变量	（1）pgdp	（2）pgdp	（3）pgdp	（4）pgdp	（5）pgdp	（6）pgdp
d	-0.00588 (-0.59)	0.00205 (0.25)	0.0322* (1.94)	0.0246 (1.60)	-0.00588 (-0.67)	0.0246* (1.81)
lnpop	0.000268 (0.03)	-0.00101 (-0.16)	-0.607*** (-4.71)	0.0262 (0.15)	0.000268 (0.04)	0.0262 (0.18)
_cons	0.169*** (5.74)	0.162*** (5.65)	2.035*** (5.09)	0.0748 (0.14)	0.169*** (7.17)	0.0588 (0.10)
area	No	No	Yes	Yes	No	Yes
year	No	Yes	No	Yes	No	Yes
N	363	363	363	363	363	363

续表

变量	(1) pgdp	(2) pgdp	(3) pgdp	(4) pgdp	(5) pgdp	(6) pgdp
R^2	0.00131	0.436	0.132	0.508	—	0.473
F	0.218	41.09	1.406	15.89	—	23.75
Model	mix	mix	mix	mix	re	fe
hausman	—					

注：* 表示在 10% 水平显著，** 表示在 5% 水平显著，*** 表示在 1% 水平显著。括号内为标准误。

(2) DID 回归结果——财政效应如表 6.22 所示。

表 6.22　　　　　　　　DID 回归结果——财政效应

变量	(1) finratio	(2) finratio	(3) finratio	(4) finratio	(5) finratio	(6) finratio
d	0.00361 (0.32)	0.0130 (1.06)	0.00106 (0.17)	-0.0219*** (-3.27)	-0.0184*** (-3.03)	-0.0219*** (-2.92)
lnpop	0.0176** (2.07)	0.0147* (1.77)	-0.346*** (-5.25)	-0.658*** (-7.94)	-0.0357 (-1.63)	-0.658*** (-8.17)
_cons	0.141*** (4.74)	0.180*** (4.91)	1.234*** (6.01)	2.175*** (8.62)	0.355*** (3.83)	2.699*** (8.94)
area	No	No	Yes	Yes	No	Yes
year	No	Yes	No	Yes	No	Yes
N	408	408	408	408	408	408
R^2	0.0119	0.0627	0.830	0.885	—	0.391
F	3.243	2.300	84.05	76.52	—	17.86
Model	mix	mix	mix	mix	re	fe
hausman			10.584***			

注：* 表示在 10% 水平显著，** 表示在 5% 水平显著，*** 表示在 1% 水平显著。括号内为标准误。

财政效应的回归结果显示，通过豪斯曼检验和 F 检验，应该选取固定效应模型。从固定效应模型那一列可以看出，"省直管县"对贵州省试点县的财政自给能力存在负效应。经济效应方面，财政"省直管县"改革对试点县的经济增长不存在促进作用。

（3）多期 DID 回归结果及系数——经济效应如表 6.23 和图 6.7 所示。

表 6.23　　　　　　　　多期 DID 回归结果及系数——经济效应

变量	（1）pgdp	（2）pgdp	（3）pgdp	（4）pgdp	（5）pgdp	（6）pgdp
d2009	0.0162 (0.69)	-0.00156 (-0.04)	0.0273 (1.07)	0.0244 (0.60)	0.0163 (0.69)	0.0244 (1.08)
d2010	-0.0169 (-1.45)	0.0214 (1.07)	-0.00151 (-0.09)	0.0472** (2.10)	-0.0168 (-1.43)	0.0472** (2.09)
d2011	0.0155 (1.10)	-0.0193 (-1.03)	0.0347* (1.97)	0.00672 (0.28)	0.0156 (1.05)	0.00672 (0.30)
d2012	0.0597*** (4.17)	-0.0578*** (-3.86)	0.0793*** (4.44)	-0.0318* (-1.87)	0.0598*** (4.31)	-0.0318 (-1.41)
d2013	0.0295*** (2.75)	0.00993 (0.98)	0.0429*** (2.79)	0.0374** (2.08)	0.0295*** (3.66)	0.0374 (1.45)
d2014	0.0675*** (5.02)	0.0438*** (2.84)	0.0831*** (4.58)	0.0713*** (3.39)	0.0675*** (5.18)	0.0713*** (2.76)
d2015	-0.0134 (-0.98)	0.00905 (0.45)	0.00525 (0.27)	0.0367 (1.64)	-0.0134 (-1.13)	0.0367 (1.41)
d2016	-0.0428*** (-3.72)	-0.0392*** (-3.36)	-0.0225 (-1.18)	-0.0115 (-0.62)	-0.0428*** (-4.39)	-0.0115 (-0.44)
d2017	-0.0344*** (-3.57)	0.0625*** (2.95)	-0.0134 (-0.70)	0.0902*** (3.54)	-0.0343*** (-3.31)	0.0902*** (3.46)
d2018	-0.108*** (-9.02)	0.00841 (0.66)	-0.0849*** (-3.99)	0.0362* (1.68)	-0.107*** (-8.41)	0.0362 (1.39)
lnpop	-0.000437 (-0.06)	-0.000966 (-0.16)	-0.198 (-1.31)	-0.0206 (-0.12)	-0.000462 (-0.06)	-0.0206 (-0.14)
_cons	0.171*** (6.87)	0.161*** (5.71)	0.764 (1.64)	0.223 (0.42)	0.171*** (6.75)	0.236 (0.42)

续表

变量	(1) pgdp	(2) pgdp	(3) pgdp	(4) pgdp	(5) pgdp	(6) pgdp
area	No	No	Yes	Yes	No	Yes
year	No	Yes	No	Yes	No	Yes
N	363	363	363	363	363	363
R^2	0.251	0.473	0.330	0.545	—	0.512
F	26.74	35.10	9.705	20.81	—	15.46
Model	mix	mix	mix	mix	re	fe
hausman			—			

注：* 表示在10%水平显著，** 表示在5%水平显著，*** 表示在1%水平显著。括号内为标准误。

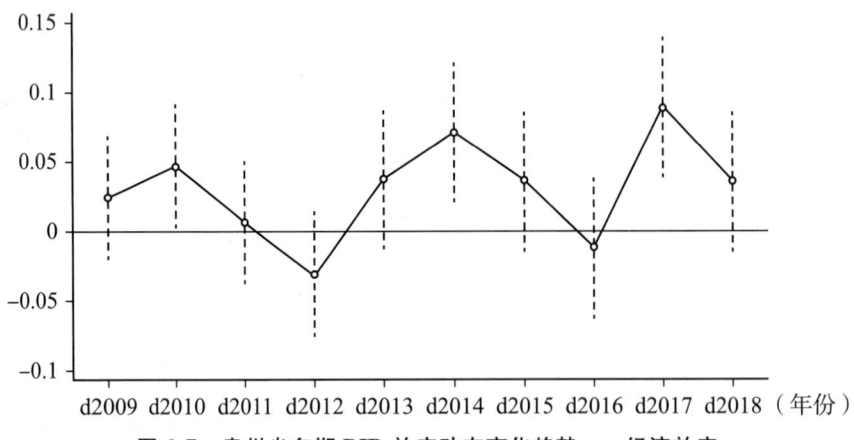

图6.7 贵州省多期DID效应动态变化趋势——经济效应

从贵州省的经济效应DID回归动态结果及系数可以看出，豪斯曼检验是没有结果的，说明应该选取混合OLS模型来实证分析贵州省的DID动态变化趋势。在同时控制地区效应和年份效应时，DID的系数波动幅度较大，在2010年、2014年、2015年系数分别达到了极值点，且三年的系数均至少在5%的水平上显著为正。而且2018年的DID系数至少在10%的水平上显著为正。模型的R^2也高达0.545，说明模型的拟合优度比较好。从检验结果来看，"省直管县"改革表现出对贵州省经济的正向促进作用。然后，贵州省改革过程中试点县委托市代管等现象的存在对检验结果的可靠程度造成了影响。

（4）多期DID回归结果及系数——财政效应如表6.24和图6.8所示。

表 6.24　　　　　　　　多期 DID 回归结果及系数——财政效应

变量	(1) finratio	(2) finratio	(3) finratio	(4) finratio	(5) finratio	(6) finratio
d2009	−0.00611 (−0.21)	0.00929 (0.25)	−0.0203** (−2.42)	−0.00595 (−0.60)	−0.0204*** (−2.80)	−0.00595 (−0.46)
d2010	−0.00437 (−0.18)	0.0215 (0.64)	−0.0133* (−1.82)	0.00214 (0.22)	−0.0182*** (−3.04)	0.00214 (0.16)
d2011	0.0224 (0.73)	0.0206 (0.53)	0.0182 (1.56)	0.00715 (0.54)	0.00904 (0.85)	0.00715 (0.55)
d2012	0.0431 (1.43)	0.0120 (0.29)	0.0394*** (3.17)	−0.000987 (−0.07)	0.0298** (2.53)	−0.000987 (−0.08)
d2013	0.0367 (1.49)	0.0356 (1.19)	0.0202* (1.96)	−0.0301** (−2.31)	0.00956 (1.10)	−0.0301** (−2.07)
d2014	0.0260 (1.16)	0.0255 (0.82)	0.0120 (1.40)	−0.0369*** (−2.89)	−0.000891 (−0.10)	−0.0369** (−2.53)
d2015	−0.00366 (−0.17)	−0.00868 (−0.29)	−0.0138 (−1.32)	−0.0696*** (−4.83)	−0.0301** (−2.55)	−0.0696*** (−4.76)
d2016	−0.0143 (−0.67)	−0.0266 (−0.82)	−0.0224** (−2.08)	−0.0856*** (−5.25)	−0.0406*** (−3.38)	−0.0856*** (−5.84)
d2017	−0.0184 (−0.82)	0.00878 (0.29)	−0.0257** (−2.34)	−0.0484*** (−3.46)	−0.0446*** (−3.86)	−0.0484*** (−3.30)
d2018	−0.0317* (−1.72)	0.0296 (1.26)	−0.0370*** (−3.14)	−0.0277 (−1.56)	−0.0577*** (−4.80)	−0.0277* (−1.88)
lnpop	0.0173** (2.09)	0.0147* (1.76)	−0.226*** (−3.21)	−0.563*** (−7.84)	−0.00731 (−0.32)	−0.563*** (−7.19)
_cons	0.142*** (4.90)	0.180*** (4.86)	0.864*** (3.93)	1.881*** (8.59)	0.247*** (2.78)	2.344*** (7.99)
area	No	No	Yes	Yes	No	Yes
year	No	Yes	No	Yes	No	Yes
N	408	408	408	408	408	408
R^2	0.0420	0.0681	0.856	0.899	—	0.466
F	1.494	1.864	65.83	69.00	—	13.97
Model	mix	mix	mix	mix	re	fe
hausman	—					

注：* 表示在 10% 水平显著，** 表示在 5% 水平显著，*** 表示在 1% 水平显著。括号内为标准误。

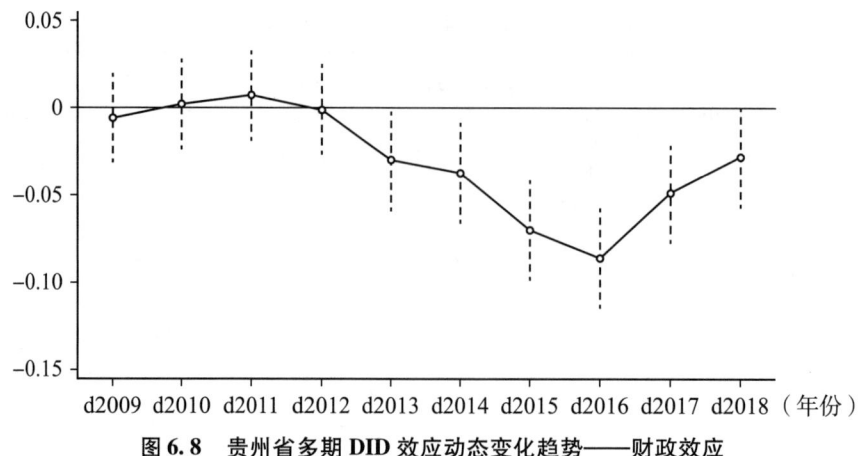

图6.8 贵州省多期DID效应动态变化趋势——财政效应

从贵州省的财政效应DID回归动态结果及系数图可以看出,豪斯曼检验是没有结果的,说明应该选取混合OLS模型来实证分析贵州省的DID动态变化趋势。在同时控制地区效应和年份效应时,DID系数呈现大幅下降后大幅上升的趋势,在2013~2017年DID系数均至少在5%的水平上显著为负。但DID系数的负向作用在快速减弱。此模型的R^2也高达0.899,说明模型的拟合优度比较好。检验结果显示:"省直管县"改革的财政效应呈现显著的负向促进作用,但该作用在快速减弱,正处在快速向正向作用转变的过程中,这与贵州省近期就"省直管县"改革进行的制度调整应该不无关系。

6.4.4 陕西省"省直管县"改革效果的检验

(1) DID回归结果——经济效应如表6.25所示。

表6.25　　　　　　　　DID回归结果——经济效应

变量	(1) pgdp	(2) pgdp	(3) pgdp	(4) pgdp	(5) pgdp	(6) pgdp
d	-0.0318* (-1.96)	-0.0219* (-1.77)	-0.169** (-2.31)	-0.0544 (-0.91)	-0.0318** (-2.47)	-0.0544 (-1.36)
lnpop	-0.00955 (-1.63)	-0.00871* (-1.82)	-0.309 (-0.60)	-0.390 (-0.92)	-0.00955** (-2.17)	-0.390 (-1.10)
_cons	0.281*** (3.60)	0.359*** (5.56)	4.313 (0.65)	5.335 (0.98)	0.281*** (4.80)	5.105 (1.16)

续表

变量	(1) pgdp	(2) pgdp	(3) pgdp	(4) pgdp	(5) pgdp	(6) pgdp
area	No	No	Yes	Yes	No	Yes
year	No	Yes	No	Yes	No	Yes
N	333	333	333	333	333	333
R^2	0.0170	0.427	0.119	0.503	—	0.461
F	2.616	24.00	1.192	8.062	—	24.47
Model	mix	mix	mix	mix	re	fe
hausman	—					

注：* 表示在 10% 水平显著，** 表示在 5% 水平显著，*** 表示在 1% 水平显著。括号内为标准误。

（2）DID 回归结果——财政效应如表 6.26 所示。

表 6.26　　　　　　　　DID 回归结果——财政效应

变量	(1) finratio	(2) finratio	(3) finratio	(4) finratio	(5) finratio	(6) finratio
d	0.00721 (0.30)	0.00914 (0.37)	0.0187 (1.47)	0.0296** (2.02)	0.0153 (0.76)	0.0296*** (2.64)
lnpop	−0.000202 (−0.02)	0.0000214 (0.00)	−0.155 (−0.99)	−0.165 (−1.04)	−0.0326 (−0.51)	−0.165* (−1.69)
_cons	0.224 (1.54)	0.240 (1.57)	2.171 (1.07)	2.299 (1.13)	0.620 (0.77)	2.268* (1.88)
area	No	No	Yes	Yes	No	Yes
year	No	Yes	No	Yes	No	Yes
N	444	444	444	444	444	444
R^2	0.000196	0.00454	0.966	0.970	—	0.142
F	0.0471	0.174	215.3	222.1	—	5.008
Model	mix	mix	mix	mix	re	fe
hausman	0.581					

注：* 表示在 10% 水平显著，** 表示在 5% 水平显著，*** 表示在 1% 水平显著。括号内为标准误。

财政效应的回归结果显示,通过 F 检验但未通过豪斯曼检验,应该选取随机效应模型。从随机效应模型那一列可以看出。"省直管县"对陕西省试点县的财政自给能力有着微弱的正向促进作用。

经济效应方面,在陕西省,"省直管县"改革的经济增长效应尚还不确定。

(3) 多期 DID 回归结果及系数——经济效应如表 6.27 和图 6.9 所示。

表 6.27　　　　　　多期 DID 回归结果及系数——经济效应

变量	(1) pgdp	(2) pgdp	(3) pgdp	(4) pgdp	(5) pgdp	(6) pgdp
d2010	0.0544** (2.47)	-0.0564* (-1.76)	-0.0447 (-0.62)	-0.0812 (-1.27)	0.0544*** (2.84)	-0.0812* (-1.72)
d2011	0.0559*** (2.83)	-0.0898*** (-3.52)	-0.0399 (-0.55)	-0.114** (-2.04)	0.0559*** (3.44)	-0.114** (-2.41)
d2012	0.0291 (1.49)	-0.0107 (-0.56)	-0.0659 (-0.93)	-0.0364 (-0.66)	0.0291* (1.84)	-0.0364 (-0.74)
d2013	-0.0253 (-1.25)	0.0440 (1.53)	-0.117 (-1.61)	0.0184 (0.29)	-0.0253 (-1.58)	0.0184 (0.38)
d2014	-0.0609*** (-3.29)	-0.0122 (-0.38)	-0.157** (-2.23)	-0.0379 (-0.62)	-0.0609*** (-3.83)	-0.0379 (-0.73)
d2015	-0.152*** (-5.18)	0.0390 (0.80)	-0.247*** (-3.38)	0.0127 (0.18)	-0.152*** (-5.35)	0.0127 (0.24)
d2016	-0.110*** (-4.44)	-0.0111 (-0.30)	-0.204*** (-2.87)	-0.0371 (-0.58)	-0.110*** (-4.97)	-0.0371 (-0.71)
d2017	0.00219 (0.12)	-0.0116 (-0.39)	-0.0920 (-1.28)	-0.0356 (-0.56)	0.00219 (0.15)	-0.0356 (-0.68)
d2018	-0.0529** (-2.45)	-0.0812 (-1.38)	-0.152** (-2.12)	-0.105 (-1.20)	-0.0529*** (-2.87)	-0.105** (-1.98)
lnpop	-0.00836* (-1.67)	-0.00893* (-1.93)	-0.487 (-1.00)	-0.329 (-0.76)	-0.00836* (-1.93)	-0.329 (-0.94)
_cons	0.266*** (3.93)	0.384*** (5.83)	6.573 (1.04)	4.566 (0.82)	0.266*** (4.64)	4.371 (1.00)
area	No	No	Yes	Yes	No	Yes
year	No	Yes	No	Yes	No	Yes

续表

变量	(1) pgdp	(2) pgdp	(3) pgdp	(4) pgdp	(5) pgdp	(6) pgdp
N	333	333	333	333	333	333
R^2	0.244	0.457	0.338	0.531	—	0.492
F	14.81	14.54	5.360	7.728	—	14.93
Model	mix	mix	mix	mix	re	fe
hausman			—			

注：*表示在10%水平显著，**表示在5%水平显著，***表示在1%水平显著。括号内为标准误。

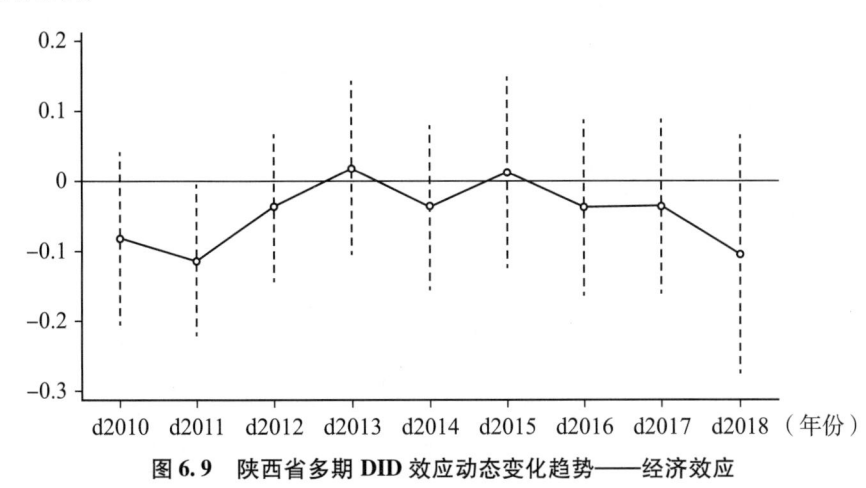

图 6.9　陕西省多期 DID 效应动态变化趋势——经济效应

从陕西省的经济效应 DID 回归动态结果及系数图可以看出，豪斯曼检验是没有结果的，说明应该选取混合 OLS 模型来实证分析甘肃省的 DID 动态变化趋势。在同时控制地区效应和年份效应时，DID 的系数波动幅度较大，且整体上都处于 0 轴以下。因此，改革对陕西省的经济效应为负。

（4）多期 DID 回归结果及系数——财政效应如表 6.28 和图 6.10 所示。

表 6.28　　　　　　　多期 DID 回归结果及系数——财政效应

变量	(1) finratio	(2) finratio	(3) finratio	(4) finratio	(5) finratio	(6) finratio
d2007	0.0384 (0.52)	0.0295 (0.35)	0.0452* (1.94)	0.0286 (1.07)	0.0449 (1.48)	0.0286* (1.67)
d2008	0.0258 (0.35)	0.0533 (0.62)	0.0339* (1.92)	0.0532*** (2.74)	0.0325 (1.24)	0.0532*** (3.09)

续表

变量	(1) finratio	(2) finratio	(3) finratio	(4) finratio	(5) finratio	(6) finratio
d2009	-0.0159 (-0.29)	-0.0665 (-0.70)	0.0306* (1.95)	0.0404* (1.76)	0.0283 (1.24)	0.0404** (2.11)
d2010	-0.0289 (-0.55)	-0.0717 (-0.86)	0.0179 (1.42)	0.0343* (1.69)	0.0154 (0.76)	0.0343* (1.80)
d2011	-0.0222 (-0.44)	-0.0919 (-1.01)	0.0254** (2.06)	0.0144 (0.61)	0.0222 (1.14)	0.0144 (0.75)
d2012	-0.000996 (-0.02)	-0.0560 (-0.59)	0.0311** (2.19)	0.0101 (0.50)	0.0278 (1.17)	0.0101 (0.52)
d2013	0.00536 (0.10)	-0.0479 (-0.52)	0.0384*** (2.90)	0.0182 (1.02)	0.0343 (1.55)	0.0182 (0.93)
d2014	0.0504 (0.88)	0.0815 (1.03)	0.0434*** (3.41)	0.0195 (0.96)	0.0408** (2.49)	0.0195 (0.95)
d2015	0.0356 (0.67)	0.0951 (1.38)	0.0289** (2.23)	0.0328* (1.72)	0.0261 (1.45)	0.0328 (1.60)
d2016	-0.0104 (-0.22)	0.0635 (0.98)	-0.0170 (-0.98)	0.00135 (0.06)	-0.0199 (-0.86)	0.00135 (0.07)
d2017	0.00418 (0.08)	0.0764 (0.95)	-0.00238 (-0.16)	0.0152 (0.66)	-0.00536 (-0.24)	0.0152 (0.74)
d2018	0.0150 (0.25)	0.0813 (0.94)	0.00730 (0.45)	0.0204 (0.81)	0.00527 (0.21)	0.0204 (0.99)
lnpop	0.000368 (0.03)	0.0000626 (0.01)	-0.118 (-0.80)	-0.156 (-1.01)	-0.0175 (-0.35)	-0.156 (-1.58)
_cons	0.217 (1.49)	0.230 (1.51)	1.682 (0.88)	2.191 (1.10)	0.430 (0.69)	2.163* (1.77)
area	No	No	Yes	Yes	No	Yes
year	No	Yes	No	Yes	No	Yes
N	444	444	444	444	444	444
R^2	0.00651	0.0214	0.969	0.971	—	0.161
F	0.197	0.507	232.0	198.6	—	3.052
Model	mix	mix	mix	mix	re	fe
hausman	1708.737***					

注：*表示在10%水平显著，**表示在5%水平显著，***表示在1%水平显著。括号内为标准误。

图 6.10　陕西省多期 DID 效应动态变化趋势——财政效应

从陕西省的财政效应 DID 回归动态结果及系数可以看出，豪斯曼检验和 F 检验均已通过，说明应该选取固定模型来实证分析陕西省的 DID 动态变化趋势。在同时控制地区效应和年份效应时，DID 的系数波动幅度较大，在 2015 年之前，DID 系数均保持为正，且在 2014 年，该正向作用至少在 5% 的水平上显著。但在 2015~2016 年，该正向作用突然下降，由正转为负。但从 2016 年之后，DID 的负向作用在大幅减弱，到了 2018 年变为正。在此趋势下，随着时间的推移该正向作用可能会越来越显著。

6.5　欠发达地区"省直管县"改革的经验总结

欠发达地区推行"省直管县"改革的时间相较于东部地区来说普遍比较晚，最早的甘肃省，财政"省直管县"第一批试点改革始于 2007 年，本报告中的其他样本地区，2009 年开始的改革占了绝大多数，相较于较早推行相关改革措施的省份来说，晚了 5~7 年，即便是这样，欠发达地区最早一批试点改革至今已有超过 10 年的改革期。从改革方式的彻底性到改革成效的体现无不展示了一个基本的事实：从改革的总体成效来看，与经济较发达的地区相比，欠发达地区"省直管县"改革的成效与预期目标的实现存着相当的差距。除个别省份外，如贵州省的经济效应呈现微弱的正向效应，陕西省到了考察期的末尾开始出现经济的向好，其余省份的改革成效要么是负向的，要么不显著。与之对应的是在针对改革效应评估的调研和走访中发现，部分县级行政单位对改革的推行表现得不是十分积极，一些地区在改革进行的过程中出现了省委托市代管县的现象，甚至还有少数试点地区重新正式回到"市管县"体制。这是欠发达地区在当前自身经济社会发展程度较低，对上级政区依赖较大这一现实约束下出现的结果。因此，有必要在前述走访调研、数据分析和理论归纳的基础上，认真梳理欠发达地区"省直管县"改革中存在的问题、获得的经验，以期为当下我国行政体制的改革和构建权责明确的政府治理体系获得针对欠发达地区的可靠的经验证据。

6.5.1 欠发达地区改革试点的推进需因地制宜

欠发达地区"省直管县"改革试点存在仓促推进的现象。例如在广西壮族自治区，试点只经过了2年且看不出明显正向效应的情况下，"省直管县"改革就在整个自治区推行，最后又不得不让部分地区退出改革回到最初的"市管县"体制。贵州省则是在改革的过程中存在改革不彻底，或者变相改回"市管县"体制的现象。但贵州省以城镇化为先导，努力推进集聚效应的形成，在国家政策的有力扶持下，各种经济功能区的发展形势取得了引人瞩目的成绩。云南省财政"省直管县"改革在确定了第一批三个县作为试点后，便没有再扩大试点范围。如果比较我们选的参照对象陕西省，"省直管县"改革的推进采取的是有针对性地选择财政困难程度相对较深的县试点财政"省直管县"，选择经济发展水平较高的县作为"扩权强县"的改革试点，因此，改革的成效相对要好一些，同时也有助于针对性的总结"省直管县"改革的相关经验，并以这些经验为基础，根据省情和区域经济发展的目标，对"省直管县"改革的制度和措施进行创新和适应性的调整，以首先推动区域内有辐射带动作用的中心或副中心城市建设来实现对县域经济增长的拉动。甘肃省则是在第一批财政"省直管县"试点取得初步成效之后，才对改革试点进行扩围的，因此，改革对县域经济的影响能够被较好的控制。

因此，"省直管县"改革的进程中，改革的设计要充分尊重地区差异和地区的特殊性。在各省份内部，改革的实现也要充分体现因地制宜，统筹推进。

被考察的试点县的样本中，云南省的宣威市隶属于云南曲靖，是云南省经济发展水平仅次于昆明市的一个设区市，宣威市从数据分析的情况来看，"省直管县"改革之初，人均GDP在13个样本县中排名第10。曲靖市（地级）和宣威市（县级）属于典型的"市强+县弱"搭配。根据我们的调研情况，2009年，曲靖以2008年宣威市财政支出总规模1.9亿元为基数全额上划省财政，改革后，云南省财政厅以该基数为宣威市安排每年的财政拨款。但是，宣威除财政关系直接与省级财政对接之外，其他经济管理权限和社会管理权限仍然由曲靖市负责，对于曲靖市安排的支出责任，和被纳入"省直管县"之前相比，宣威市便不再获得来自市级的财力支持。因此,我们会看到,"省直管县"改革之后,宣威的财政自给率系数反而有下降的趋势,改革开始的头两年,曲靖市的财政自给率系数有明显的改善,因此,有一种看法是,"市强+县弱"的情况下,"省直管县"改革会导致试点县失掉来自市级的财力支持,设区市则能够因此而减轻财政负担。而另一个试点县:腾冲,与设区市的关系为"市弱+县强",腾冲的经济增长得到了显著的促进,在走访的过程中,腾冲财税部门的工作人员对"省直管县"改革的评价普遍倾向于正面。

从甘肃省试点县的数据来看,也能够充分证明财政"省直管县"改革的预期目标达成与所选的试点县自身的经济状况和发展潜力有直接的关系。如果县域财政和经济能力较弱,"省直管县"改革非但不能改善其财政收支状况,还可能导致来自上级的财政支持减弱,也无法更好地融入区域经济的一体化发展。因此,"省直管县"改革应该本着因地制宜,一地一策的原则进行充分的论证和先期试点,对于不适宜推进的地区不能勉强为之。经济基础决定上层建筑,当一个县的经济实力能够匹配市级行政区划的地位时,上升到省直管有利于其经济潜力的释放;但如果县域经济本身的发展就较为薄弱,"与市同级"可能反而成为一种负担。

6.5.2 省级以下分税制的不完善限制了"省直管县"改革预期作用的发挥

"省直管县"改革效果的统计分析和实证检验都发现,这一改革的初衷是突破市级的财政漏斗,缓解县乡财政困境。但随着欠发达地区该项改革推进到第10年,各试点县的财政自给率系数并没有得到明显改善的迹象,仅部分地区显示出改革对县域财政自己能力有微弱的改善效应。究其原因,省级以下分税制改革不彻底是一个重要的原因。

增值税是我国的主体税种,"营改增"以前,增值税的央地分享比例是75:25。即增值税收入25%的部分要在省—市—县三级财政再来进行划分,因此地方财政收入增长的速度远远慢于税收增长的速度。"营改增"以前,营业税是地方主体税,不与中央分享;"营改增"以后,增值税按50:50在中央和地方进行分享,市县再按50:50进行划分,营业税改增值税本身就具有减税的效应,因此从数据统计分析中可以看到,2015年"营改增"以来,各县财政自给率开始呈现下降的趋势。2018年以来,大规模减税降费的效应将在往后较长的一段时期逐渐显现,2019年的政府工作报告明确要实施更大规模的减税,全年减轻企业税收和社保缴费负担近2万亿元人民币。这样看起来,县一级是由省级来管还是市级来管，财政收支的压力都是必然存在的。以云南省为例，2019年预计为企业减税降费的规模就达到了900亿元，新个税法颁布以后，2019年第一季度，云南省组织个税收入同比下降46%。减税降费作为财税政策适应新时期国家经济发展要求和实现政府善治的重要措施，直接决定着我国能否顺利实现转型发展。但地方财政也确实面临可用财力规模大幅缩减的现实压力。因此，转变政府职能，清晰界定政府和市场的边界，政府有效退出非公领域，是未来深化行政体制改革的方向。另外，分税制是以财权、事权、支出责任和财力的相互匹配为基础的，省级以下分税制的不完善导致目前基层财政负担的支出责任越来越重，财力上高度依赖上级财政的转移支付，财政压力下隐性的地方政府债务规模扩张和地方政府过度发展房地产业的冲动，都可能导致地方财政运行和经济运行出现系统性风险。县级政府作为行政的末梢，直接对应最广大的公众，财政困境短期内难以突破，省级以下的财力下沉是有现实必要性的。

考察调研发现，甘肃省是一个例外。试点县的财政自给率系数从数据来看有轻微改善，而非试点县则出现了财政自给率的恶化，这得益于甘肃省财政"省直管县"改革中的一个重要的保障措施，即"市州对县市的支持不减"。改革前，按照规定已经明确由市州本级给予试点县市的各项配套资金，以2006年应配套数为基数继续落实到位。2007年及以后年度要求市州、县市新增的配套资金，由试点县市全部承担。原市州本级应给予试点县市的其他各项补助，继续予以补助；在财力许可的情况下，补助数额应在2006年的基础上逐步增加，其中：不享受省级一般性转移支付补助的市州，今后3年内，每年对本市州试点县市的其他财力性补助，以2006年为基数，增幅应不低于改革前3年平均增幅[1]。可以说，市县利益关系的合理定位能够有效地杜绝因为市县争利导致改革效果的偏差。

6.5.3 "省直管县"改革中行政体制面临的挑战

调研过程中听到最多的意见是，改革后，试点县的所有财政关系直接与省级财政对接，但经济管理和社会事务的管理权限仍然隶属于市，这导致县级须对两个上级负责。例如，向省级上报的政府预算或者项目申请，都要向市级报备，同样的工作安排会议，县级分管领导去省里开会以后，回到市里再开一次，不仅没有实现层级扁平化后带来的行政效率的提高，反而增加了工作量和行政沟通的成本。县级决策者一方面要为县域的发展尽可能地争取各种资源，但同时也是上级

---

[1]《甘肃省人民政府关于印发甘肃实行省直管县财政管理体制改革试点方案的通知》。

政府的代理人，财政和行政体制的错配增加了县级政府运行的难度。

另外，在"省直管县"改革的过程中，国内经历了一轮规模不小的"撤县设区"。欠发达地区样本省份中的云南省、陕西省、贵州省都出现了撤县设区的行政区划调整，导致个别样本县的数据无法完整获得，实际这一操作在预期"省直管县"改革可能在全国广泛试点之前就已出现过，目的是避免某些经济发展水平较高的县级被省级直管，导致市级力量遭到削弱。2015～2016年，县改区就集中性的发生过，导致国内很多大城市成了名副其实的无县城市。经济发达的地区，县改区有利于城乡经济社会的一体化发展。在欠发达地区，市县级经济能力的悬殊，则有可能会造成"小马拉大车"的现象，也削弱了县域经济自主发展的能力，产生市级对优质资源的虹吸效应。

财政体制就是行政体制在经济方面的体现。因此，二者如果不能相互匹配、互为助力，不仅会影响到政府组织机构之间的行政效力，而且对政府的治理能力也会是考验和挑战。

6.5.4 欠发达地区经济社会的发展需要区域间协同

"省直管县"改革到目前为止在欠发达地区并没有有效地体现出预期的改革效果。本书在理论分析部分就对相关原因进行过预判。其中很重要的原因是我国目前行政管理体制中的属地管辖和职责同构。每个行政单位都是一个相对独立的经济体，地区利益、部门利益的实现是执政者的职责所在，因此对各类资源的竞争就不可避免，竞争存在于上下级政府之间和同级别的行政单位之间。权利结构的安排决定了各类资源竞争中的力量对比，竞争者越多，区域经济发展越容易呈现碎片化，对于欠发达地区来说资源禀赋并不占优，如果不能在区域经济发展的过程中形成有效的集聚效应，那么地区经济的发展很难形成质的突破。

因此，现实中尽管改革推进困难重重，但各地政府并没有停止探索的脚步，现各类"副省级省城市"、开发区、试验区、产业规划园区等举措的出台展现出各地力图通过经济区的发展突破行政管理体制对地方发展经济的束缚。云南省、贵州省近年经济的高速增长就得益于集聚效应，陕西省的改革创新也体现了类似的改革思路。除了改革举措的创新我们还发现这些地区的经济强县在实行省直管一段时间后，重新正式或非正式地回到了市管。

因此，在欠发达地区充分地发挥集聚优势，通过区域经济增长级的培育实现带动更大规模地区经济的发展，相比较于普遍推行"省直管县"改革带来的问题和不确定性而言是更值得推广的经验。部分有发展优势的区域在赋予优先发展权的情况下，率先实现突破是未来欠发达地区可选择的一种路径。

第 7 章

政 策 建 议

"省直管县"改革是作为缓解县乡财政困难、激发县域经济增长活力的探索性实验被提出的。但是，对欠发达地区相关改革试点的改革效果进行的调查研究结果显示，这一改革在欠发达地区的实施效果与改革之初的预期存在差距，改革力度日渐式微。但是，地方政府从来没有停下探索和制度创新的脚步，例如前面所述的选定极少数的县级政区，通过省级政府直管或单列，赋予其发展经济的各项优先权。抑或是突破行政区划的限制，按照经济区域的思路划定直管区，这些创新性的改革取得了有目共睹的成效。可见最初的"省直管县"改革在实践中已经实现了自我升级和自我创新，这些方法和举措都是在实践中摸索出来的。有必要根据已有的改革和创新思路探索就促进欠发达地区县域经济发展的行政和财政体制改革总结出以科学的研究方法为支撑的政策建议。

7.1 欠发达地区既有的"省直管县"改革的针对性分类调整

1. 财政体制"省直管县"改革

截至目前，本书认为应该在充分考虑试点县意愿的情况下，提供可选的退出渠道，因为对于部分自身经济发展水平和财政自给能力薄弱的试点县来说，由省级财政直接管理使其丧失了来自市级的财政支持和充分融入城乡一体化发展的机会，改革的成本可能远远大于改革的收益，如果确实存在类似情况，在充分论证的基础上及时纠正是有必要的。

2. "扩权强县"改革

根据研究结果，"扩权强县"改革对县域经济的增长具有普遍性的推动作用。按照党的十九大赋予省级以下政府更多的自主权相关精神的要求，经济权限的下放是值得改进推广的试点经验。但是中国幅员之广，经济社会发展差异巨大，特别是欠发达地区，社会经济在不同的区域呈现出更为复杂的多样性。例如云南省的省会城市昆明市，GDP占全省的比例在26%～30%之间。省会城市或个别区域中心城市以外的地方，小城镇过多且发展缓慢，无法形成规模效益。因此，欠发达地区要化解发展劣势，不仅需要上级政策的重点支持，还需因地制宜，突出重点，在体现针对性和差异性的基础上，通过权力下放优先发展具有潜力的区域性中心城市，形成区域经济的增长极，发挥其辐射和带动作用，拉动周边地区经济增长。

特别是经济发展潜力较好、有望成为区域内经济增长亮点的县，应该有效地践行各类国家允许的经济决策权限的下放，放宽县域经济发展的行政隶属关系束缚，释放经济增长活力。这里所说的经济权限，应该包括财政的自主权，因此，纳入"扩权强县"改革范围的县级政区，应该同时赋予财政和国家允许范围内的经济决策自主权，以优先发展经济强县为依托，培育区域内的经济中心，通过集聚效应拉动更大范围区域经济的发展，通过经济的发展实现财政脱困。

3. 跨越行政区划的经济区建设

现代经济是集聚经济，在"蜂窝式"结构特征更为显著的欠发达地区，各自为政的经济社会发展模式很难突破跨越式发展和提质增效。打开行政区划的束缚，以经济区、功能区建设的思路为指导已经有了比较成功的经验。本书欠发达地区的样本中，贵州省和云南省通过先期建设相继获批的国家级经济开发区可以被认为是为实现经济集聚增长的"省直管县"改革的升级版本，突破了县域行政区划的设置，体现经济区的互补协作。这类开发区带有鲜明的经济特区的性质，体现了较强的改革取向。同时这一类开发区摒弃了早期经济特区或国家级经济开发区主要依靠国家赋予的优先发展政策、依靠短期内各种资源和要素高度集中来实现发展的模式。而是通过深挖内部潜力，找准实现跨越发展的着力点，集聚优势资源建设区域内的经济发展高地。毕竟今天来看，几乎每个省份都有一个国家批准省级直管的经济特区性质的开发区，因此，要像早期的开发区或经济特区那样依靠特殊政策和短期内资源集聚优势来发展已经不可能了。另外，早期的经济特区或者开发区在设置的时候多有地域选择倾向，如沿海，或港口。因此自然禀赋的优势是不容忽视的。但今天内陆地区的经济开发区更强调通过区内行政管理体制的创新性制度安排来契合综合发展的需要，并根据自身自然资源和经济发展能力的禀赋结构确定特色化的发展道路。

这些国家级的经济开发区建设为欠发达地区提供了区域协调和区域一体化发展的经验。对于那些在资源禀赋、产业布局和业态发展上有互补互通，地理位置能够实现空间融合的县级政区,可以通过区域间的协调机制、突破行政区划的束缚促成其融合协力发展。

7.2 省级以下分税制的调整和完善

财政是国家治理的基础。在多层级政府治理框架内,政府间财政关系的科学、合理和高效是经济高质量发展,社会和谐有序,国家长治久安的重要保障。"政府间的财政关系与经济社会的发展、资源配置效率、历史文化背景、政治民主化进程以及国家统一等目标和依赖条件高度相关,内在目标的多元性和外在约束的综合性,决定了政府间的财政关系绝不是简单的财政收支划分",它是一个国家纵向权力配置结构的完整映射,衔接并融汇了一个国家的经济体制和政治体制。

1994年的分税制改革是我国市场经济发展对财政体制提出的内在要求,这一制度也为当前公共财政体制的建立奠定了基础。从内容来看,分税制将中央和地方之间的财权、事权和财力进行了重新划分,财政收入占国内生产总值的比重和中央与地方财政收入比重的格局发生了根本的转变,财权向中央的集中度显著提高,中央宏观调控的能力大大增强,但也造成了大量的中央与地方共同事权。一方面权责难以明确、目标在多层级之间很难协调一致;而另一方面也导致了地方对中央财政转移支付的依赖度增加,特别是欠发达地区。由于我国政府间事权的划分条块分割,所有的政府职能都是上下对口,造成了事权对应的支出责任层层逐级下放,基层政府成了支出责任的终端和政策流程的末梢环节,所谓"上面千根线,基层一根针"。但1994年的分税制改革只在中央和省一级之间对政府的收入和支出责任进行了划分,省级以下的权责边界比较模糊,财权向上集中和地区间经济发展水平的巨大差异导致省级以下纵向和横向财力的巨大差异,事权引致的支出责任沉淀到县一级后集中体现出来的问题就是县域财政困难,一般公共预算收支逆向增长让县乡级财政的平衡面临风险,欠发达地区的县乡级政府维持"吃饭财政"都存在困难,近来,县级财政依靠举债才能及时足额发放公务员工资的事件时有曝出。财政困境不光存在于欠发达地区的基层政府,即便是地级市一级,财政对土地出让金的依赖也反映了省级以下财政收支的巨大压力。一个很重要的制度性原因是我国的分税制已经显现出了与社会经济发展不相适应的一面,成为造成基层财政困难的制度性因素。

分税制一度被称为中国财税制度的奇迹、里程碑式的经济分权,但由于时代的局限性,分税制停留在中央与地方分税的层面,省级以下财政体制体现为各种形式的收入分成。如果以增值税为例,当前,增值税中央地方分享比例是50∶50,之后按照国务院确定的增值税税收返还以定额转移支付的方式返还地方。因此,各地可用财力的增长速度往往低于地方税收入的增长速度。"营改增"之后,随着当前大规模的减税降费措施,地方财政收入的增速会进一步放缓,但公共服务支出的刚性增长不会改变,未来可预见的县域财政收支压力将更大。因此,完善省级以下分税制的呼声越来越高。但是如果要实现彻底的分税制,以我们现在中央—省—市—县—乡镇的五级架构划分18个税种真可谓是无解难题,因此,收入的分享比例调整是可行的策略选择。

以财政体制规范省级以下政府财政关系、为地方政府建立可靠的财力保障机制是当下对财政体制改革的现实要求,本书认为完成这一改革目标需要解决三方面问题包括:第一,财政事权和支出责任如何划分;第二,地方各级政府间税收收入如何分享,特别是增值税和企业所得税;第三,财政转移支付如何更好地推动省级以下地区间财力的均等化。解决这些问题的基本原则是要实现各层级政府财权、支出责任和财力的匹配。

江苏省和海南省的省级以下分税制改革提供了经济发展水平不同的两类地区的实践经验。

7.2.1　江苏省省级以下分税制调整和完善的办法[①]

江苏省省级以下分税制调整和完善的导向是财力的下倾,主要内容包括:

1. 调整收入划分

(1) 金融保险业的改征增值税和企业所得税实行属地管理。金融保险业的地方级改征增值税和企业所得税由省级收入调整为市县收入,以2016年为基期年实行增量集中。基数部分根据税务部门提供的2016年数据综合核定,扣除原地方法人金融机构税收返还后,固定上解省级财政。增量部分纳入省级对增值税和企业所得税的增量集中范围,并执行统一的集中比例。

(2) 降低耕地占用税集中比例。从2017年起,省级对耕地占用税总量集中比例从50%下调为20%。

(3) 实行所得税增量集中。以2016年为基期年,省级对地方级企业所得税和个人所得税增量集中20%。

(4) 调整增值税增量集中办法。省级对增值税的集中范围按照地方级国内增

[①] 《省政府关于调整完善省以下财政管理体制的通知》。

值税、改征增值税、原营业税合并计算，根据 2016 年收入情况综合核定基数。增量的集中比例从 50% 调整为 20%。

2. 完善转移支付

（1）建立健全均衡性转移支付制度。建立均衡性转移支付机制，在保障省级与市县级财力格局基本稳定的基础上，逐步增加市县财力，提升地区之间财力均衡水平。均衡性转移支付覆盖所有市县级，向苏北等经济薄弱地区倾斜，转移支付资金由各地政府统筹用于保工资、保运转和保民生等方面。

（2）调整税收收入全返政策。取消对经济薄弱地区、合作共建园区、地方法人金融机构等事项的税收增量返还政策。原对经济薄弱地区的省份集中收入全返奖励，纳入均衡性转移支付范畴。

从上述税收分享和转移支付办法的调整来看，省级以下各级地方财政上解的比例都有很大幅度的下降，上解压力可望减小；增加了所得税增量的集中，将激发税务部门加强企业所得税征管的积极性，解决竞争性税收优惠政策导致的税基侵蚀，在一定程度上弥补减税降费后地方税收收入的减少。

7.2.2　海南省省级以下分税制调整和完善的办法①

海南省省级以下分税制调整和完善以"财力下沉、统一规范、有效调整和均衡发展"为基本原则。明确省级及省级以下各级政府财政事权和支出责任，确定省级与市（县）级的收入划分办法，主要内容包括：

1. 明确财政事权和支出责任

（1）省级的财政事权由省级承担支出责任。省级财政主要承担省级政权运转和省直接管理的社会事业发展以及保持省内经济社会稳定、促进经济协调发展、推进省内基本公共服务均等化等所需支出，并为"多规合一"中的空间规划、海岸带和生态敏感区规划管控、历史文化保护区域的规划管控、中部山区国家重点生态功能区生态环境保护、全省性重大传染病防治、全省性战略性自然资源使用和保护、全省范围内环境质量监测监察等确定为省级财政事权的基本公共服务提供资金保证。属于省级的财政事权，应当由省级财政安排经费，省级各职能部门和直属机构不得要求地方安排配套资金。省级财政事权委托市县行使的，省级政府承担相应经费。

---

① 《海南省实施新一轮分税制财政体制的方案》。

（2）市县级的财政事权由市县级承担支出责任。市县级财政主要承担市县级政权运转和市县级管理的社会事业发展所需支出，将市县级政府推动县域经济发展，强化市场监管和辖区内有关居民生活、社会治安、城乡建设、公共设施管理、市政交通、农村公路建设和养护、农村公益事业、项目征地拆迁以及环境保护和污染治理等受益范围地域性强、信息较为复杂且主要与当地居民密切相关的诸事项确定为市县级财政事权，市县级通过自有财力安排支出责任。对市县级政府履行财政事权、落实支出责任存在的收支缺口，除部分资本性支出通过依法使用政府性债券等方式安排外，主要通过上级政府给予的一般性转移支付弥补。市县级的财政事权委托省级机构行使的，市县级政府承担相应经费。

（3）省级与市县级共同财政事权区分情况划分支出责任。对体现省级宏观调控意图、跨市县级且具有地域管理信息优势的基本公共服务确定为省级与市县级的共同财政事权。对体现国民待遇和公民权利、涉及全省统一市场和要素自由流动的财政事权，按照中央政策标准研究制定全省统一标准，并由省级与市县级按比例承担支出责任；对受益范围较广、信息获取相对复杂的财政事权，根据财政事权外溢程度，分情况确定省级与市县级的支出责任。

（4）建立财政事权划分动态调整机制。省级与市县级财政事权和支出责任根据客观条件变化进行动态调整与完善补充。

2. 优化以税收为主体的省级与市县级财政收入划分

（1）省级一般公共预算收入的固定收入包括中央财政通过调库分配的跨省市总分机构企业所得税收入和铁路运输企业增值税收入，储蓄存款利息所得税地方分享部分，按规定属于省级的专项收入、行政事业性收费收入、罚没收入、国有资本经营收入、国有资源（资产）有偿使用收入和其他收入等。

（2）市县级一般公共预算收入的固定收入包括耕地占用税、资源税、印花税、车船税、烟叶税，按规定属于市县级的专项收入、行政事业性收费收入、罚没收入、国有资本经营收入、国有资源（资产）有偿使用收入和其他收入等。

（3）省级与市县级共享税收收入包括增值税（含补缴的营业税，地方50%的部分，不含中央财政通过调库分配的铁路运输企业增值税收入）、企业所得税（地方40%的部分，不含中央财政通过调库分配的跨省市总分机构企业所得税收入）、个人所得税（地方40%部分，不含储蓄存款利息所得税）、城市维护建设税、房产税、城镇土地使用税、契税、土地增值税、环境保护税9项税收。省级与市县级分成比例为：城镇土地使用税、城市维护建设税、环境保护税、房产税按20∶80分享，增值税、企业所得税、个人所得税按照30∶70分享，土地增值税、契税按65∶35分享。

3. 税收返还和体制补助

（1）税收返还。省级对市县级增值税和消费税返还以2016年财政结算返还数定额返还。全面推行"营改增"试点后增值税税收返还，以2014年为基数核定税收返还和上缴基数，并对收入基数进行考核。所得税返还按2016年财政基数返还数定额返还。

（2）体制补助（或上解）。为保证各级政府既有财力，以2017年为基期，省级对市县级因财政体制调整影响市县地方税收收入给予体制补助（或上解）。用公式表示为：

省级对某市县级体制补助额（或上解额）=按照调整前财政体制计算的2017年该市县地方税收收入－按照调整后财政体制计算的2017年该市县地方税收收入＋财政体制调整前2017年体制补助额（或上解额，上解额取负数）。

计算结果为正数，省级对市县级给予定额体制补助；计算结果为负数，市县级对省级定额体制上解。以后年度市县级共享税实际完成数达不到2017年核定共享税基数的，省级财政将依据其影响体制补助情况相应扣减市县当年收入。

4. 调整完善转移支付制度

完善一般性转移支付机制。加大一般性转移支付力度，重点向中部山区、国家重点生态功能区、革命老区、民族地区、贫困地区和经济薄弱市县倾斜，为市县加强生态文明建设、打赢脱贫攻坚战、提升基本公共服务均等化水平与实现区域均衡发展提供财力保证。完善一般性转移支付分配因素，提高均衡性转移支付、县级基本财力保障机制奖补资金、重点生态功能区转移支付、农村综合改革转移支付对生态保护的分配因素权重，促进生态文明建设。适应在基本公共服务领域中央与地方财政事权和支出责任划分改革的要求，将一般性转移支付与专项转移支付安排的教育、基本就业、医疗、养老等基本公共服务共同财政事项，纳入对市县共同财政事权分类转移支付，增强共同财政事权分类转移支付在提高市县基本公共服务均等化方面的统筹保障作用，激励市县在幼有所育、学有所教、劳有所得、病有所医、老有所养、住有所居、弱有所扶上取得新进展。

除此之外，海南省还对进一步统筹整合专项转移支付、探索建立横向转移支付机制进行了明确的规定。

总结海南省对省级以下分税制改革和调整的方案发现，新一轮分税制财政体制改革将海南省目前由省级和市县级分享的14个地方税种中的5个确定为市县级独享税种，包括耕地占用税、资源税、印花税、车船税、烟叶税；将省级与市县级共享税种确定为9个，将金融保险业改征增值税由省级独享调整为省级与市县级共享税种，同时拉平省级与市县级的分享比例，具体分为三档，其中：城镇土地使用税、城市维护建设税、环境保护税、房产税省级与市县级按20∶80分享；增值税、企业所得税、个人所得税按30∶70分享；土地增值税、契税按65∶35分享。所有这些举措大大增加了市县级的税收分享比例，其核心的要义是实现财力更多下沉市县级，在明确事权支出责任的同时，让市县级政府掌握更多的可自主支配的财力，从体制机制设计上根本地扭转基层政府的财政困境。同时，税收在各级政府间进行分享的比例设计上也凸显了政府对扭转财政和地区经济对房地产发展高度依赖的现状，鼓励地方通过转型发展和产业升级优化壮大市县级的经济实力和可持续发展的能力，用市县级税收分享比例的提高和促进经济高质量发展实现市县级财源的拓展。

总结江苏省和海南省省级以下分税制改革的经验我们发现，县域财力的保证取决于县级的收益能力，如果县一级财政对在税收分享比例上能得到提高，那么县域的财力保障就能够得到保证，在现行的财政体制下，这是地方自主财力的主要来源，无论县级是省管还是市管，只有自主财力提高了，县乡财政困境才能得以改善。

另外，作为唯一一个在全域实现全面"省直管县"的省份来说，省级以下分税制改革依然是海南省解决基层财政困难的手段，这充分说明权责清晰明确，财力保障充分才是当前财政体制改革、化解基层财政困境的主要方向。

7.3 财政体制改革破题，行政体制改革接力

在对欠发达地区"省直管县"改革进行研究和思考的过程中发现，县一级政区的行政隶属关系，即究竟是市管还是省管，并不是解决当前县域经济发展所面临问题的关键，如果能够赋予县一级政府充分的经济决策权并辅以履行这一权力的有效财力支撑，即我们通常所说的实现财权、事权财政支出责任和财力的匹配，使得行政管理体制和财政体制成为适应经济社会发展需要并成为激发域内经济增长活力的制度基础，那么诸如县级财政解困和经济发展活力的释放等问题都能找到解决的制度性保障。

另外，县域经济的发展不仅是结果，还是解决问题的经济基础。县级财政解困，财政管理体制层面的财力下沉是一方面，财力的来源才是根本，无论县级财政收入的分享比例有多高，如果没有充足的可持续的高质量财源，地方财力也是无源之水。因此，经济增长和社会的发展依然是欠发达地区县域政府治理的核心目标。以这个目标为前提，本书认为，欠发达地区在中国既有的宪法框架下，应

该进一步探索多元化的基层政府治理结构。

（1）如前所述，根据现有"省直管县"改革效果的呈现，已经可以判断各个试点地区对这项改革的适应性，并且能从改革成本收益的对比中发现符合各地经济社会发展需要的政府层级模式，因此，在财政体制改革已破题的基础上，行政体制改革的接力调整对巩固和进一步激发改革红利是必要的，只有当行政体制和财政体制相互匹配和内洽，才能更好地发挥制度对经济社会发展的推动作用。这意味着应该允许欠发达地区省级以下政府层级模式和政府治理结构的多样化，省—市—县—乡（镇）四级政府，省—市（县）—乡（镇）三级政府，突破县域行政区划的省直管经济区模式都是行政体制改革的可选项。

（2）多元化政府治理结构的权力配置问题。权力配置决定着权力结构的实质性内容和对政府行为与市场力量的激励。我们一方面要激励各层级的治理主体发展县域经济的积极性，另一方面更要避免县域对财政和经济发展资源的不当竞争，因此，根据新制度经济学与公共选择理论的观点，积极倡导地方治理决策职能与执行职能相分离。将政府事权分为决策权和执行权，经济发展战略及整体规划的决策权和管理权应赋予更高一级的政府（包括经济区政府），日常管理类的各项审批等权力应交由市、县级政府来掌握。主张行政权力及事权（或支出责任）与财权、权力的匹配。

综上所述，只有切实地建立科学规范的事权、财权和财力相匹配的省级以下现代财政制度，赋予省级及以下政府更多行动自主权，加快省级以下分税制改革的落实，建立权责清晰、财力协调、区域均衡的地方财政体制和行政体制，推进区域政府治理体系和治理能力的现代化，才能有效地推动欠发达地区县域经济的发展，为基层财政解困奠定了良好的经济基础。

主要参考文献

[1] 薄贵利:《集权分权与国家兴衰》,中国社会科学出版社 2005 年版。

[2] 才国伟、张学志、邓卫广:《"省直管县"改革会损害地级市的利益吗?》,载于《经济研究》2011 年第 7 期。

[3] 陈振明:《公共管理学(第二版)》,中国人民大学出版社 2003 年版。

[4] 广财、彦红:《"省直管县"小议》,载于《广西新闻网-广西日报》2011 年 4 月 2 日。

[5] 郭庆旺、贾俊雪:《中国地方政府规模和结构优化研究》,中国人民大学出版社 2012 年版。

[6] 胡鞍钢:《论新时期的"十大关系"》,载于《清华大学学报(社会科学版)》2010 年第 25 卷第 2 期。

[7] 贾晋、李雪峰:《"扩权强县"与县级财政解困绩效的实证研究——基于四川省 2005~2015 年的面板数据》,载于《中南财经政法大学学报》2017 年第 4 期。

[8] 贾康、白景明:《县乡财政解困与财政体制创新》,载于《经济研究》2002 年第 2 期。

[9] 贾康、阎坤:《完善省以下财政体制改革的中长期思考》,载于《管理世界》2005 年第 8 期。

[10] 瞿同祖:《清代地方政府》,法律出版社 2003 年版。

[11] 李治安:《中国五千年中央与地方关系(上卷)》,人民出版社 2010 年版。

[12] 林尚立:《国内政府间关系》,浙江人民出版社 1998 年版。

[13] 刘尚希:《财政改革的逻辑本质是公共风险》,载于《北京日报》2018 年 10 月 8 日。

[14] 刘晓路:《郡县制传统及其在政府间财政关系改革中的现实意义》,载于《财贸经济》2011 年第 12 期。

[15] 吕冰洋:《"顾炎武方案"与中央地方关系构建:寓活力与秩序》,载于《财贸经济》2019 年第 10 期。

[16] 吕冰洋、聂辉华：《弹性分成：分税制的契约与影响》，载于《经济理论与经济管理》2014 年第 7 期。

[17] 罗丹、陈洁：《县乡财政的困境与出路——关于 9 县（市）20 余个乡镇的实证分析》，载于《管理世界》2009 年第 3 期。

[18] 毛捷、赵静：《"省直管县"财政改革促进县域经济发展的实证分析》，载于《财政研究》2012 年第 1 期。

[19] 缪匡华：《福建"省直管县"体制改革实践与探索》，厦门大学出版社 2013 年版。

[20] 齐思和：《中国史探研》，河北教育出版社 2000 年版。

[21] 钱福臣：《线状法律控制模式与网状法律控制模式：我国新时期法治建设的误区与必然走向》，载于《求是学刊》2003 年第 5 期。

[22] 钱穆：《国史大纲（上）》，商务印书馆 1996 年版。

[23] 孙学玉、伍开昌：《构建省直接管理县市的公共行政体制》，载于《政治学研究》2004 年第 1 期。

[24] 童之伟：《国家与结构形式论》，武汉大学出版社 1997 年版。

[25] 王绍光：《分权的底线》，中国计划出版社 1997 年版。

[26] 王小龙：《县乡财政解困和政府改革：目标兼容与路径设计》，载于《财贸经济》2006 年第 7 期。

[27] 王永钦、张晏、章元、陈钊、陆铭：《中国的大国发展道路——论分权式改革的得失》，载于《经济研究》2007 年第 1 期。

[28] 西奥多·W. 舒尔茨：《改造传统农业》，商务印书馆 1987 年版。

[29] 谢庆奎：《中国政府的府际关系研究》，载于《北京大学学报（哲学社会科学版）》2000 年第 1 期。

[30] 谢庆奎：《中国政府的府际关系研究》，载于《北京大学学报》2000 年第 1 期。

[31] 辛向阳：《大国诸侯——中国中央与地方关系之结》，中国社会科学出版社 1996 年版。

[32] 熊文钊：《大国地方：中国中央与地方宪政研究》，北京大学出版社 2005 年版。

[33] 徐东良：《贵州经济高质量发展的比较优势和路径选择》，载于《当代贵州》2018 年 5 月。

[34] 许成钢：《政治集权下的地方经济分权与中国改革》，引自青木昌彦、吴敬琏主编《从权威到民主：可持续发展的政治经济学》，中信出版社 2008 年版。

[35] 严耕望：《中国地方行政制度史——秦汉地方行政制度》，上海古籍出

版社 2007 年版。

[36] 杨德强：《省直管县财政改革需要处理好五大关系》，载于《财政研究》2010 年第 3 期。

[37] 杨光斌：《中国经济转型时期的中央与地方关系新论——理论、现实与政策》，载于《学海》2007 年第 1 期。

[38] 杨宏山：《府际关系论》，中国社会科学出版社 2005 年版。

[39] 杨小云：《新中国国家结构形式研究》，中国社会科学出版社 2004 年版。

[40] 张军：《分权与增长：中国的故事》，载于《经济学季刊》2007 年第 7 卷第 1 期。

[41] 张五常：《经济解释卷四：制度的选择（神州增订版）》，中信出版社 2014 年版。

[42] 张晏、龚六堂：《分税制改革、财政分权与中国经济增长》，载于《经济学季刊》2006 年第 5 卷第 1 期。

[43] 张宇、刘承礼：《中国特色的中央地方关系模式》，引自张宇主编《中国模式：改革开放 30 年以来的中国经济》，中国经济出版社 2008 年版。

[44] 赵宝廷、付连捷：《"省直管县"：财政、行政体制改革应同步》，载于《中国社会科学报》2011 年 11 月 10 日。

[45] 周波：《"省直管县"改革应重点解决政府间财力与事权匹配问题》，载于《财政研究》2010 年第 3 期。

[46] 周黎安：《行政发包制》，载于《社会》2014 年 6 月，第 34 卷。

[47] 周黎安：《转型中的地方政府：官员激励与治理》（第二版），格致出版社、上海三联书店、上海人民出版社 2017 年版。

[48] 周黎安：《转型中的地方政府：官员激励与治理》，格致出版社、上海人民出版社 2008 年版。

[49] 周雪光：《权威体制与有效治理：当代中国国家治理的制度逻辑》，载于《开放时代》2011 年第 10 期。

[50] 周业安、章泉：《财政分权、经济增长与波动》，载于《管理世界》2008 年第 7 期。

[51] 周永坤：《权力结构模式与宪政》，载于《中国法学》2005 年第 6 期。

[52] Akai, N., and Sakata, M., "Fiscal Decentralization Contributes to Economic Growth: Evidence from State – Level Cross – Section Data for the United States", Journal of Urban Economics, 2002, 52.

[53] A. O. Hirscluman, "The Strategy of Economic Development", Yale University Press, 1958.

[54] Blanchard, Olivier and Andrei Shleifer, "Federalism with and without Political Centralization: China versus Russia", IMF Staff Papers, 2001, 48.

[55] Brennan, G., and Bubuchanan J. M., "The Power to Tar: Analytical Foundations of a Fiscal Constitution", New York: Cambridge University Press, 1980.

[56] Ezcurra, R., Rodr, I., and Guez – Pose, "A. E. S. Political Decentralization, Economic Growth and Regional Disparities in the OECD", Regional Studies, 2013, 47 (3).

[57] Gemmell, Norman, Richard Kneller, and Ismael Sanz, "Fiscal Decentralization and Economic Growth: Spending versus Revenue Decentralization", Economic Inquiry, 2013, 51 (4).

[58] George J. Stigler, "The Tenable Range of Functions of Locla Government", U. S. Congress Joint Economic Committee, Federal Expenditure Policy for Economic Growth and Stability, Washington D. C., 1957.

[59] Herrlee Glessner Greel, "The Beginnings of Bureaucracy in China: The Origin of the Hsien", Journal of Asian Studies, Volumc 23, Issuc 2, Feb., 1964.

[60] Hong-bin Li, Li-an Zhou, "Political Turnover and Economic Performance: The Incentive Role of Personnel Control in China", Journal of Public Ecnomics, 2005 (89).

[61] Inman, R. P., and Rubinfeld, D. L., "Rethinking Federalism", Journal of Economic Perspective, 1997, 11.

[62] Jin, Hehui, Qian, Yingyi, and Weingast, B. R., "Regional Decentralization and Fiscal Incentives: Federalism, Chinese Style", Journal of Public Economics, 2005, 89.

[63] Jin, Jing and Heng-fu, Zou, "Soft Budget Constraint on Local Government in China", in J. Roden, G. Eskland, and J. Litvak (eds), Fiscal Decentralization and the Challenge of Hard Budget Constraints, MIT press, 2003.

[64] Jin, Jing, and Zou, Heng-fu, "Does Fiscal Dece Aggregate, National, and Subnational Government Size?", Journal of Urban Economics, 2002, 52.

[65] Keen, M., and Kotsogiannis, C., "Does Federalism Lead to ExcessivelyHigh Taxes?" American Economic Review 92, 2002.

[66] Landry, pierre F., "Decentralized Authoritiarianism in China: The Communist Party's Control of Local Elites in the Post – Mao Era.", New York: Cambtidge University Press.

[67] Limi, A., "Decentralization and Economic Growth Revisited: An Empirical", Note, Journal of Urban Economics, 2005, 57.

[68] Lin, Justin Yifu, Ran Tao and Mingxing Liu, "Decentralization and Local Governance in China's Economic Transition", FED Working Papers Series, No. FE20050095, 2005.

[69] Montinola, G., Qian, Yingyi, and Weingast, B, "Federalism, Chinese Style: The Political Basis for Economic Success in China", World Politics, 1995, 48.

[70] Musgrave Richard A., "Fiscal federalism", in James M. Buchanan and Richard A. Musgrave, Public Finance and Public Choice: Two Contrasting Visions of the State, Cambridge and London: The MIT Press, 1999.

[71] Oates, W. E., Fiscal Federalism, NY: Harcourt Brace Jovanovich.; Oates, W E., 1985, "Searching for Leviathan: An Empirical Study", American, 1972.

[72] Oksenberg, Michel and James Tong, "The Evolution of Central–Provincial Fiscal Relations in China, 1971–1984: The Formal System", The China Quarterly, 1991 (125).

[73] Prud'homme, R., "The Dangers of Decentralization", The World Bank Research Observer 10, 1995.

[74] Qian Y., and Xu C. "Why China's Economic Reform Differ: The M–Form Hierarchy and Entry Expansion of the Non-state Sector", Economics of Transition, 1993, 1 (2).

[75] Qian Yingyi, and Gerard Roland, "Federal and Soft Budget Constraint", American Economic Review, 1988, 88 (5).

[76] Qian, Yingyi, and Weingast, B. R., "China's Transition to Marke Market-preserving Federalism, Chinese Style", Journal of Policy Reform 1, 1996.

[77] Qian, Yingyi, and Weingast, B. R., "Federalism as a Commitment to Pre-serving Market Incentives", Journal of Economics Perspectives, 1997, 11.

[78] Richard A. Musgrave, "Public Finance in Theory and Practice: A Study in Puclic Economy", New York: McGraw–Hill Press, 1959.

[79] Richard W. "Tresh, Public Finance: A Normative Theory", Boston: Academic Press, 2002.

[80] Robert D. Ebel, John E. Petersen, "The Oxford Handbook of State and Local Government Finance", The Oxford University Press, Inc., 2012.

[81] Rodr, I., Guez–Pose, A. E. S., Ezcurra, R. "Is Fiscal Decentralization Harmful for Economic Growth? Evidence from the OECD Countries", Journal of Economic Geography, 2011, 11 (4).

[82] Shue Vinienne, "The Reach of the State: Sketches of Chinese Body poli-

tic", Stanford: Stanford University Press, 1988.

[83] Thie Ben, Urich, "Fiscal Decentralization and Economic Growth in High-income OECD Countries", ENEPRI Working Paper, 2001 (1).

[84] Tsai Kellee S., "Off Balance: The Unintended Consequences of Fiscal Federalism in China", Journal of Chinese Political Science, 2004, 9 (2).

[85] Wallace E. Oates. "Fisical Federalism", New York: Harcourt, Brace and Jovanovic, 1972.

[86] Wang, Shaoguang, "Chinas 1994 Fiscal Reform: An Initial Assessment", Asian Survey, 1997, 37 (9).

[87] Xu, Chenggang, "The Fundamental Institutions of China's Reforms and Development", Journal of Economic Literature, 2011, 49 (4).

[88] Zhang, T., Zou, H., "Fiscal Decentralization, Public Spending, and Economic Growth in China", Journal of Public Economics, 1998, 67 (2).